내면작업
INNER WORK

INNER WORK: Using Dreams and Active Imagination for Personal Growth
Copyright ⓒ 1986 by Robert A. Johnson
Published by arrangement with HarperCollins Publishers.
All rights reserved.
Korean translation copyright ⓒ 2011 by Dong-yun Publishing Co.
Korean translation right arranged with Harper San Francisco,
through EYA(Eric Yang Agency)

이 책의 한국어판 저작권은 EYA(Eric Yang Agency) 통한 Harper San Francisco사와의
독점 계약으로 도서출판 동연에 있습니다. 저작권법에 의해 한국 내에서 보호를 받는
저작물이므로 무단 전재와 무단 복제를 금합니다.

내 면 작 업
INNER WORK
꿈과 적극적 명상을 통한 자기 탐색

로버트 A. 존슨 지음 | 고혜경 · 이정규 옮김

동연

■ 옮긴이의 글

안으로의 여정 꿈 세계의 지도

'나는 누구인가?'라는 질문을 진지하게 하기 시작하면서 삶의 색깔과 무게가 달라지기 시작한다.

이는 인간의 궁극적인 질문이다. 기나긴 인류 진화사에 무수히 많은 현자들이 있었다. 그런데 그 누구도 알아듣게, 꼭 집어, 속 시원하게, 삶의 해답을 가르쳐주지 않는다. 어쩌면 이들은 최선을 다해 답을 해주었을 것이다. 그래서 그들 생각에는 오히려 못 알아듣는 범인凡人들이 안타까울지도 모르겠다. 하지만 답답한 것은 범인들도 마찬가지이다. 이들의 현답은 잡히지 않는 메아리이고 떠다니는 구름 같기 때문이다. 그래도 이 막연한 답들에는 공통점이 있다. 한결같이 '눈을 안으로 돌리라' 한다. '내 안에 답이 있다'고.

가르침에 따라 눈을 안으로 돌리려 하니 더욱 뿌연 안개 속으로 빠져든다. 안이 어디지? 무얼 보라고? 어떻게? 보이지 않는 그 무엇을 보라니 참으로 막막하다. 이게 대다수 현대인의 현주소이다.

이럴 때 참 좋은 도구 하나가 꿈이고 상상이다. 상상은 보이지 않는 마음·감정·정서·영혼을 가시적인 이미지로 탈바꿈시키는 힘이다. 가시적인 세계에는 익숙한 현대인이다. 일단 보게 되면 알기가 한결 수월하다. 꿈은 '나는 누구인가' 또 '내 삶의 의미는 무엇인가'라는 궁극의 질문에 대해 각자가 자신의 답을 찾을 수 있도록, 영혼이 밤마다 친절하게 보내주는 메시지이다. 비가시적인 염원과 에너지와 진화의 동력이, 볼 수 있고 체험할 수 있도록 제 모습을 선명하게 드러내는 '만화경'인 것이다. 이 소중한 꿈을 잠을 자는 동안만 꾸는 것이 아니라 깨어 있는 동안에도 지속되도록 하기 위해 고안한 방법 하나가 적극적인 명상이다. 상상의 힘을 이용해서, 사실 우리가 인식하는 것보다 더 밀접하게 연결되어 있는, 비가시적인 세계와 적극적으로 소통하고 이 소통을 더욱 활성화시키는 데 절실히 필요한 기법이다.

이 책은 길라잡이이다. 눈을 안으로 돌려 자신의 탐구 영역을 비가시적인 세계 즉 무의식의 세계까지 확대해서 '나는 누구인가'에 대한 준엄한 탐색을 시작하려는 용기 있는 사람들을 위해 참으로 친절한 안내자가 될 것이다. 이 책은 실용서이다. 책을 읽는 독자 한 사람 한 사람이 무의식의 세계에 다가가 새로운 언어를 익혀 소통할 수 있도록 단계적으로 이끌어준다. 로버트 존슨이라는 친절한 현자의 손을 잡고 발걸음을 떼다보면 어느새 가없는 무의식의 세계로 깊숙이 발을 들여놓은 걸 알게 된다. 먼저 이 길을 걸었던 용감한 사람들의 사례들을 자세히 소개해놓아 이 여정이 얼마나 놀라움과 경이로움으로 가득한지 미리 맛볼 수 있다. 그리고 생생하게 일어나는 전환과 통합의 드라마를 목격하며 격려와 지지를 받을 것이다.

좋은 책은 먼저 탐험한 사람들이 삶에 대해 제시해주는 지도이다. 이 책은 일생 무의식 세계를 탐색해온 존슨이 현대인의 눈높이에 맞추어 그려낸 상세한 지도이다. 눈을 안으로 돌려 답을 찾으려 할 때, 막연함 대신 선명하게 길을 보여준다. '나는 누구인가'의 도정에 있어 아직 답이 잡히지는 않지만 이 탐색을 진지하게 한 사람들의 모습과 향취가 어떠한지도 느낄 수 있다. 내면으로의 여정에 지도가 있어 참 든든하다. 이 지도가 각자 저마다의 길 찾기에 도움이 되기를 희망한다.

또 한 권의 존슨이 쓴 책이 이 땅에 나오게 되었다. 장을 마련하신 동연출판사 김영호 사장님께 감사드린다. 무엇보다 번역을 함께 한 이정규 님께도 고마움을 표한다.

고혜경

■ 차례

옮긴이의 글　005

1부 서론: 무의식과 무의식의 언어　011
　_무의식 세계에 눈뜨기　013
　_내면작업: 무의식 찾기　035
　_대안적 실체: 꿈의 세계와 상상의 영역　045
　_원형과 무의식　059
　_갈등과 통일: 한 분이신 하느님을 믿나이다(Credo In Unum)　074

2부 꿈작업　083
　_실제 꿈으로 작업하기　085
　_4단계 접근법　099
　_첫 번째 단계: 연상　101
　_두 번째 단계: 역학　123
　_세 번째 단계: 해석　159
　_네 번째 단계: 꿈의례　175

3부 적극적 명상

- _적극적 명상에 대한 정의와 접근 229
- _적극적 명상에 대한 정의와 접근 231
- _적극적 명상을 통한 신화적 여정 256
- _적극적 명상을 위한 4단계 접근법 269
- _첫 번째 단계: 초대 278
- _두 번째 단계: 대화 302
- _세 번째 단계: 가치 318
- _네 번째 단계: 의례 329
- _적극적 명상의 범주 335

참고문헌 372

1
서론:
무의식과
무의식의
언어

무의식 세계에 눈뜨기

이른 아침 여느 날과 다름없이 하루 일과가 시작된다. 서둘러 차에 올라 출근길을 나선다. 차를 몰고 가다가 어느 순간 상상의 나래가 펼쳐지기 시작한다. 어느새 오래전 십자군 전쟁 당시에 살았던 순박한 여인이 되어 있다. 탁월한 능력과 희생정신으로 사람들을 구하고, 멋진 왕자를 만나 사랑에 빠진다.

이 상상 속의 드라마에 푹 빠진 채로 여인은 빨간 불 앞에서는 멈추고 회전할 때는 방향 등을 켜면서 사무실 주차장에 안전하게 도착했다. 정신을 차리고 보니 사무실 앞에 와 있긴 한데 어떻게 여기까지 왔는지 전혀 기억이 나지 않는다. 신호를 받았던 교차로들이 하나도 떠오르지 않았다. 그제서야 깜짝 놀라 스스로에게 묻는다. "어떻게 회사까지 차를 몰고 온 거지? 도대체 정신은 어딜 두고 있었던 거야? 내가 백일몽을 꾸는 사이에 차는 누가 운전했지?" 전에도 이런 적이 있다는 걸 떠올리며 사무실로 들어선다.

　책상에 앉아 하루 업무 계획을 짜는 동안 동료들이 들이닥친다. 회의록을 나눠주는데 한 사람이 이런저런 이유로 동의할 수 없다면서 마구 화를 내더니 회의록을 집어던진다. 별것도 아닌 일에 터무니없이 화를 터뜨리는 동료를 보면서 놀랄 따름이다. 이 남자가 뭐에 씌었나?

　그 동료도 자기 고함소리에 놀라서는 자신이 침소봉대하고 있다는 사실을 깨닫는다. 당황해서 뭐라 사과 톤으로 주절거리며 슬그머니 꽁무니를 뺀다. 남자가 제자리로 돌아가 스스로에게 묻는다. "내가 뭐에 홀렸었나? 대체 어디서 그런 행동이 튀어나왔지? 보통 때 같으면 그 정도 일은 아무렇지도 않게 넘기는데…… 아까는 내 정신이 아니었나 봐!" 남자는 자기 안에 용광로처럼 분노가 끓고 있다는 걸 알아차린다. 사무실 동료들이나 회의록하고는 상관도 없는 일인데 사소한 게 걸려서 내면의 분노가 폭발한 것이다.

　두 사람이 하던 일을 잠시 멈추고 왜 그렇게 행동했는지 생각해본다면 그날 아침에 자기들이 한 행동이 무의식의 영향을 받았다는 걸 알 수 있을 것이다. 무의식의 영향을 받은 사건들이 하루에도 수십 번씩 예외 없이 누구에게나 일어난다.

　의식과 무의식은 평행선을 달린다. 그러다 의식이 다른 일에 관심을 쏟고 있는 사이, 무의식이 운전대를 잡는다. 앞에 묘사한 여인처럼 정신을 딴 데 팔고 운전은 '자동 조정 모드'로 했던 경험이 누구에게나 있을 것이다. 잠시 의식이 한눈을 파는 사이 무의식이 의식이 하던 일을 떠맡는다. 무의식도 빨간 불 앞에서는 서고 파란 불이 들어오면 출발을 한다. 의식이 제자리를 찾을 때까지 무의식이 교통법규를 준수하는 것이다. 이런 일들이 종종 일어난다. 하지만 그렇다고 운전을 무의식에게 내맡기는 게 안전을 위해서는 바람직한 방식이 아니다. 그럼에도 무의식이 자연스럽고도 탁월하게 이런 일을 해낸다. 컴퓨터 언어로 이 상황을 묘사하자면, '우리 각자의 내면에는 내장 백업 시스템이 있다.'

무의식은 때때로 상징적 이미지들이 가득한 생생한 환상을 만들어 의식을 사로잡는다. 이럴 때 마음은 장시간 다른 데에 가 있게 된다. 앞에 나왔던 출근하는 여인을 자세히 한번 살펴보자. 여인은 위험과 모험에 대한 호기심에 사로잡힌다. 희생을 감수하는 영웅이 되고, 또 근사한 왕자와 사랑에 빠지는 환상에 사로잡히게 된다. 이는 무의식이 의식으로 침투할 때 흔히 일어나는 현상이다. 무의식은 상상을 이용해 스스로를 드러내는데, 이럴 때는 감정이 연루되어 있는 이미지를 이용한다.

흔히 갑자기 감정에 휩싸이는 경험을 통해 무의식을 체험한다. 설명할 수 없는 기쁨이나 말도 안 되는 분노가 난데없이 쳐들어와 의식을 점유해버리는 것이다. 의식의 차원에서는 이런 급작스런 감정의 홍수를 이해할 수 없다. 의식이 만들어낸 사건이 아니기 때문이다.

위에 언급했던 남자의 경우를 떠올려보자. 이 남자는 자신이 왜 그렇게 격렬하게 반응했는지 설명할 길이 없다. "도대체 그런 폭발적인 감정이 어디서 왔지?" 하며 의아해할 뿐이다. 그 엄청난 분노가 어디 바깥에 있다가 자기 안으로 들어온 것 같다. '그건 정말로 내가 한 게 아니었어'라는 게 이럴 때의 느낌이다. 비록 우리 대다수가 이렇게 느낀다고 할지라도, 이다지도 다스리기 어려운 감정의 동요는 절대 밖에서 들어온 게 아니다. 내면세계 즉 의식의 마음으로는 알 수 없는 내면 깊숙한 곳에서 왔다. 바로 이러한 경험들에서 보듯이, 전혀 알 수 없기 때문에 이 내면의 자리를 '무의식'이라 하는 것이다.

무의식이라는 개념은 인간의 일상을 관찰하다가 탄생했다. 우리 마음속에는 대부분의 시간 동안 알아차리지 못하는 것들이 있다. 그러다 알지 못하는 곳에서 예상치 않게 떠오르는 기억 한 조각이나 즐거운 연상, 이상이나 신념 같은 걸 알아차릴 때가 있다. 그런데 이런 요소들은 우리 안 어딘가에 오랫동안 간직되어 있었던 것이라는 느낌이 든다. 하지만 그곳이 도대체 어디란 말인가? 이 자리는 정신에서 의식의 경계를 넘어서는 미지의 영역이다.

무의식은 우리 내면에 있는 보이지 않는 힘과 에너지와 지성체들로 구성된 경이로운 우주이다. 놀랍게도 이 지성체들은 저마다 뚜렷한 인격을 갖고 있다. 무의식은 우리가 알고 있는 영역 너머의 대단히 넓고 깊은 영역인데, 하루하루의 일상에 무의식과 의식은 나란히 공존을 한다. 무의식도 나름의 완벽한 삶을 영위하고 있다. 그런데 일상에서 드러나는 생각이나 감정 그리고 행동 대부분이 바로 이 숨겨진 무의식에서 나온다. 무의식이 우리에게 미치는 영향은 생각 이상으로 지대하다. 그런데도 우리는 이 영역을 알아차리지 못한 채 무의식적으로 살고 있을 따름이다.

무의식이란 말을 들으면 뭔지 확실하지는 않지만 그게 무슨 뜻인지 직관적으로 떠오르는 감은 있다. 삶이라는 천에, 무의식은 서로 잘 짜여 들어가 있는 크고 작은 체험들과 연관이 있다. 누구나 의식이 '어디 다른 곳'에 가 있는 동안 무의식적으로 뭔가를 하다가 깜짝 놀란 경험들이 있을 것이다. 대화를 하다가도 이런 일은 일어난다. 뭔가에 흥분을 해서는 자신이 그런 생각들을 하고 있었다는 사실도 미처 인식하지 못했는데 불쑥 어떤 주장을 내뱉어본 기억이 있을 것이다.

우리 대다수는 이럴 때 놀라고 당황해서 "도대체 이게 어디서 왔지? 이 문제에 내가 이토록 비중을 두고 있는지도 몰랐는데" 하고 반응하는 일이 다반사다. 그런데 여기서는 늘 해오던 이런 식보다 한 걸음 더 앞으로 나아가보자. 예기치 않게 올라오는 무의식의 에너지에 조금이라도 더 민감해지려면 약간 다른 접근이 필요하다. "내 안의 어떤 부분이 이렇게 믿고 있어? 내가 왜 이 문제에 이토록 강하게 반응하지?"

누구든 이 문제를 보다 좀 더 들여다보는 방법을 배울 수 있다. '나를 덮친' 것은 무의식에서 예기치 않게 올라온 에너지이다. 만일 그런 행동을 하고 나서 '그건 내가 아니었어'라고 생각한다면 이 표현은 '나'라는 영역에 무의식도 포함된다는 사실을 모르고 있다는 말이다. 우리 내면에 숨겨진 부분들은 강한 감정을 가지고 있다. 그리고 그 감정들은 표현을 하고 싶어한다. 그런데 만일 우리가 '내면작업'을 하는 방법을 배우지 않는다면 이 부분은 의식의 시야에서 가려진 채 숨어만 있게 될 것이다.

때로 이런 숨겨진 인격들이 우리를 당혹스럽게 만든다. 폭력적으로 표출되기도 한다. 이런 상황을 연출하고 나서는 당황해 하고 부끄러워한다. 그렇지만 때로 이런 경험이 내면에 존재하지만 있는 줄도 몰랐던 힘의 본질을 인식하는 계기가 되기도 한다. 숨겨진 자원들을 끌어내 보통 때라면 할 수 없었을 일을 할 수도 있다. 이전과는 비교할 수도 없을 정도로 분명하고 지적으로 뭔가를 표현하기도 한다. 자신이 모르던 지혜를 발견하기도 하고 인정하지도 않던 아량과 이해심을 베풀기도 한다. 경이로운 자기 체험을 하게 된다! 이런 걸 경험하면, "나는 내가 생각했던 것하고는 전혀 다른 사람이었구나! 긍정적이든 부정적이든 간에 내 자신의 일부라고는 미처 생각조차 못한 특질이 내 안에 있었구나!" 하고 인정하게 된다. 단순히 말하자면, 무의식은 '눈에서 멀어져 마음에서도 멀어진' 그런 자리이다.

우리는 누구나 예외 없이, 알고 있는 '자신'보다 훨씬 더 큰 존재들이다. 이렇게 온전한 자신과 전혀 무관하게 의식은 아주 지엽적인 부분에만 집중을 한다. 우리가 자신을 알고자 하는 노력도 이와 유사하다. 대다수는 무의식이라는 거대한 에너지 체계에서 극소수만을 의식으로 통합한다. 따라서 우리는 의식적으로 무의식에 다가가는 방법을 배우고 또 무의식의 메시지를 수용하는 방법을 익혀야 한다. 우리 자신의 알려지지 않은 부분을 발견하는 유일한 길이 바로 이것이다.

무의식에 다가가기

무의식은 상징의 언어로 스스로를 표현한다. 우리가 무의식을 만나는 경우를 소개한 예에서 보았듯이 충동적인 행동이나 비자발적인 방식을 통해서만 가능한 것은 아니다. 무의식이 의식에 다리를 놓고 말 걸기를 시도하는 자연스러운 길이 둘 있는데, 그 하나가 꿈이고 다른 하나가 상상이다. 이 둘은 정신Psyche이 무의식과 의식 사이에 서로 대화하고 협조하도록 만들기 위해서 고도로 발달시켜온 정교한 소통 채널이다.

이를 위해 무의식이 특별한 언어를 개발했다. 이 언어가 바로 상징이다. 앞으로 알게 되겠지만, 내면작업은 기본적으로 무의식이 사용하는 이 상징 언어를 배우는 예술이다. 따라서 이 책에서는 꿈과 상상 그리고 거기에 등장하는 상징적인 표현 양식에 초점을 맞출 것이다.

무의식이 다양하게 의식에 말을 걸지만 우리는 알아듣지 못하고 흘려버린다. 무의식은 꿈을 통해 끝없이 의식의 문을 두드린다. 그런데도 꿈을 심각하게 받아들일 정도로 꿈에 대해 알고 있거나 꿈의 언어를 이해하는 사람은 드물다. 이 외에도 무의식의 활동은 상상이 나래를 펼칠 때도 분명하게 드러난다. 우리는 의식적 마음이란 지평을 뚫고 아지랑이처럼 피어나는 판타지가 무슨 뜻인지 눈치조차 못 챈다. 종종 판타지의 홍수가 사람들의 마음을 사로잡아서 마음을 지배해버리는 이유가 바로 이 때문이다. 이럴 때 우리는 자신이 뭔가를 '숙고 중'이라 생각하거나 '계획 중'이라 착각한다. 하지만 실은 대부분의 경우 백일몽을 꾸고 있다. 흔히 다른 사람과 대화를 하다가, 혹은 어떤 일을 하다가, 잠깐씩 판타지의 흐름에 빠졌다가 상대방이나 상황으로 되돌아오곤 한다.

그런데 우리가 누구인지 제대로 알려 한다면, 또 좀 더 온전하고 통합된 인간이 되려 한다면, 무의식과 대화를 해야 한다. 우리라는 존재의 많은 부분이 무의식 안에 잠들어 있고 우리 성격을 결정하는 여러 요인들이 무의식 안에 숨어 있기 때문이다. 의식적이고 온전한 인간이 될 기회는 무의식과 접촉을 통해서만 주어진다. 심층 심리학자 칼 융은 무의식에 다가가서 무의식의 상징 언어를 배운다면 삶을 좀 더 풍요롭고 충만하게 살 수 있다는 사실을 드러내 보여주었다. 무의식에 휘둘리거나 맞서 싸우는 대신에 무의식과 동반자가 되는 삶을 살 수 있는 것이다.

하지만 거의 대다수 사람들은 무의식에 자발적으로 접근하려는 시도를 하지 않는다. 대개 무의식과 문제가 생겼을 때에야 비로소 무의식이 있다는 걸 알아차린다. 대다수 현대인들은 내면세계와 너무 멀어져 있기에, 무의식을 만나는 경우는 대체로 심리적인 고통을 통해서이다. 예를 들어 살펴보자. 자기 삶을 비교적 잘 조절하면서 산다고 믿던 여성이 갑자기 심각한 우울증에 빠졌다고 치자. 이 여인은 우울을 떨쳐버리려 하지만 마음먹은 대로 되지 않는다. 자신에게 무슨 일이 진행되고 있는지 전혀 감을 잡지 못한다. 또 다른 예를 들어 보자. 한 남자가 겉으로 드러나는 삶과 내면의 삶 사이에 깊은 괴리감 때문에 갈등을 겪는다. 그동안 외면만 해오던 무의식적인 생각들이 심각한 갈등을 야기하는 것이다. 이 남성은 왠지 모르게 괴롭고 불안하기만 하다. 이럴 때 '도대체 왜?'라고 물어보지만 답이 손 안에 잡히지를 않는다.

   해결할 수도 없고 또 말로 채 할 수도 없는 갈등을 겪을 때, 내면에 있는 비이성적이고 원시적이고 파괴적으로 보이는 충동을 인식할 때, 의식적인 태도와 본능적인 자신이 서로 일치하지 않아서 신경증에 시달릴 때, 이런 상황이 돼야 비로소 우리는 삶에서 무의식이 어떤 역할을 하는지 알아차리기 시작한다. 무의식을 직면할 필요성도 느낀다. 역사적으로 심층 심리학자 융과 프로이트가 무의식을 재발견한 것은 바로 이런 종류의 병리학적인 사례들을 통해서였다. 의식과 무의식 사이의 관계가 원활하지 않아서 고통을 받는 환자들의 심리를 통해서였던 것이다.

무의식에 대한 융의 모델

융은 무의식이 의식의 부속물이 아닐뿐더러 잊어버린 기억이나 불쾌한 감정들이 억압되어 있는 장소만은 아니라는 사실을 발견했다. 융이 제시한 무의식 모델은 너무도 소중한 것이지만 아직 서방 세계는 그 함축된 의미를 제대로 이해하지 못한다. 그는 무의식이 의식으로 통합을 하거나 또 각 개인이 온전한 인격으로 진화해가는 데 필요한 창의적인 원천이란 사실을 보여주었다. 바로 이 무의식의 원재료에서부터 의식이 발달하고 성숙하고 확장되어서 내면에 잠재돼 있던 모든 특질들을 의식으로 통합하게 된다. 바로 이 무의식이란 보물창고에서 우리 안에 있는 줄도 몰랐던 힘과 특질들을 발굴해서 삶이 풍요로워지는 것이다.

융은 균형 잡힌 삶을 위해서, 의식과 무의식 둘 다가 해야 하는 중요한 역할이 있다는 걸 보여주었다. 의식과 무의식이 서로에 대한 적절한 균형을 상실하면 신경증이나 다른 장애들이 나타난다.

의식의 진화

오랜 연구와 노력을 통해 융은 무의식이 우리 인간 의식 전체의 진정한 근원이라는 결론에 도달했다. 체계적인 사고와 이성 그리고 자각과 감정을 느낄 수 있는 원천이 무의식이다. 무의식은 인류의 본래 상태the Original Mind라 할 수 있고 여기서부터 진화를 통해 인간이라는 종이 의식을 발달시켜왔다. 수천 년간 지속적으로 이런 과정을 거치면서 오늘날처럼 광범위하고 정교하게 의식 진화가 이루어진 것이다. 의식이 작동하는 모든 특질이나 능력이 본래는 무의식에 속했는데, 이 무의식에서부터 의식이라는 층위로 길을 찾아온 것이다.

융은 의식에 대한 인간의 가능성과 역할 그리고 의미에 대해 웅대한 비전을 발전시켰다. 그는 우주가 헤아릴 수도 없는 이온aeon(지질학에서 100억 년 - 옮긴이)을 거치며 활동을 거듭해온 결과 우리가 의식이라 부르는 이런 존귀한 특질을 탄생시키게 되었다는 걸 이해하고, 또 이 전 과정에 작동하고 있는 우주의 창조적인 힘을 보았다. 융은 신과 시간의 흐름에 따라 일어난 전체 창조과정이 우주에 대한 의식적인 자각을 하도록 진행되어왔는데 인류의 역할은 이런 진화를 더욱 발전시키는 것이라 믿었다.

인간의 의식은 무의식의 원질primal matter에서 출발해 발전을 거듭해오고 있다. 무의식의 내용물들이 쉼 없이 올라와 의식 성장의 자양분이 되어온 것이다. 그런데 이 전체 과정을 거치며 추구해온 바가 있다. 그것은 바로 점차 더 완전해지고 더 의식적인 사람이 되는 것이다. 무의식에 있는 요소들을 의식적으로 통합하는 과정은 의식이 비로소 온전한 자기the total self를 전체적으로 반영할 때까지 꾸준히 진행되어야만 한다.

융은 이 거대한 진화사에 우리 각자가 수행해야 할 역할이 있다고 믿었다. 의식에 대한 집단적 인간의 가능성이 무의식으로부터 진화되어온 것과 마찬가지로 개인의 잠재력도 진화한다고 믿었기 때문이다. 개개인은 일생을 통해 인류 전체가 진화해온 과정을 되풀이해야 하며 또 우리 각자는 자기 안에서 의식 진화가 일어날 수 있는 그릇이 되어야 한다.

인간은 소우주다. 따라서 우리 각자 안에서 대우주의 진화가 그대로 실행되어야 한다. 그러하기에 무의식의 요소들이 의식으로 통합되는 우주의 거대한 흐름에 그 누구도 예외일 수 없다. 또 우리 각자는 자아가 무의식을 향해 되돌아가려는 역으로의 움직임, 즉 의식적 탄생의 토대인 근원으로 회귀하려는 움직임에도 연루되어 있다.

각자의 무의식에는 기본적 패턴인 '청사진'이 있다. 이 청사진에 따라 출생에서부터 심리적 성장이 아주 느린 시기를 거치며 그 뒤 진정한 내면의 성숙을 이루기까지의 의식 발달과 온전한 인격 형성이 이루어진다. 이렇게 바둑판처럼 짜인 비가시적 에너지는 온전한 심리학적 존재를 형성할 특질과 힘, 기본구조와 결함까지 전부 포함하고 있다.

우리 대다수는 날것의 에너지 창고에서 아주 작은 부분만을 의식으로 통합시켜왔다. 본래의 청사진에서 볼 때 우리의 진화는 지극히 일부만 의식으로 통합하는 수준에 머물러 있다.

개인의 내면에 있는 무의식적 모델을 이해하기 위해 대성당을 축조하는 과정을 비유로 들어보자. 처음 설계 단계에서 물리적인 실체로 전환하려 할 시점에는 일반적인 윤곽만 잡힌다. 그러다 어느 정도 시간이 지나면 완성된 예술품이 어떤 모습일지, 전체 그림이 그려질 정도로는 골격이 드러난다. 그리고도 여러 해가 지나서야 돌을 쌓아 올릴 수 있고 구조물이 위로 올라간다. 한참 뒤 어느 날 마지막 돌을 놓으면 비로소 작업이 완성되고 건축물의 웅장한 비전이 완전히 드러나게 된다.

성당을 짓는 것과 마찬가지로 한 인간이 지닌 진정한 깊이와 위대함도 무의식 안에 잠재되어 있던 인격의 주요한 요소들이 이동을 해서 의식적으로 기능하는 차원으로 구체화되기 전까지는, 결코 온전히 제 모습을 드러내지 않는다.

우리 각자도 일생이라는 건축물을 축조하고 있다. 기본 자재는 각자의 내면에 있는 무의식의 깊은 장소에 이미 확보되어 있다. 각자의 내면에 마련된 풍성한 잠재력을 삶으로 실현하기 위해서는 무의식과 의논을 하고 협조를 할 필요가 있다. 그리고 또 내적인 성장과정에 필연적으로 뒤따르는 도전이나 고통스러운 요구들을 직면해야만 한다.

무의식과 자아

무의식은 의식보다 훨씬 거대한 에너지의 장이다. 융은 자아ego, 즉 의식을 무의식의 거대한 바다에 떠 있는 코르크 마개에 비유했다. 다르게는 해수면 위에 떠 있는 빙산의 일각으로 비유하기도 했다. 거대한 빙산 몸체의 95%는 어둡고 차가운 해수면 아래에 감추어져 있다. 몸체의 거의 대부분은 볼 수 없는 곳에 있는데 빙산처럼 무의식도 우리 눈에는 보이지 않는 곳에 있다. 무의식은 눈에 보이지는 않지만 엄청난 힘을 지니고 있어서 만일 이 힘을 존중하지 않으면 해수면 아래에 놓인 빙산만큼이나 위험해진다. 실제로 빙산에 충돌해서 해저로 가라앉은 타이타닉호에서 사망한 사람 수보다 무의식과 충돌해서 파괴된 사람들 수가 훨씬 많다.

라틴어에서 자아는 단순히 '나(I)'를 뜻한다. 프로이트와 융은 자아를 의식과 동일한 의미로 사용했는데, 의식은 '나'라고 부르는 정신의 한 부분으로 말 그대로 '자의식self-conscious'을 뜻한다. 자의식이란 스스로 자신이라고 믿고 있는 부분으로 타인하고는 구분되는 에너지의 장이며, 그 자체로 독립적으로 존재한다. 따라서 일반적으로 우리가 '나'라고 말할 때는 온전한 자신 중에서 본인이 알고 있는 아주 작은 부분만을 가리킨다. 오로지 의식으로 접근할 수 있는 범주만을 '나'로 인식하기에 피상적인 인격이나 특질, 가치와 관점에 한정된다. 그렇기 때문에 우리가 알고 있는 '나' 즉 의식적으로 이해하는 '나'라는 것은 사실, '참나는 누구인가'라는 물음을 던질 때 대단히 제한적인 이해 단계에 머물러 있다는 걸 알 수 있다. 그런데 이 제한된 '나'는 대단히 잘못된 개념이다.

자아는 참나를 인식하지 못한다. 진정한 '나' 다시 말해 참나는 자아보다 훨씬 거대하고 확장된 개념인데, 진정한 나는 대체로 무의식에 묻혀 있다. 참나는 의식적 마음보다 훨씬 거대하고 훨씬 힘이 세다.

무의식에 있는 요소들은 각자의 내면 깊은 부분에 자리잡고 있다. 그런데도 자아는 무의식을 마치 바깥에 있는 것처럼 생각하는 경향이 있다. 우리가 흔히 쓰는 표현을 살펴보면 그런 경향을 쉽게 관찰할 수 있다. "감히 내가 그런 짓을 하다니 그때는 정말 내 정신이 아니었나 봐." 전혀 예상치 못했던 행동, 즉 의식적인 생각하고 일치하지 않는 행동을 하고 난 다음, 마치 그 행동은 자신이 아니라 다른 누군가가 했다는 듯이 말을 한다. 놀라고 당황한 의식이 무의식은 자기가 아닌 체를 하는 것이다. 정신psyche은 자아가 파악할 수 있는 것보다 훨씬 크고 복잡해서 예기치 못한 행위들은 늘 자신이 아닌 다른 곳에서 온 것처럼 느낄 따름이다.

꿈이나 신화를 보면, 종종 섬이 의식의 상징으로 나온다. 마치 섬사람들처럼 자아가 나름의 자그마한 세계를 이루고 있는데, 자아는 실체에 대해 일련의 추측을 하면서 나름의 질서체계를 구축하고 있다. 그런데도 섬 세계를 넘어 그리고 좁은 시야를 넘어 자아가 감지할 수 없는 무의식의 대양이 분명히 존재한다. 이렇게 전 우주적 실체와 진실이 존재한다는 사실을 자아는 인식하지 못하는 것이다.

그렇지만 이 비가시적인 에너지의 바다 깊이에 거대한 힘이 작용하고 있다. 심원의 아틀란티스 전설로 상징할 수 있는 신화적인 왕국이 존재하는 것이다. 의식하고 있는 일상과 나란히 이 세계도 나름의 삶을 영위하고 있다. 심해에 있는 다른 섬들처럼 여기서는 의식의 중심도 다르고, 가치·견해·태도 같은 것이 전혀 다르다. 이 세계는 우리 각자가 자신의 의식 탐구를 통해서 발견되기를 바라고 인식되기를 기다리고 있다.

무의식으로 작업을 하는 방법을 배우려는 목적이 단지 당면한 갈등을 해소하고 신경증을 다루기 위한 것만은 아니다. 점차 강인해지고 지혜로워지고 성장을 하면서 새롭게 거듭나고자 할 때, 이에 필요한 자원을 얻을 수 있기 때문이다. 점차 확대되어가는 우리 자신이 만물의 근원과 연결을 하고 전인적인 자기를 완성해가려는 무의식의 활동에 협조를 하려는 것이다. 이 가운데 각자 안에 내재되어 있는 넘치는 에너지와 지성에 접근하는 법을 배우려는 것이다.

무의식과 내면의 삶

융이 묘사한 내면의 삶inner life이란 은밀한 것이다. 밤이든 낮이든 보이지 않는 무의식, 즉 내면의 자기와 지속적인 동반관계를 잘 유지하는 삶을 말한다. 누구나 내면의 삶을 살도록 초대된다. 삶이 균형 잡혀 있다는 말은 의식과 무의식이 상호관계를 잘 유지하고 있다는 뜻이다. 조화로운 삶이란 상상, 꿈, 환상, 의례 등을 통해 의식과 무의식의 세계가 서로 만나 끊임없이 에너지를 교류하면서 정보 교환을 원활하게 하고 있을 때 가능한 것이다.

현대인들이 직면한 가장 큰 재앙 하나가 바로 의식이 그 뿌리인 무의식과 단절되어버렸다는 점이다. 인류의 선조들에게 정신적 양식이 되었던 꿈, 비전, 의례, 종교적인 체험 같은 무의식과 교류하던 양식들이 거의 자취를 감추었다. 현대인은 이런 양식들을 원시적이라 간주하거나 미신으로 치부하여 자신의 삶에서 배격했다. 그 결과 자만에 빠져 있고 경외심은 잃어버렸다. 대신 이성만을 숭상한다. 결과적으로 인간 삶의 심오한 부분과 차단되었고 무의식이라는 뿌리를 잃어버렸다.

우리는 내면의 삶을 완전히 무시하고 그럭저럭 살아보려 한다. 마치 무의식은 존재하지조차 않는다는 듯 치부하고 영혼이란 없는 듯 살아간다. 그대신 물질세계에 매달려서 그 안에서 충만한 삶을 누릴 수 있을 것처럼 행동한다. 돈을 더 벌고 권력을 잡고 연애를 하거나 물질세계에서 뭔가 성취해서 삶의 문제를 외부적인 수단으로만 풀어보려 애쓴다. 이것이 주류 문화이다. 현실이 이러하지만 궁극적으로 인간이 직면해야 하는 실체는 바로 내면세계이다.

융이 관찰한 바에 따르면, 현대인의 삶의 특질이라 할 수 있는 신경증이나 파편화된 느낌 그리고 의미의 상실은 대체로 의식이 무의식과 단절된 결과로 초래된 것이다. 현대인들은 마치 자신의 한 부분을 상실해버린 듯, 애매한 느낌으로 살아간다. 한때 우리에게 속했던 뭔가를 잃어버린 느낌이다.

무의식과 단절되었다는 말은 영들의 세계와 차단되고 영혼으로부터 고립되었다는 뜻이다. 그 결과 인간은 종교적인 기능을 상실하게 되었다. 신에 대한 개인적인 의미를 발견하거나 신 체험을 하는 곳이 바로 무의식이기 때문이다. 내면의 삶과 차단되면서 삶의 의미나 내적인 체험 같은 본래 인간에게 내재된 종교적 기능을 잃어버린 것이다. 이렇게 상실한 부분은 신경증이나 내적인 갈등 또는 심리학적인 증상으로 되돌아와서 우리의 주의를 환기시킨다.

여러 해 전에 가톨릭 신학대학에서 강의 요청을 받은 적이 있다. 강의 직전에 장난기가 발동해서 강의 제목을 "당신이 고통받는 신경증이 바로 낮은 단계의 영적 체험입니다"라고 정했다. 분명 내 강의가 충격파가 되었나 보다 강의가 끝나자마자 홍수처럼 밀려드는 무수한 질문들을 감당해야 했다. 질문도 답변도 감동적이었고 여느 때보다 내 목청도 커졌다. 강의가 청중의 신경을 건드린 것이다. 우리가 영spirit에게 다가가지 않으면 영이 신경증의 형태로 우리에게 다가온다는 말이 자극적이었지 싶다. 이 대목이 바로 즉각적이고도 실질적으로 심리학과 종교가 연결되는 지점이다 누구나 예외 없이 어떤 형태로든 내면의 삶을 살아야 한다. 의식적으로든 무의식적으로든, 자발적으로든 비자발적으로든, 내면세계는 끝없이 우리 주의를 환기시킬 것이다. 그리고 정확한 값을 치르게 만들 것이다. 우리가 의식적으로 이 세계에 접근할 수도 있다. 기도, 명상, 꿈작업, 종교 의례, 적극적 명상 같은 내면작업을 통해서이다. 그러나 대다수 현대인은 무의식의 세계를 무시하고 그 결과 무의식이 우리 삶으로 침투하는 길을 찾는데, 그 길이 바로 우리가 앓고 있는 병리적인 현상들이다. 수많은 심인적인 증상이나 강박 충동, 우울증과 그 외 각종 신경증들이 바로 이런 상황으로 인해 나타나는 증상이다.

개성화 과정

개성화individuation란 융이 사용한 용어인데 태어난 본래의 모습대로 완전한 인간이 되어가는 일생 동안의 과정을 뜻한다. 개성화는 전인격적인 자기를 깨어나게 하는 것으로 개개인의 무의식에 내재된 기본적인 요소들을 전부 의식으로 통합할 때까지 계속되는 과정이다. 앞에서 언급했던 "청사진의 실현actualizing of the blueprint"이 바로 개성화를 나타내는 이미지이다.

그런데 왜 이 과정을 개성화라고 했을까? 자기실현을 해서 완전한 존재가 되는 과정은 결국, 각자에게 고유한 특별하고도 개별적인 구조들을 밖으로 드러내는 것이기 때문이다. 이는 한 인간의 보편적인 특질이나 가능성이 어떻게 다른 사람들과 구별되도록 고유한 방식으로 결합되어 있는지를 보여준다.

융은 각 개인의 심리적인 구조가 고유하다는 걸 강조했다. 융이 이 전 과정을 표현하는 용어로 개성화라는 명칭을 사용한 것은 결코 우연이 아니다. 이는 우리 개개인이 무의식을 직면해서 무의식에 있는 내용을 의식으로 통합하면 할수록, 각자의 고유한 개성이 더 잘 드러난다는 융의 신념을 반영한 표현이다.

그렇다고 개성화를 통해 자신이 전 인류로부터 고립된다는 뜻은 아니다. 자신이 더 안전하게 느끼면 느낄수록 또 내면이 더 완전해질수록 여러 다양한 방식으로 자신이 다른 사람들과 얼마나 닮아 있는지 공통점을 찾으려 들 것이다. 가치나 관심, 인류를 하나로 묶는 본질적인 특질이 무엇인지 탐색할 것이다. 그런데 더 자세히 들여다본다면 각자의 개성은 인류가 지닌 보편적인 심리학적 패턴이나 에너지 체계를 특별한 방식으로 결합하고 있다는 걸 알 수 있을 것이다. 융은 이런 패턴들을 원형archetype이라 했다.

원형들은 보편적이라 모든 사람의 무의식 안에 존재한다. 그러나 이 원형은 개개 인간의 정신을 창조하기 위해 무한히 다른 방식으로 결합하고 있다. 이를 인간의 몸과도 비교할 수 있는데, 일면으로 인간의 몸은 사람에 따라 크게 차이가 없다. 누구도 예외 없이 팔 다리가 둘씩 있고, 심장이 하나 있고 간도 있고 피부가 있다. 이는 인간이라는 종種이 지닌 보편적인 특질이다. 그런데 만일 자신의 손가락 지문이나 머리카락을 다른 사람 것과 비교해본다면 세상에 단 둘도 같은 사람이 없다는 사실을 발견하게 될 것이다.

마찬가지로 인류 누구에게나 보편적인 능력이나 심리학적인 에너지가 우리 각자에게 다르게 결합되어 있다. 각자 독특한 심리학적 구조를 지니고 있는 것이다. 저마다 타고난 심리구조를 삶으로 온전히 드러낼 때에만 진정으로 한 인간이 된다는 게 무슨 의미인지 알 수 있다.

개성화 작업을 시작하면 각자의 내면에서 고유하게 나오는 생각이나 가치들이 살고 있는 환경을 통해 저절로 흡수하게 되는 사회적인 통념들과 얼마나 다른지 알게 된다. 단순히 사회의 부속물로 사는 걸 중단할 수 있고 타인의 비판으로부터 자유로워질 수 있다. 각자 저마다의 가치나 삶의 방식이 있다는 걸 배우게 되는데, 이것이 바로 타고난 특질을 자연스럽게 드러내며 사는 길이기도 하다.

누구나 개성화 과정을 통해서 엄청나게 안전하다는 느낌을 개발할 수 있다. 점차 다른 사람들과 같아지려고 애쓸 필요가 없다는 것을 이해하게 된다. 자연스럽게 본래대로의 자신이 되어감에 따라 가장 안전한 기반이 마련되기 때문이다. 자기가 누구인지 아는 것, 그리고 자기 안에 있는 힘들을 전부 개발하는 것, 이것이 우리 모두에게 주어진 일생의 과업이라는 걸 알아차린다. 다른 사람의 삶을 모방할 필요도 없고 더 이상 자기 자신이 아닌 체할 필요도 없다. 우리 각자는 이미 넘치게 가지고 있고 또 기대하는 것보다 훨씬 더 풍요로운 존재이기 때문이다.

내면작업: 무의식 찾기

　이 책을 쓰는 목적은 독자들로 하여금 스스로 내면작업을 할 수 있도록 실질적이고도 단계적인 접근 방법을 제공하는 데 있다. 꿈작업과 적극적 명상, 둘 다 각각 4단계 접근법을 소개하려 한다. 또 무의식에 이르는 통로로 의례나 환상을 어떻게 이용할 수 있는지 간단하게나마 언급하려 한다.

　이 기법들을 '내면작업'이라 부르겠다. 이 기법들을 통해 강력하고 직접적으로 내면세계, 즉 무의식의 세계에 접근할 수 있기 때문이다. 내면작업은 각자의 내면에 있는 의식의 심오한 층위를 더 깊이 깨달으려는 노력이자 총체적인 자기를 통합하려는 노력이기도 하다.

　내면작업을 하자면 이론적인 측면을 얼마나 알고 있든지 상관없이 실질적으로 접근할 수 있는 기법이 필요하다. 다양한 심리학적 이론에 노출되어 있다고는 하지만 실질적으로 꿈이나 무의식으로 어떻게 작업을 하는지 아는 사람은 드물다. 이론 차원에 머물러 있어서 확실하고 즉각적으로 내면에 있는 자신을 만나도록 전환이 이루어지지 않는 경우가 많이 있다.

그런데 정신의 영역에서는 이론적인 견해들로 의식을 확장할 수 있는 것이 아니라 직접적인 자기 작업을 통해서만 의식 성장이 가능하다. 이론을 얼마나 많이 알든 상관없이 자기 꿈에 등장하는 상징들로 진지하게 작업을 한다면 자신과 삶의 의미에 대해 필요한 만큼은 거의 다 배우게 된다.

내면작업의 핵심은 의식을 확장하는 데 있다. 내면작업을 하는 방법을 익힌다면 살면서 직면하는 갈등이나 도전에 대한 통찰을 얻을 수 있다. 그리고 심오한 차원의 무의식을 발견하고 그 안 깊은 곳에서 발견되기를 기다리고 있는 힘과 자원을 찾을 수 있다.

실제 무의식의 메시지를 존중하고 귀를 기울이게 만든다면 그게 어떤 종류의 명상이든 상관없이 내면작업이라 말할 수 있다. 인류는 내면세계에 이르는 헤아릴 수 없이 다양한 접근법을 개발해왔다. 다양한 방식들은 각기 역사상 특정 시기, 문명, 종교, 영과의 관계를 맺는 시각의 차이들에 따라서 그 당시 처한 환경에 가장 적절하게 발달한 것이다. 몇 가지 예를 들어보자. 요가명상, 선불교의 좌선, 기독교의 관상기도, 토마스 아 켐피스Thomas a Kempis와 로욜라의 이그나티우스가 했던 그리스도의 삶에 대한 묵상, 수피들의 명상 그리고 유교의 윤리적인 명상 등이다.

    융 박사가 관찰한 바에 따르면, 호주 원주민들은 깨어 있는 시간 중에 3분의 2는 어떤 식으로든 내면작업을 한다. 종교 의식을 하고 꿈꾼 내용에 대해 토론하고 해석하며, 신탁을 묻거나 워크어바웃walkabout* 같은 영적인 탐색을 한다. 이렇게 많은 시간 공을 들이는 이유는 꿈이나 토템이나 영의 세계 같은 내면의 삶에 투신하기 위해서이다. 결국 이 모두가 무의식을 만나려는 시도들인 것이다. 우리 현대인들은 일주일에 단 몇 시간도 내면세계를 위해서 할애할 여유가 없다. 과학 기술 문명이 이토록 발달했지만 영혼이나 신에 대해서 현대인이 원주민들보다 무지한 이유가 바로 이 때문이다.

    현대인과 원주민들 사이에 근본적으로 다른 점이 또 있다. 원주민들은 고대의 의례나 내면세계에 접근하는 방법들을 계승해왔다. 신의 메시지를 들으려면 스피릿 퀘스트spirit quest라는 의례를 통해 신탁을 듣고, 꿈이나 비전을 이해하고 싶으면 전통적으로 이를 해석하는 방식을 따르면 된다. 직접 신을 만나고 싶을 때도 그들에게는 이럴 때 어떻게 하는지 전해져 내려오는 방식들이 있다. 고대 조상들이 하던 의례들이 우리 현대인들에게는 이어져 내려오지 않는다. 드림 타임dream time**으로 들어가려면 어떻게 해야 하는지 우리는 방법을 모

---

* 호주 원주민의 전통으로, 소년들은 일정한 나이가 되면 성인 남성으로 인정받기 위해 오지로 나가 몇 달간의 생활을 해야 한다. – 옮긴이
** 드림 타임: 호주 원주민들의 비밀 의례. – 옮긴이

른다. 현대인 중에서 위대한 영들과 소통하는 법을 배우기 원하는 사람이 있다면 드림 타임으로 들어가는 법을 새롭게 개발해야 한다. 오래전에 망각했던 조상들의 기억을 일깨워내야 하는 것이다. 만일 현대인들이 이해할 수 있고 납득할 수 있는 방식으로 영혼을 찾는 법을 배우려 한다면 현대의 샤먼이라 할 수 있는 칼 융 박사 같은 사람에게 가야 한다.

이 책에서 탐색할 내면작업의 형태들은 융 박사의 가르침이나 통찰을 바탕으로 한 것이다. 물론 꿈작업은 융 학파의 꿈해석 법에서 유래한 것으로 독자들은 꿈의 상징적인 언어를 읽어내는 법을 익히게 될 것이다. 적극적 명상은 의식과 무의식 간에 작용하는 관계를 더욱 발전시키기 위해 상상의 힘을 이용하는 특별한 방법이다. 이는 오래된 방법이지만 현대인들이 적용할 수 있도록 융 박사가 새로운 틀을 만들었다.

적극적 명상은 마음속에 한 가지 염원을 품고 상상을 하는 '심상화 visualization' 기법하고는 같지 않다. 적극적 명상에는 각본이 없다. 무의식의 실체와 힘에 대한 인식을 바탕으로 무의식과 관계를 맺는 방식이어서 심상화와는 완전히 다르다. 적극적 명상은 직접 무의식으로 들어가, 거기 뭐가 있는지 아니면 누가 있는지 찾아내서, 그 존재가 의식에게 제공할 수 있는 게 무엇인지를 배우는 것이다. 무의식은 의식의 목표에 부합하도록 의식이 조작할 수 있는 것이 아니다. 더욱 충만한 성장을 위해, 무의식은 동등한 파트너로 의식과의 대화에 참여한다.

꿈을 통해 무의식이 의식에게 말을 걸어온다는 것은 일반적으로 알려진 사실이다. 꿈을 어떻게 해석하는지 이론을 배운 사람은 많이 있다. 그러나 이들조차 막상 구체적인 꿈으로 작업을 하려 들 때는 맥이 풀린다. 우리가 꿈을 대하는 흔한 태도에 대해 시나리오를 한번 꾸며보자. 아침에 선명하게 꿈을 기억하면서 깬다. 혼자 힘으로 뭔가 해보려 애쓴다. 꿈 노트에 꿈을 적는다. 앉아서 해석을 해보려 한다. 갑자기 머릿속이 하얗게 된다. 스스로에게 자문한다. 어쩌지? 어디서부터 시작해야 돼? 적어놓은 꿈을 뚫어지게 바라본다. 꿈은 너무 자명해 보이기도 하고 또 전혀 의미 없어 보이기도 한다.

때로 꿈 이미지에서 연상되는 것을 찾아보려 애쓴다. 그러나 곧 인내심을 잃고 만다. 핵심을 못 찾았다는 걸 안다. 다른 날 다시 해보려고 마음먹지만 막상 그날이 되면 다른 일들이 마음을 사로잡는다.

나는 꿈작업을 시작하고 몇 해 동안에 이런 현상이 내 내담자들이나 친구들 사이에 흔히 일어나는 문제라는 걸 경험했다. 꿈 상징에 대한 이론서를 여러 권 읽었건만 막상 실제 꿈을 대하면 막막해 한다. 꿈 노트에 꿈을 잔뜩 적어 상담실로 들고 오는 사람들도 있다. 내가 그들에게 적은 꿈을 통해 배운 게 뭐냐고 물으면 답은 이렇다. "이해가 안 돼요. 상담실에서 분석할 때는 꿈을 통해 엄청난 내용을 알게 되는데 혼자서 들여다보면 도무지 안 보여요. 어떻게 해야 할지 모르겠어요."

비전문가들만 자기 꿈으로 작업하는 데 어려움을 겪는 것은 아니다. 심리학자 대다수도 같은 어려움을 겪는다. 내담자 꿈으로 작업할 때는 꿈이 한눈에 들어올 수 있지만 막상 자기 꿈에 대해서는 도무지 감이 잡히지 않는다. 이는 지극히 정상적인 반응이다. 밤마다 꾸는 꿈에는 꿈꾼 이가 의식하지 못했던 정보가 들어 있기 때문이다. 따라서 꿈이 말하려는 것을 알아차리려면 진지한 노력이 필요하고 또 우리의 시야를 좀 확대할 필요도 있다. 꿈이 너무 쉽게 해석되면, 해석이 정확하지 않거나 별로 깊이가 없을 가능성이 높다.

그래서 실질적인 필요에 부응하기 위해 꿈을 다루는 4단계 접근법을 개발했다. 여러분은 이 책을 통해 그 방법을 익히게 될 것이다. 내 목표는 각자 스스로 자기 꿈을 해석하는 데 도움이 될 방법을 제공하는 것이다. 우리는 권위를 가지고 자기 꿈과 무의식에 접근하는 법을 배울 필요가 있다. 그러자면 우선 꿈을 이해하려는 마음을 먹어야 한다. 그런 다음 구체적으로 꿈에 접근할 수 있도록 일련의 물리적이고 정신적인 단계들, 그리고 상징들을 하나하나 떼어서 각 상징이 꿈꾼 사람에게 어떤 의미를 띠는지 파악하는 걸 배워야 한다.

여러 해 전에 나와 내 내담자들이 이 4단계 접근법을 개발한 이래로 이 방법을 성실하게 적용하는 사람은 대체로, 자신의 꿈을 꽤 정확하게 해석하고 꿈에서 뭔가 필요한 것을 발견하는 걸 보아왔다. 그들은 꿈의 핵심을 파악하고 가장 주요한 에너지를 발견하였는데, 꿈작업에서 이런 것이 중요한 점이다.

지나치게 이론에 집착하는 것은 종종 작업을 하는 데 가장 큰 장애로 대두된다.

"당연히, 의사는 소위 말하는 '방법들'에 익숙해야만 한다. 그러나 어떤 특수하고 판에 박힌 접근에 빠지는 것을 경계해야 한다. 일반적으로 이론적인 추정은 경계해야 한다. …… 내 생각에 개인의 꿈을 다루는 데는 개별적인 이해만이 도움이 된다. 환자마다 다른 언어를 필요로 한다. 내가 어떤 분석을 할 때는 애들러 학파의 언어로 말하며 또 다른 경우에는 프로이트 학파의 언어로 말하는 것을 들을 수 있을 것이다.(융, *MDR*, 131쪽)*

이런 융 박사의 말에 용기를 얻어 나는 내담자들에게 추상적인 개념을 믿지 말라고 이야기한다. 자신의 꿈을 믿고 자신의 무의식을 믿어라! 꿈을 통해 뭔가를 배우려 한다면 꿈으로 작업을 하라. 마치 일상을 함께 하는 동료들처럼 꿈에 등장하는 상징들과 함께하라. 그리한다면 상징들이 정말 자기 내면세계에 함께하는 동료들이란 사실

---

* 이 책에서는 *Memories, Dreams and Reflections*를 *MDR*이라 줄여 표시하였다(국내에는 《회상, 꿈 그리고 사상》이라는 제목으로 출간됐다. - 옮긴이). 융의 다른 저작들은 《저작집*Collected Works*》을 줄인 *CW*로 표시하였다. 인용문에는 작가의 이름과 제목을 짧게 붙여 가능한 한 각주를 줄였다. 인용문 전체를 찾아보려면 책 말미에 있는 참고문헌을 참조하기 바란다.

을 발견하게 될 것이다.

분석과 과제

만일 정식으로 분석을 받고 있는 사람들이 있다면, 이 책이 분석가가 줄 수 있는 안내나 도움을 대치하려고 쓰는 것이 아니라는 걸 이해해주기 바란다. 나는 각자 자신에게 주어진 과제를 푸는 걸 도와주려고 이 책을 쓴다. 혼자 꿈을 다루려 시도할 때도 분석가와 상의를 해서 이 책에서 발견하는 접근 방법들을 구체적으로 적용하는 데 필요한 충고를 듣고 따라야 한다.

날마다 주어진 과제를 하고, 꿈이나 환상 그리고 적극적 명상을 통해 나오는 내용으로 작업을 해서 부분적이나마 그 내용을 소화한 다음 분석실로 간다면 테라피 효과가 극대화될 것이다. 분석을 하는 동안에 이미 해온 작업을 확충하고 정교하게 만드는 데 시간을 보내게 될 것이다. 테라피 시간을 가장 생산적으로 쓰는 게 이런 방식이고 또 테라피의 진행에도 가속이 붙을 것이다.

분석가 없이 혼자 하는 작업

함께 작업하는 테라피스트가 없을 경우에는 자신이 꿈으로 작업하는 법이 옳은지, 또 혼자서 작업하는 다른 기법들을 바르게 적용하는지 의구심이 생길지 모른다. 나는 여러분이 이 책에서 소개하는 방법들을 익힌다면 안전하게 작업할 수 있고 작업의 부산인 혜택도 받을 수 있다는 걸 믿는다. 그런데 여기 단서가 하나 있다. 작업을 시작하기 전에 미리 주의 사항을 충분히 숙지해야 한다.

이 책을 읽다보면, 막상 작업할 때 봉착할 문제점들을 피할 수 있도록 경고 사항들을 나열해놓은 걸 보게 될 것이다. 이 주의 사항을 진지하게 받아들이고 꼭 따라야 한다는 걸 명심하라. 무의식에 접근하면 인간이 할 수 있는 경험 중에서 가장 강력하고 자율적인 힘들을 만나게 된다는 걸 인식하고 있어야 한다. 내면작업의 기법들은 무의식의 엄청난 힘들이 활성화되도록 고안된 것들이다. 어떤 면으로 보면 땅속에서 물이 솟구치는 간헐천geyser 뚜껑을 여는 것과 비슷하다. 조심하지 않으면 걷잡을 수 없게 된다. 이 과정을 진지하게 다루지 못하거나 흥밋거리 정도로 가볍게 취급한다면 다치게 될 수 있다.

특히 적극적 명상은 더욱 각별한 주의를 요한다. 이 기법에 익숙해서 도움을 줄 수 있는 사람이 있거나 무의식 세계에 압도당할 경우 일상으로 돌아올 수 있도록 이끌어줄 사람이 생기기 전에 명상을 시도해서는 안 된다. 적극적 명상은 규정을 지키고 상식을 따른다면 안전하다. 그러나 깊이 들어간 나머지 무의식의 심연으로 너무 깊게 하강하는 느낌이 들 수도 있다. 적극적 명상을 도와줄 사람은 분석가일 수도 있고 경험을 충분히 해본 일반인일 수도 있다. 명심할 것은 내면작업을 하다가 방향을 잃었을 때 전화를 걸거나 부를 사람이 있어야 한다는 점이다.

그렇다고 미리 겁먹고 내면작업을 하려는 마음을 단념할 필요는 없다. 강렬하고 선한 좋은 힘을 지니는 어떤 것도 잘못 다루면 파괴적으로 변할 수 있다는 게 보편적인 진리이다. 내면세계의 강력한 힘들과 친밀한 관계를 유지하려면 그 힘을 존중해야만 한다.

대안적 실체:
꿈의 세계와 상상의 영역

일상에서 쓰는 언어 패턴을 자세히 살피면 '무의식적으로 마땅히 그러하리라'고 추정하고 있는 내용들이 보인다. 친구와 간밤에 꾼 꿈에 대해 이야기한다손 치자. "그게 실제로 일어난 거야, 아니면 꿈에 등장했다는 거야?" 흔히 이런 반응을 보인다. 그런데 이 표현에는 꿈에서 일어난 일은 '사실'이 아니라는 뜻이 내재되어 있다. "꿈의 실체를 말하는 거야, 아니면 물리적인 실체를 말하는 거야? 그 일이 일어난 곳이 꿈 세계야 아니면 일상의 세계야?"라고 묻는 게 더 정확한 표현이다.

둘 다 진짜 세상이고 둘 다 정말로 존재하는 실체들이다. 하지만 무의식의 강력한 역학이 작동하는 곳이 꿈 세계이기 때문에 꿈이 바깥세상에서 일어나는 사건들보다 훨씬 실질적이고 확실하게 영향을 미친다. 이 세계가 바로 위대한 힘들이 싸움을 하거나 우리가 하는 행동 대부분의 동인이 되는 태도, 견해, 신념, 충동을 만들어내도록 조합이 이루어지는 곳이다.

꿈에 예민해지게 되면 꿈에 등장하는 모든 동력이 어떤 식으로든 실질적인 삶이라고 할 수 있는 우리가 하는 행동이나 관계를 맺는 방식, 결정을 내리는 법이나 자동적으로 행하는 습관, 충동이나 감정에 영향을 미친다는 걸 알게 된다. 그런데도 우리는 삶의 이런 요소들을 의식적으로 조절한다고 믿고 있다. 하지만 이런 믿음은 단지 자아가 모든 걸 통제할 수 있다는 엄청난 망상에 기인할 뿐이다. 사실은 삶의 이런 측면들이 훨씬 더 깊은 자리에서 결정되는데, 우리가 볼 수 있고 이해할 수 있는 형태로 이 깊은 뿌리를 드러내는 것이 바로 **꿈** 세계이다.

꿈은 무의식의 표현이다. 상징으로 구성되어 있고 생명력이 있는 모자이크이다. 이 모자이크는 무의식 안에 있는 엄청난 에너지 체계의 발전이나 상호작용, 갈등이나 움직임을 나타내고 있다.

무의식은 이미지를 창조하고 또 이미지를 상징으로 이용하는 특별한 능력이 있다. 꿈을 형성하는 것이 바로 이 상징인데 무의시이 무의식에 내재된 내용물을 의식하고 대화하는 언어가 바로 상징이다.

타오르는 불꽃이 자연히 열을 방출하듯이 무의식은 본래부터 상징을 만들어낸다. 이렇게 하는 것이 무의식의 자연스러운 본성이다.

따라서 상징을 알아채는 방법을 배운다면 우리 내면에서 무의식의 활동을 감지하는 능력을 얻게 된다. 그렇다고 상징을 만들어내는 무의식의 능력이 꿈에만 작동하는 것은 아니다. 무의식의 샘에서 솟아나는 상징적 이미지의 흐름은 삶 전반에 자양분이 된다.

인간 정신을 구현하는 데 있어서 무의식의 상징적 이미지가 모든 창조의 원천이다. 상징이 탄생하는 세계에 대해서는 깨달음이나 철학적 개념뿐 아니라 종교, 의례, 숭배, 아트, 문화적 이해도 있다. 인간의 역사는 거의 의식의 발생과 발달의 역사와 동일한데, 무의식이 상징을 만들어내는 과정이 인간 정신의 근원이기 때문에 언어는 언제나 상징어에서 출발을 한다. 그러므로 융이 말하기를, "원형적인 내용들이 스스로를 나타낼 때 맨 먼저, 은유로 표현을 한다."(에리히 노이만 Erich Neumann, 《위대한 어머니 여신 *The Great Mother*》, 17쪽)

무의식의 이미지-상징은 주로 꿈과 상상력이라는 두 경로를 통해 의식 차원으로 올라온다. 꿈에는 신화적인 피조물이나 일상의 물리적 삶에서는 가능하지 않아 보이는 상황이 자주 등장하기 때문에 꿈에서 상징적인 특질을 찾아내기는 오히려 쉽다. 사람들이 흔히 혼동하는 부분이 상징으로 보아야 할 꿈 이미지를 말 그대로의 사실로 받아들이는 것이다.

꿈에 등장하는 이미지가 평상시의 감각으로는 아무 의미도 없어

보이기 때문에 흔히들 꿈은 무의미하거나 허무맹랑하다고 생각하며 꿈을 무시한다. 그렇지만 실은, 완전히 조리가 정연한 것이 꿈이다. 우리가 시간을 들여 꿈의 언어를 배운다면, 모든 꿈이 상징적인 대화라는 데 있어서 불후의 명작들이라는 사실을 알게 될 것이다. 무의식은 상징으로 이야기한다. 우리를 헷갈리게 하려는 것이 아니라 꿈의 자연스러운 표현법이 그렇기 때문이다.

나는 절대 동의할 수가 없다. …… 꿈은 드러나는 것이 있고 그 이면에 숨어 있는 의미가 있다. 이미 〔무의식적으로는〕 알려진 의미인데 악랄할 정도로 의식하고는 거리가 있다. 그러나 나에게 꿈은 자연의 일부이다. 속이려는 의도도 없고 마치 식물이 성장을 위해 최선을 다하고 동물이 최선을 다해 먹이를 찾는 것처럼 가능한 한 최선을 다해 뭔가를 표현한다. 이런 동식물들은 우리 눈을 속이려는 의도가 없다. 〔그런데〕 우리가 스스로를 속일 수는 있다. 이는 우리가 근시안들이기 때문이다. 프로이트를 만나기 훨씬 전에 나는 마치 자연적인 과정에는 어떤 임의성도 있을 수 없고 무엇보다 속임수가 없는 것처럼, 무의식 그리고 꿈이 대표적으로 속임수가 없다고 생각했다.(융, *MDR*, 161쪽)

꿈을 무의식이 내면의 드라마를 투사하는 화면이라 비유할 수 있다. 화면을 통해 우리는 전체적 특질을 구성하는 내면의 다양한 인격들과 무의식을 구성하는 힘들 사이의 역동을 볼 수 있다. 이런 가시적 힘과 이들의 움직임들이 에너지를 축적해서 화면으로 전달된다. 이들은 이미지 형태를 취하는데, 꿈 이미지의 상호작용을 통해 우리 안에서 일어나고 있는 내적 동력들을 정확하게 보여준다.

이런 이미지를 이해하는 걸 배우는 데에 개념적인 출발점이 바로 문자 그대로 받아들이지 않아야 한다는 깨달음이다. 우리가 배우는 것은 내적 갈등이나 내면에서 성장해야 할 부분이나 내면에 가지고 있는 성품이나 태도를 찾아내는 방법인데, 이런 것들이 꿈의 영역에서 가시적으로 드러나도록 특정한 이미지나 색, 특별한 형태의 옷을 입고 나타난다.

상상력과 상징

무의식과 대화를 하는 주요한 경로 둘 중, 하나가 꿈이라 했다. 다른 하나는 상상력이다.

상상력이 조리 있게 대화를 하는 장기臟器라고 하면 대개의 사람은 의아해한다. 상상은 아주 정제되고 복잡한 상징 언어를 사용해서 무의식에 있는 내용을 표현한다. 이는 사실이다. 훈련을 통해 상상을 관찰하는 눈을 갖게 되면, 우리는 상상이 다른 게 아니라 무의식에서 거의 쉼 없이 흘러나오는 에너지와 이미지의 흐름이란 걸 알게 된다.

머릿속에 무의식에서 의식으로 흐르는 배선관을 두 개 그려볼 수 있다. 첫 번째는 꿈을 꾸는 능력이고 두 번째는 상상을 하는 능력이다. 꿈을 꾸는 것과 상상을 하는 것 사이에는 아주 특별하고 공통된 성질이 있다. 그건 바로 무의식의 비가시적인 내용들을 의식이 감지할 수 있는 이미지로 전환하는 힘이다. 이 때문에 때로 우리는 꿈을 잠자는 동안에 상상력이 활동을 하고 있는 것처럼 여기게 된다. 그리고 상상이 깨어 있는 동안에 꿈 세계가 펼쳐지는 것처럼 느껴지는 까닭이기도 하다.

잠을 자는 동안에 무의식이 꿈이라는 화면에 어떤 패턴을 만드는 에너지를 방출한다. 그리고 이런 무의식의 활동은 깨어 있는 동안에도 계속된다. 무의식은 감정이나 무드, 무엇보다 상상을 통해 활성화된 파장을 의식으로 방출하는데 이는 이미지의 형태를 띤다. 누구나 기꺼이 배우려고만 든다면 꿈과 마찬가지로 이 이미지의 상징적인 의미를 파악할 수 있다.

상상을 통해 흘러나오는 내용들은 하찮은 수준부터 종교적 비전에 이르기까지 여러 모양새를 취한다. 이 중에서 가장 낮은 단계가 수동적인 공상passive fantasy일 것이다. 이는 낮 동안 빠지는 백일몽 같은 것이다. 주로 적절치 못한 순간에 찰나적으로 스치고 지나가거나 아니면 한동안 마음을 사로잡기도 한다. 이런 공상은 단순히 흥밋거리 정도이고 의식 성장에는 전혀 기여를 하지 않는 훼방꾼일 뿐이다.

'상상력 저울'에서 이 수동적인 공상이 한쪽 끝이라면 그 대극에 있는 최상위가 **비전** 체험이다. 이는 적극적 명상과 종교적 만남이 겹쳐지는 지점이다. 적극적 명상은 무의식에 접근하기 위해서 상상력을 건설적으로 이용하는 기법이다. 그리고 이 방법 말고도 심오한 형태의 명상을 포함하여 여러 다른 방식으로 무의식에 접근할 수 있다.

20세기 우리 문화는 상상력에 대한 집단 편견이 엄청나다. 우리가 흔히 쓰는 표현에 이런 태도가 잘 드러난다. "네 상상일 뿐이잖아", "그저 네 환상일 뿐 사실은 아니지."

이렇게 말하기는 하지만 사실, 그 누구도 상상력을 이용해서 뭔가를 날조할 수는 없다. 상상에 등장하는 내용물은 반드시 그 사람 무의식에서 나와야 한다. 제대로 이해하자면, 무의식의 내용물들이 의식으로 나오도록 하는 통로가 바로 상상력이다. 좀 더 정확히 말해, 상상력은 비가시적인 무의식의 물질들을 의식이 감지할 수 있도록 이미지로 바꾸는 변환기 같은 것이다.

상상력이란 단어의 라틴어 어원은 이마고imago로 이미지를 뜻한다. 상상력은 마음에 이미지를 만들어내는 능력이다. 내면세계의 존재들을 우리가 볼 수 있도록, 이미지라는 옷을 입히는 힘이 있는 내적 장기 같은 것이다. 상상은 무의식이 자신을 표현하기 위해 사용하는 상징을 만들어낸다.

상상력과 환상의 진정한 의미에 대해 오늘날 같은 잘못된 이해에 이르기까지 인류는 오랜 역사적·심리학적 발전기를 거쳤다. 지면의 제한으로 인해 여기서 이 역사적 흐름을 일일이 짚어볼 수는 없다. 하지만 편견이 너무 광범위하게 퍼져 있어서 판타지와 상상력에 대해 고대 그리스의 지성들은 어떻게 이해했는지 간략하게나마 살펴볼 필요가 있을 것 같다.

고대 영어에서 판타지라는 단어는 그리스어 판타지아phantasia에서 유래했다. 이 단어의 원래 뜻을 살피면 우리가 배울 점이 있는데, '가시적으로 만든다'는 뜻이다. '가시화한다', '나타낸다'라는 동사에서 유래했는데, 이 지점에서 상관관계가 분명해진다. 판타지를 만들 수 있는 심리학적 기능이란, 만일 이것이 없었다면 볼 수 없었을 무의식의 비가시적인 동력들을 가시적으로 만드는 것이다.

여기서 그리스인들의 심리를 살핀다면 이 문제와 관련해 어떤 통찰을 얻을 수 있다. 이는 현대 심층심리학에서 재발견해야만 했던 것이기도 하다. 인간은 볼 수 있고 성찰할 수 있도록 비가시적인 영역을 가시적인 형태로 바꾸는 특별한 힘을 부여받았다. 우리는 이 비가시적인 영역을 무의식이라 부른다. 플라톤에게 무의식은 이상적인 형태의 세계였다. 다른 고대인들은 무의식을 신들의 영역 또는 순수한 영의 세계라 생각했다. 그러나 이들 모두 공통적으로 감지했던 게 하나 있는데, 이미지를 만드는 힘을 통해서만 무의식을 볼 수 있게 된다는 점이다.

그리스인들에게 판타지아는 시적·추상적·종교적 이미지를 만들어내는 인간 내부에 있는 특별한 능력을 의미했다. 따라서 판타지아는 내면세계의 내용을 형상화하거나 의인화해서 가시적으로 만들어 내는 인간의 능력이다. 그리스인들은 내면세계의 실체를 인정했다. 그리고 그것들을 신이나 여신 같은 신의 이미지로 포장을 해서 보편적인 특질이나 이상적인 형태로 묘사했다. 이들에게 판타지아는 마음의 장기였다. 이 장기를 통해서 신들의 세계가 인간의 마음에 말 걸기를 한 것이다.*

유럽인들의 정신에서 중세까지만 해도 소위 상상력이나 판타지아 phantasia라 부르는 이미지를 만드는 인간의 능력을 장기로 간주했다. 이 장기는 영성적·심미적인 세계의 의미를 수용하고 이 의미를 내면의 이미지로 형상화했다. 이 이미지는 기억으로 저장하거나 사고나 추론의 대상이었다. 종교에서도 계시나 종교적인 영감이나 영적 체험 같은 영역에서 상상의 힘을 정통으로 받아들였다. 전통적으로 시적 상상의 체험은 상상의 실체에 속한다는 믿음으로 이해를 했기 때문에, 상상을 통해 의식으로 유입된 정보를 의심하지 않았다.

판타지나 이런 유사한 것들이 백일몽이나 단지 공상일 뿐이라서 사실이 아니라는 듯이 취급하기 시작한 때는 아마도 엘리자베스 여

---

* 그리스인들에게는 내면의 진실에 대해 시적·영성적·종교적 상상력을 내포하는 상징적 표현이 있었던 데 반해, 로마인들이 사용한 라틴어에는 정확히 이런 개념을 표현하는 단어가 없었다. '상상력'(imaginatio)이라는 단어는 고전적인 라틴어에서 "fictitious"를 이르는데, 이는 상상한 것과 드러나는 외부세계의 대상물은 같지 않다는 뜻을 내포하고 있다. 로마의 작가들이 시적·영성적 이미지로 영혼의 내용을 표현하는 인간의 능력을 말하려 할 때는 그리스어 판타지아(phantasia)를 사용했다. 키케로는 이 단어를 쓸 때 그리스 알파벳을 사용했다.

왕 시기부터였을 것이다. 공상fancy이라는 단어가 만들어졌는데 이 역시 판타지에서 유래했다. 그런데 이 단어는 단순히 재미를 위해 상상으로 기발하게 만들어낸 어떤 것을 뜻했다. 불행히도 이는 상상력의 본질을 잘못 이해한 데서 초래된 결과이다. 그런데도 이런 오해가 오늘날 대중의 마음으로까지 계승되고 있는 것이다.

잠시라도 이에 대해 생각해본다면 상상력을 훼손한 것이 얼마나 바보 같은지 자명해진다. 인간은 시적 이미지, 문학, 그림, 조각 외에도 모든 예술적·철학적·종교적 기능을 위해서 이미지나 상징을 만들어내는 상상의 힘에 의존하고 있다. 이렇게 이미지-상징을 만들어내는 능력이 없었다면 추상적인 지성, 과학, 수학, 논리적 추론, 심지어 언어조차 발달할 수 없었을 것이다. 앞서도 인용했던 노이만Neumann이 아래처럼 말한 이유도 같은 맥락 때문일 것이다.

"무의식의 상징적 이미지가 모든 창조의 원천이다. …… 인간의 역사는 의식 발생과 발달의 역사와 거의 동일하기에, 무의식이 상징을 만들어내는 과정이 인간 정신의 근원이기 때문에, 언어는 언제나 상징어에서 출발한다."(에리히 노이만, 《위대한 어머니 여신The Great Mother》, 17쪽)

적극적 명상: 상상하는 능력을 의식적으로 이용

무의식과 마찬가지로, 적극적 명상은 인류의 삶에 언제나 존재했다. 그러나 인간 내면의 삶에 대해 여러 면들이 그렇듯, 이 잃어버린 예술을 재발견해서 현대인이 활용할 수 있도록 한 사람은 융 박사이다.

흘긋 보면 적극적 명상은 너무 단순하고 소박해서 심리학적인 기법으로는 진지하게 고려할 수 없을 법하다. 적극적 명상은 상상의 이미지 안으로 들어가서 이미지와 대화하는 것이다. 이미지들을 만나 직접 관여하기에, 자아가 실질적으로 상상의 활동에 참여하게 된다. 대개는 상상으로 등장하는 인물과 대화를 하지만, 때로는 상상에서 탄생한 이야기에 나오는 모험에 참여하거나 어떤 행동을 하기도 하고 갈등을 직접 다루기도 한다.

상상으로 전개되는 사건에 이렇게 의식적으로 **참여**하고 또 이를 알아차림으로써 단순히 일어나는 수동적인 환상을 적극적 상상으로 전환한다. 의식과 무의식이 상상의 수준이란 공통의 장에서 함께하는 것이다. 이로 인해서 자아와 무의식 사이를 분리하는 장애물 일부를 제거할 기회가 주어진다. 자생적으로 의식과 무의식 사이의 대화가 진행되도록 함으로써 무의식과 겪게 되는 신경증적인 갈등을 일부 해소할 수도 있다. 따라서 결국은 자신이 진정으로 누구인지에 대해 좀 더 잘 배울 수 있다.

상상은 단지 허구일 뿐이라는 일반에 널리 확산된 생각 때문에 우리 대다수는 상상으로 하는 이런 경험은 무의미하리라 짐작한다. "단지 자신하고 혼자 말을 하는 것일 텐데……." 그러나 일단 적극적 명상을 시작하면 곧 진짜 내면에 있는 어떤 부분하고 대화를 나눈다는 확신을 하게 된다. 내면 무의식에 살고 있는 강력한 인물들을 대면하게 되는데, 이들은 아주 종종 우리 각자가 지니고 있는 의식적 견해나 행동과 갈등을 초래한다. 이것은 실제 무의식의 동력으로 들어가는 것이기에, 의식이 어떻게 도달해야 할지 모르고 있었던 영역으로 탐험을 하는 것이다.

확실히 이 경험은 상징적이다. 서로 상호작용하는 이미지들은 바로 상징이며, 우리가 존재의 상징적인 장에서 이들을 직접 만나는 것이다. 여기서 마술적인 원리가 작동한다. 이미지를 체험할 때 우리는 이미지의 옷을 입고 있는 자기 내면의 일부를 직접적으로 경험한다. 의식적으로 이 자리로 들어가 상징적 체험의 힘을 맛보게 된다. 체험의 강도나 미치는 효과는 종종 물리적 체험이 초래하는 힘만큼이나 구체적이다. 그래서 삶의 자세를 재편하고 심오한 차원에서 배움이 이루어지며, 깊은 차원에서 변화가 일어난다. 그래서 의식하지 않은 채 일상에서 겪는 사건들보다 이 체험이 훨씬 커다란 힘이 있다.

상징을 체험할 때는 자동적으로 상징으로 표현되는 콤플렉스, 원형, 내면의 심적 실체를 만나게 된다. 이미지가 말을 할 때 이는 외부의 다른 누군가가 아니라 자기 내면에 있는 음성 중 하나가 제 목소리를 내는 것이다. 의식에서 자아가 답을 할 때도 각자 내면에 보이지 않는 부분이 들어주고 기억을 한다. 상상의 이미지 속이지만 바로 눈앞에 상대방이 서 있는 것이다.

적극적 명상은 '나 자신에게 이야기하는 것'이라기보다는 내 안에 있는 다양한 부분 중 하나와 이야기를 나누는 것이다. 상상에서 등장하는 무의식의 다양한 인물들이 자아와 교류를 한다. 이로 인해 파편화된 자신을 전체와 연결하기 시작한다. 따라서 이전에 전혀 모르고 있던 자신의 일부를 알아가고 점차 자신에 대해 더 많은 것을 배우게 된다.

사람들이 '적극적 명상이 진짜냐', '꿈이 진짜냐' 하고 물을 때마다 나는 라만차의 돈키호테 이야기에 등장하는 한 대목을 떠올린다. 돈키호테는 밀보다 더 나은 것으로 만든 빵을 구한다고 말한다. 이것은 두말할 나위 없이 성찬의 전례에서 먹는 빵을 뜻한다. 물론 제병은 밀로 만들기는 하지만, 이 빵은 원형이다. 그리스도의 몸이고, 밀보다는 영으로 훨씬 더 나은 걸 만들었다.

같은 의미에서 나는 적극적 명상을 '진짜보다 더한 진짜'라 말하겠다. 물리적인 삶과 실질적이고 구체적으로 연관된다는 점에서 진짜일뿐더러, 초개인적이고 초월적인 힘의 세계와도 연결된다. 적극적 명상을 통해 자신의 장기적인 삶의 패턴이나 관계 맺기 그리고 삶의 태도 형성에 가담하는 주요한 에너지의 흐름을 형성하는 데 참여할 수가 있어서, 훨씬 심오한 차원까지 영향력이 미친다. 그래서 일상의 삶에서 일어나는 어떤 지엽적인 사건보다 더 심오한 차원에서 깊이 영향을 받는다.

우리를 형성하는 이 거대한 내면의 힘, 장기적 윤곽이나 방향과 비교해볼 때, 일상에서 우리가 하는 근심이나 결정은 마치 수면에 일렁이는 물결 같다. 이 물결 아래에 목표를 향해 서서히 그리고 냉랭히 흐르는 거대한 삶의 흐름이 있는 것이다. 꿈작업과 적극적 명상은 거대한 물줄기의 방향이라 할 수 있는, 삶의 커다란 비전과 파장을 맞추는 것이다. 우리 대다수는 대부분의 시간을 표층에 일렁이는 물결이나 국지적인 역류에만 매달려 산다. 그런데 이 두 기법은 우리로 하여금 표층에만 매달려 있지 않도록 해준다.

따라서 우리는 꿈과 상상력이 바깥의 '진짜' 세계와 연결해줄 뿐 아니라 '진짜보다 더한 진짜'인 존재론적 차원과도 연결해준다는 걸 알게 된다.

원형과 무의식

꿈작업이나 적극적 명상을 언급할 때 원형의 개념이 자주 이슈로 대두된다. 그래서 이 중요한 개념을 여기서 잠시 다루는 것이 도움이 될 것이다. 원형적 이미지의 사례들을 살피면 개념 파악이 더 쉬울 것이다. 우선은 개념을 이해하는 데 바탕이 되는 주요 사상을 먼저 살펴보고, 다음으로 특정한 꿈 사례를 다루거나 꿈작업을 하면서 이 주제에 대해 한층 더 깊이 있게 탐색할 것이다.

심리학적 원형에 관한 융의 개념은 현대 사고에 가장 유용하면서도 도발적인 영향을 미쳤다. 이 개념은 심리학 외에도 인류학, 문화사, 신화학, 신학, 비교종교학, 문학해석 같은 다양한 분야에서 활동하는 무수한 학자들에게도 감화를 주었다. 이는 융이 각자의 꿈뿐 아니라 신화, 문화 형태론, 종교적인 상징이나 의례 그리고 문학이나 예술 같은 인간 상상력의 산물 전반에 걸쳐 원형이 상징적인 형태로 드러난다는 사실을 보여주었기 때문이다.

원형에 대한 관념은 고대로부터 내려왔다. 이것은 플라톤의 이데아의 형상 ideal forms 개념과도 연관이 된다. 플라톤은 창조주의 마음에는 이미 물질계가 어떤 형태로 탄생하게 될지 결정을 하는 패턴이 있는데 이 신의 마음에 존재하는 패턴을 이데아의 형상이라 했다. 심리학적 원형의 개념에 대해서는 우리 모두 융에게 진 빚이 있다. 융은 원형을 인류의 집단 심리에 이미 존재하고 있는 특징적인 패턴이라 보았다. 그리고 이 패턴은 영구적으로 각자의 정신에 거듭거듭 되풀이되어 나타난다고 했다. 따라서 심리학적 존재로서 각자가 이해하고 기능하는 기본적인 방식이 이 패턴에 따라 결정된다고 했다.

융은 개인의 꿈에 등장하는 상징이 꿈꾼 이가 전혀 알 수 없는 시대나 공간의 신화, 예술, 종교에 등장하는 이미지와 정확하게 일치한다는 사실을 관찰하면서 원형이 존재한다는 것을 알게 되었다. 이런 관찰을 통해 융은 어떤 근원적인 상징들이 존재할 뿐 아니라 보편적인 의미들이 있다는 걸 알게 되었다. 그리고 이 상징이나 보편적 의미는 문화에서 문화로 전파될 필요 없이 특정 장소나 시기, 무의식에서 저절로 태어난다는 걸 이해했다.

처음에 융은 이를 '원초적 상 primordial images'이라 불렀다. 또 이 원초적 상은 생물학적 패턴을 만들고 이 패턴에 따라 심리학적 기본 구조가 형성된다는 것을 관찰했다. 이 원초적 상을 한 인간이 날 때부터 타고나는 청사진이라 생각해볼 수 있다. 이 청사진에 따라서 내면 심리 구조의 모양새가 결정된다. 다르게는 우리의 본능적 역할, 가치, 행동, 창조적 가능성, 이해하는 모드, 감정, 추론 등을 결정하는 기본 조형틀이라 생각할 수도 있다.

이런 모드는 인간 정신의 집단적인 토대로 이미 구축이 되어 있기 때문에 문화나 문학이나 예술 같은 형태로 세대에서 세대로 전파될 필요가 없다. 이는 개인의 꿈이나 비전이나 상상을 통해서 무의식으로부터 특정 시기, 특정 장소에 저절로 나타난다. 이들은 보편적이고 집단적으로 소유한 이미지로 등장을 하기 때문에, 이 상징이 개개인의 삶이나 특정 문화에 나타날 때는 유사한 정서를 불러일으키고 유사한 쟁점을 이끌어내며, 또 비슷한 행동을 결집시킨다.

원형이란 용어가 등장하는 것은 필로 유다에우스Philo Judaeus에까지 거슬러 올라가는데, 원형은 각자의 내면에 존재하는 신의 모상Imago Dei과 연관이 된다. 이레네우스Irenaeus도 이 용어를 사용했다는 걸 찾아볼 수 있는데, 그는 "세상의 조물주는 피조물들을 자신으로부터 직접 만든 것이 아니라 조물주 밖에 존재하는 원형들을 모방했다." …… 그는 주석을 달아서 플라톤의 개념을 부연 설명한다. 우리 목적을 위해 이 용어가 적절하기도 하고 도움이 되기도 한다. 이유는 우리에게 …… 우리가 고대의 원초적 패턴primordial type, 즉 태초로부터 존재했던 보편적 이미지를 다루고 있기 때문이다.(융, 9, *CW*, par.

5-6)

무의식으로부터 결정적인 효과가 나오는데, 이는 전통으로부터는 자유롭고, 모든 개개인에게 유사한, 심지어 똑 같은 경험을 보장해준다. 그리고 또 이는 상상적인 방식으로 표현된다. 이에 관한 가장 주요한 증거 중 하나는 바로 신화적 모티브들 간에 등장하는 거의 보편적인 유사성인데, 원초적 상으로써의 특질 때문에 나는 원형이라 불렀다.(9, *CW*, par. 118)

인간의 행동은 내가 근원적인 이미지라고 묘사한, 작동하는 패턴이 빚어낸 것이라고만 추정할 수 있다. '이미지'라는 용어는 일어나는 활동의 형태만을 말하는 게 아니라 활동이 나타나는 전형적인 상황도 말하려는 것이다. 이러한 이미지들이 전 인류한테 보편적이어야만 '원초적 상'이라 하는데, 만일 이 이미지들이 태어난 것이라면 이들의 기원은 인간 종의 시초와 일치해야 한다. 이 원초적 상들은 인류의 '인간적 특질'인데, 특히 인간의 활동이 보여주는 인간의 양상을 보이는 특질들이다.(9, *CW*, par. 153)

단어 자체가 암시하듯 원형archetype은 타입type과 연관이 있다. 한 그룹의 특성이나 전형적인 특질을 의미하는 타입은, 인식을 할 수 있을 뿐 아니라 저절로 등장하는 패턴들이 거듭거듭 함께 나타나는 것처럼 보이는 특색이다. 예를 들어 '미덕을 겸비한 처녀'를 한 타입이라 할 수 있고 '현명하고 부드러운 여왕'을 또 다른 타입이라 할 수 있다. '용감한 전사'나 '청교도'도 이렇게 볼 수 있다. 타입은 인물의 특질이나 행동 패턴을 이상화한 모델이다. 그래서 정확히 어떤 구체적인 타입에 들어맞는 사람은 없다. 그렇지만 문학작품에 등장하는 인물이나 꿈에 나오는 사람이 정확히 어떤 타입에 속하는지는 파악할 수 있다. 우리 각자는 여러 타입들이 **결합된** 존재이다. 여럿이 합해져서 획일적이지 않은 풍성한 다면의 개성을 지니는 사람이 되는 것이다.

우리가 각각의 보편적 타입들을 양산한 근원적인 패턴으로 거슬러 가는 길을 찾는다면, 본능적으로 이 타입들이 우리 모두 안에 잠재되어 있는 인격의 특질들이란 걸 인식하게 될 것이다. 그리고 이 근원적인 이미지들이 우리 각자 안에 존재하듯이 마찬가지로 최초 인간의 심리에도 존재한다는 걸 인식하게 될 것이다. 태초의 타입 즉 타입의 **원조**를 발견하게 될 것인데, 다시 말해 인쇄가 되어온 원래 도판을 찾게 되는 것이다.

그리스어에서 *arche*의 뿌리는 '맨 처음'을 뜻하고 *type*은 인상이나 흔적, 패턴을 의미한다. 따라서 심리학적 **원형**archetype이란 그 이전부터 존재하는 '맨 처음의 패턴'이다. 이 패턴들이 인간 개성의 활발한 요소들을 위해서 기본 청사진이 되는 것이다. 우리는 패턴들을 볼 때 어떤 면에서 이 패턴들의 조합으로 인해 인간이란 특성이 만들어진다는 걸 알게 된다. 이 타입들은 인류의 구성원들에게 유증된 것이라, 우리 각자 자신의 내면에 타고난 부분이다.

꿈에 등장하는 이미지 전부를 원형이라 볼 수는 없다. 관찰을 통해서 무의식이 에너지로 구성되어 있다는 것을 이해해야 하고, 무의식이 소위 '에너지의 상'이라고 할 수 있는 독특한 에너지 체계를 형성하고 있다는 것도 알아야 한다. 이 에너지의 상이란 감정이나 태도, 가치체계 그리고 내면에 살고 있는 모든 인격들이라 할 수 있다. 실제 우리 각자 안에는 여러 독특한 인격들이 무의식 차원에서 공존하며, 우리 꿈에 등장한 다양한 사람들은 다름 아닌 바로 이 내면의 '인격들'이다.

꿈에 이미지로 자신을 드러내는 에너지 상들 중에는 원형이 있다. 그렇지만 꿈 이미지들 중에서는 원형이 아닌 것이 더 많다. 대개 이런 것들은 꿈꾼 사람 개인의 에너지 체계에 머무는 것이라 보편적인 패턴에는 부합하지 않는다. 그런데도 사람들은 처음 원형에 대해 알게 되고 원형이 등장하는 엄청난 상징들이 나오는 꿈을 꾸고 나서는 혼동을 한다. 꿈에 나타나는 이미지 전부를 원형이라 생각할 수 있다. 또 어딘가 원형들을 전부 기록해놓은 목록이 있어서 꿈에 등장하는 상징 전부를 그 목록에서 가장 닮아 보이는 원형으로 해석을 하거나 뭔가 그런 식으로 적용해야 할 것 같은 인상을 받을 수도 있다.

이는 터무니없는 생각이다. 전 지구적으로 인간들 사이에 존재하는 특질이나 성격 패턴이 헤아릴 수도 없이 많듯이, 원형의 수도 무한히 많을 것이다. 특정 원형이라 결정하는 것은 인간의 집단적 특질 깊은 곳에서 태어나는 강력한 상징들을 보면서 보편적인 인간의 에너지 체계와 조율을 하는 문제이다. 누군가 만들어놓은 목록으로 작업을 하는 식은 분명 아니다. 이 영역에서는 창의적인 상상력에 의존하는 게 권리이자 의무이다. 그렇지만 원형의 이름은 각자 자유롭게 자신에게 의미가 있도록 붙여도 된다. 나중에 이에 관해 좀 더 다루게 될 것이다.

우리가 어떤 식으로 원형들과 만나게 되는지는 사례들을 살펴보면 훨씬 선명해질 것이다. 인류 역사의 초기부터 모든 문화와 모든 종교에 영혼이란 개념이 자생적으로 등장했다. 어느 시대든 인류는 비가시적이지만 활발한 이 실체를 직관적으로 이해하거나 영혼이 위치하는 자리를 정했다. 시나 종교적 우화들을 살펴보면 빈번히 남자들은 자신의 영혼을 여성으로 언급했다. 때로는 영혼을 내면의 여성으로 보아 그리스도와 혼인을 하거나 신과의 친교가 가능하게 만드는 것으로 간주했다. 때로는 시와 문학과 예술과 세련된 감각에 영감을 주는 뮤즈로 그렸다. 이와 대조적으로 여성들은 종종 영혼을 지혜와 힘을 부여하는 남성적 존재로 상상했다.

융은 소위 종교적인 언어로 '영혼'이라고 불렸던 것이 실은 심리학적인 것이란 사실을 발견했다. 이는 인간 내면에 있는 특별하고 객관적인 부분인데, 종교나 시에서 '영혼'이라 묘사한 것과 같은 기능을 수행한다. 영혼이 남성의 꿈에는 여성으로 등장하고, 여성의 꿈에는 대개 남성으로 나타난다. 융은 이 객관적이고 심리학적인 실체를 종교적 개념과 구분하기 위해서, 남성의 꿈에 등장하는 여성을 아니마anima, 여성에게 등장하는 남성을 아니무스animus라고 불렀다. 라틴어로 각각 'soul'과 'spirit'를 뜻한다.

이 후의 장에서 꿈과 상상을 통해 아니마와 아니무스가 나타나는 사례들을 살펴보게 될 것이다. 여기서 가장 주요한 원형의 특질로 그것의 보편성을 들 수 있다. 원형은 시공을 초월해서 모든 인간에 존재하는 것으로 나타나는 에너지 형태나 구조를 양산한다. 영혼은 객관적인 실체이자 보편적 상징인데, 이 둘 다 사실이다. 이는 우리를 인간으로 만드는 부분이고 또 인간에게 유증되어온 부분이기도 하다.

누구에게든 내면의 실체로 영혼이 존재할 뿐 아니라, 일련의 보편적인 상징으로 스스로를 나타낸다. 아니마와 아니무스의 이미지들이 다양하긴 하지만 이들은 전부 보편적 상징군에 속한다. 그래서 대부분의 남성 꿈에서 유사한 일련의 이미지군에 속하는 아니마를 발견할 수 있다. 그리고 이 경향은 신화나 민담, 종교나 문학에서도 마찬가지인데, 여성의 아니무스 경우도 이런 경향은 동일하다.

아니마와 아니무스처럼, 원형은 내면의 구조로 가장 쉽게 확인할 수 있다. 또 모두가 경험하는 행동이나 감정의 보편적인 방식 혹은 모두가 인지할 수 있는 보편적인 특질일 수도 있다. 예를 들어보자. 어떤 여성이 꿈을 꾸는데, 꿈에 자기가 사랑의 여신이나 사랑의 신 앞에 있는 것을 발견한다. 사랑은 원형이다. 사랑하는 것은 인간에게 이미 내재된 성향이고, 한 사람이 상대에게 느끼고 관계를 맺고 행동을 하는 최초의 청사진의 일부이다. 이 원형은 스스로 길을 찾아서 어떤 문화에서든 어떤 사람에게든 상관없이 등장한다. 사랑은 보편적이라 이에 대해서 말할 필요조차 없을 것이다.

꿈에 사랑이란 원형으로 등장한 것이 여성이라고 해서 사랑에 대한 욕구만 있는 것은 아니다. 이 여성의 전체 개성에는 증오나 경멸을 할 능력도 어딘가에 숨어 있다. 그렇지만 이 여인의 꿈에 사랑의 원형 즉 보편적이고 초개인적인 힘으로의 사랑을 나타내는 이미지가 등장한다. 인류의 근원적인 정신 깊은 곳에서 이 힘이 솟아난 것이다.

이미지라는 측면에서, 만일 자기에게 도전이 되고 또 영향을 미치고 있는 에너지가 보편적인 에너지라는 사실을 이해한다면, 이 여인은 자신의 감정이나 정서, 행동을 더 잘 이해할 수 있다.

앞에서 인간의 무의식에는 헤아릴 수도 없이 많은 원형들이 있다고 했다. 자신의 꿈에서 자기가 다루고 있는 것이 원형인지 아닌지 결정하는 것은 이미지 뒤에 보편적인 인간 본능이나 패턴이 있다는 걸 감지하느냐의 문제이다. 혹은 시공을 초월해서 인간이면 누구나에게 편재해 있는 특질을 증거하는 근원적인 이미지 중 하나로 그 상징을 인식할 수 있느냐의 문제이다.

융이 공식적으로 원형이라고 지정한 것인지 아닌지를 파악할 필요는 없다. 때로는 도움이 될 수 있다 치더라도, 융 학파 학자들이 원형들을 어떤 이름으로 부르는지 알 필요도 없다.

분석심리학자들은 대개 신화나 종교에서 원형의 이름을 찾아낸다. 이런 자리가 이미지들이 맨 먼저 태어났고 또 종종 가장 극적이고 기억할 수 있는 형태의 이미지를 찾을 수 있는 곳이기 때문이다. 예를 들어 운명의 시험으로 인해 영웅의 여정을 하는 원형을 종종 '오디세이'라고 부른다. 《오디세이》에 등장하는 어마어마한 이미지들이 주인공 오디세우스의 여정을 이야기하기 때문이다. 그런데 이런 식으로 원형에 붙이는 이름들은 전부 어느 정도는 임의적이다. 어떤 원형을 다루는지에 대해 언급할 때, 자유롭게 자신의 판단이나 감정 그리고 상상력을 이용해서 자기에게 가장 특별한 이름을 붙일 수 있다.

여러 해 전, 어린 대학원생이 자기 꿈으로 작업을 하려고 나를 찾아왔다. 이 학생 꿈들에 어떤 남자가 수시로 등장했다. 이 학생은 보편적 특질을 보이는 이 친숙한 내면의 남자 동료에게 이름을 지어주었다. 그는 이 남자를 '한 부족 형제'라 불렀다.

이 학생과 '한 부족 형제'는 고대 바이킹족과 함께 유럽에서 살았다. 둘이 전사로서 함께 전투에 참여하는 꿈도 꾸었고, 어떤 꿈에 이 둘은 치유자로 나왔다. 또 꿈에서 이 둘은 광채가 나는 마법의 여인을 만났다. 이 여인은 하얀 망토를 걸치고 있었는데, 이후 꿈꾼 학생의 일생의 도우consort가 되었다. 이 청년과 부족 형제는 청년기에 닥치는 모든 난관들을 함께 극복했고 신비로운 세계도 함께 탐험했다. 이 둘의 우정은 대단히 각별해서 '진짜'처럼 느껴졌다. 며칠간 종족 형제가 꿈에 나오지 않으면 외로움을 느낄 정도였다.

'한 부족 형제'는 명백히 원형이다. 여성의 심리구조에서 이에 상응하는 것은 '한 부족 자매'이다. 종종 남녀를 불문하고 성인기 초기 수년간 꿈에 이런 인물이 등장한다. 이 인물은 동년배이면서 동성인데, 삶의 도전이나 시련기에 조력자이자 동지이며 충직하게 자기편이다. 이런 인물은 이 이미지가 묘사했듯이, 실질적으로 내면에 에너지 체제로 살면서 자신의 발전에 의식과 힘을 부여하기 때문에 객관적인 실체와 상응한다. 또 '한 부족 자매'는 여성의식의 원형이다. 이 원형은 여성적인 면에 대한 감각을 섬세하게 만들고 성숙한 여인으로 진화하도록 여성의 정체성을 강화해준다.

이 청년처럼 꿈꾼 사람이 스스로 판단하고 자신에게 적절한 이름을 붙일 권리가 있다는 걸 강조하려고 이 예를 들었다. 상징 사전이나 원형에 관한 표준 목록에서 '한 부족 형제나 자매'는 찾아볼 수 없을 것이다. 목록에 없는데도 청년은 꿈에서 이 상징을 만났다. 그리고 이 인물을 인간 삶에서 보편적인 이미지로 인식했다. 그리고 고대 종족들이 사용하던 이름을 붙였다. 누구든 이렇게 할 수 있다.

그리스인들의 신관을 원형들에 대한 은유로 사용하면, 꿈에 등장하는 인물들이 인간 본성의 위대한 힘들과 어떻게 상응하는지 훨씬 쉽게 파악할 수 있다. 그리스의 신들과 여신들은 각자의 삶에 상호작용하는 힘들이다. 그리스인들도 이런 개념으로 신들을 이해했다. 이런 힘들은 모든 사람들의 삶에 등장한다. 그 특색을 든다면 보편적이고 또 시간을 초월한다는 점이다. 특정인의 삶이나 시간의 한계를 넘어서는 것이다. 이 신들은 또 인류 전체에 작용하는 '에너지의 장'이라고도 묘사할 수 있다. 그러나 이런 이미지들은 우리 꿈에 위대한 힘의 아우라를 보이는 사람 그리고 인간 본성의 위대한 타입에 적합한 사람들과 유사한 통합된 인격들을 보여준다.

이런 이유로 융은, 그리스의 여/신들과 영웅들은 실질적으로 원형에 관한 탁월한 상징어라고 말했다. 이런 이미지들은 인간의 개성을 만드는 보편적이고 근원적인 타입을 보여준다.

엄격히 말해 원형은 힘이 아니다. 오히려 이 힘에 전형적인 형상을 부여하는 기존에 이미 존재하는 패턴이다. 그럼에도 우리가 원형적 이미지를 만날 때는, 언제나 이미지로 형상화된 힘을 느낀다. 우리는 상징적인 타입에 접근할 뿐 아니라 집단 무의식의 거대한 초인간적인 힘의 저장고에 접근한 것처럼 느낀다. 원형을 충전된 에너지로 느낄 수 있는데 이럴 때는 마치 우리 바깥에 있는 존재처럼 여겨지고 의식이 이 존재와 상호작용을 하고 또 이를 다루어야 할 그 무엇처럼 느낀다. 이들이 우리를 감동시키고 우리에게 영향을 미치는 힘으로 작동하는 체험을 할 때, 왜 그리스나 다른 고대인들이 초자연적인 힘으로 이해하거나 체험했는지 이해할 수 있다.

원형들에 의해 형성된 에너지 체계는 초자아적이고 보편적일 뿐 아니라 시간을 초월하는 근원적인 실체와 상응한다. 그래서 실질적으로 꿈에서 원형을 마치 여/신들로, 아니면 신적인 존재들로 체험하는 것이다. 때로 이들은 꿈꾼 이가 연관이 된 이슈나 거치는 진화의 단계에 따라 도와주기도 하고 위협이 되기도 하며, 강하게 해주기도 하고 압도하기도 한다. 또 자유롭게 해주기도 하지만 사로잡을 수도 있다. 이들은 각자의 삶의 일부이고 자연의 일부이다. 하지만 우리 통제를 넘어서는 위대하고 초월적이고 영원한 에너지로 느껴진다.

대부분의 심리학적 개념과 마찬가지로 평범한 일상의 삶을 원형과 연관을 짓는 생각들을 많이 한다. 우리는 원형과 동일시하지는 않으면서 일상에서 작동하는 원형의 힘을 느끼고 감지할 수 있는 것이다.

예를 들어, 압도하는 사회 부정의와 맞서 싸우는 초인적 용기를 보이는 여성을 안다 치자. 우리는 "그 여자는 진짜 영웅이야. 그녀는 이 모든 걸 영웅적으로 해냈어"라고 말할 것이다. 원형에 대해 생각해보지도 않았지만, 그녀를 여성 영웅이라는 원형으로 인식하고 그녀의 특질 중 일부를 형성하는 것이 우리가 본능적으로 알고 있는 보편적 타입과 일치한다는 걸 안다.

다른 경우를 보자. 흔히 '스크루지처럼 행동'하는 어떤 남자를 안다는 표현을 한다. 남자의 태도나 행동에서 드러나는 것이 우리 모두가 알고 있는 타입이나 인격 패턴이라는 걸 인식하기에, 이 표현은 그 남자가 하는 행동 패턴이 냉소적인 구두쇠 원형의 전형적인 행동이라는 뜻이다.

영웅 원형은 우리 각자의 내면에 살고 있다. 구두쇠 원형도 마찬가지이다. 우리가 타인에게서 드러나는 원형적인 이미지를 즉각적으로 인식할 수 있는 이유가 바로 이 때문이다. 어떤 사람에게는 특별한 원형이 강하게 드러나는데, 이 사람이 그 에너지를 사용하는 걸 알 수 있다. 다른 사람들에게는 이 원형이 무의식 안에 가능성으로만 남아 있는 것이다. 예로 영웅 원형은 위기가 닥칠 때나 사랑이나 충성심이 고무시킬 때 특정한 사람의 표면으로 올라올 수 있다.

그렇다고 한 가지만 있는 사람은 없다. 우리는 일차원의 피조물이 아니다. 무한히 다양한 원형들의 풍요로운 결집체이다. 우리 각자 안에 일부는 영웅이고 일부는 겁쟁이며, 일부는 부모고 일부는 자녀이며, 일부는 성인이고 일부는 도둑이다. 내면에서 이 위대한 원형적 주제들을 확인하는 법을 배우고, 각기 다른 특질을 진정한 인간의 특질들로 존중하는 법을 배우고, 건설적인 방식으로 각각의 에너지를 살아내는 법을 배우는 것이 바로, 자신의 내면작업을 위대한 오디세이로 만드는 길이다.

원형들은 종종 신적인 이미지로 등장한다. 신비한 힘을 지니거나 왕족 혹은 신으로 나타나기도 한다. 예로 꿈에 보편적인 여성 영웅 원형이 나타났다 하자. 그녀는 잔 다르크 같은 전설적 인물처럼 광채를 띠는 갑옷을 입고 마법의 검을 들고 있다. 일반적으로 권위가 느껴지고 고귀한 존재란 느낌을 일으키는 뭔가가 있을 것이다.

혹시 경이감이나 신성, 마법 같은 특별한 힘이 느껴지지 않는다 하더라도 보편적 패턴이나 특질을 나타내거나 그러한 경험을 드러낸다. 이럴 때 원초적인 예를 대한다는 느낌은 들 것이다. 어머니들의 어머니의 어머니, 가부장 시대, 아마겟돈의 전쟁, 여태 존재한 적이 없는 모든 인간의 사랑을 완수하는 사랑 같은 것 말이다.

갈등과 통일:
한 분이신 하느님을 믿나이다 (Credo In Unum)

내면작업은 의식적 부분과 무의식적 부분 사이에 오가는 대화이기에 언제나 심각한 갈등을 초래한다. 갈등의 내용은 삶의 가치나 방식, 충동이나 신념, 도덕이나 성실함에 관한 것이다. 우리가 직면을 하든 안 하든 언제나 갈등은 있기 마련이다. 그런데 꿈작업은 우리로 하여금 이 갈등을 보지 않을 수 없게 만든다. 그리고 다양한 방식의 내면작업 중에서 갈등을 끄집어내어 표면화시키는 걸로는 적극적 명상보다 더 나은 기법이 없다.

갈등이 드리니는 걸 어떻게 견딜 것인가? 우리 대다수는 내면의 갈등을 전혀 직면하지 못한다. 그렇기 때문에 자아의 편견에 매달리거나 무의식의 음성을 억압해버린다. 그러고는 일종의 인위적인 삶의 통합을 만들어낸다. 그런 다음에 내면에서 가치가 다르거나 필요가 다른 부분들을 무시하고는 모른 체해버린다.

내면 구조의 다원성에 대해서는 이미 언급했다. 우리가 단일한 존재로 보이지만 사실은 다원적인 존재들이다. 각자 안에는 다양한 개성을 지니는 엄청난 무리가 공존한다. 또 인간의 마음은 세상을 이원적으로 경험한다는 것도 안다. 세상과 우리 자신을 밝음과 어두움, 옳음과 그름으로 나누어 판단을 하고, 처음에는 한쪽 편을 들다가 그 다음에는 다른 편을 든다. 그렇지만 우리 대다수는 이 둘을 하나로 통합하는 준엄한 임무를 수행하지 않는다.

아마 내면의 다양한 개성들을 수용해서 활용하는 데 최대 장애로 대두되는 것이 바로 사물을 옳고 그름으로 바라보는 경향일 것이다. '옳다/그르다'로 나누는 범주가 대개는 임의적이고 주관적이라는 걸 깨닫지도 못한다. 이런 판단의 기준은 가족이나 문화 그리고 어린 시절의 상황에 따라 형성된 것인데, 우리는 이에 대해서 질문조차 해보지 않는다. 대단히 수치스럽게 생각하는 본능의 일부나 에너지 체계를 열린 마음으로 바라볼 용기가 있다면, 이들이 긍정적인 힘도 있다는 사실을 발견하게 될 것이다. 그리고 이런 본능은 지극히 정상적인 인간의 특성이라는 점도 알게 될 것이다. 이런 부분을 우리 모두의 내면에 존재하는 것으로 수용하고 이를 인정하고 존중하며 적절하고 건설적인 차원으로 살아낼 필요가 있는 것이다.

자기 자신의 그른 쪽을 보면서 이를 자신의 일부로 인정하고 이런 면이 자기 삶에 건설적인 역할을 할 수 있다는 걸 고려하는 데는 용기가 필요하다. 파편화된 욕망과 충동을 직시하려면 용기 없이는 불가능하다. 한 쪽은 '예'라고 주장하는 것 같은데 다른 쪽은 격렬하게 '아니오'라고 한다. 정신의 일면은 관계가 중요하고 안정감이 필요하며, 뿌리를 내리라고 한다. 그런데 다른 면은 영웅적인 십자군 전쟁을 계속하기를 바란다. 이방인의 땅에서 모험을 하기를 원하고 세상 반대쪽으로 여행을 하고 집시처럼 살기를 바란다. 또 다른 인격은 제국을 건설하고 권력 체계를 강화하고 싶어한다. 때로 이 갈등은 화해가 불가능할 것 같다. 욕망과 의무나 책임 사이의 갈등으로 인해 자신이 갈기갈기 찢겨지는 느낌일 것이다.

그렇다면 어떻게 해야 내면작업을 통해 무의식으로 들어가, 자신의 파편화나 이중성 안으로 침잠해 들어갈 수 있을까? 이 갈등이 언젠가는 해소될 것이고, 서로 전투를 벌이는 부분들 사이에 평화를 찾을 수 있고, 파편화가 마침내 심오한 실체를 드러낼 것이며, 그 아래에 있는 근본적인 통합과 삶의 의미를 찾으리라는 걸 본능적으로 느끼지 않는 한, 잔인한 분리를 직면할 용기를 내기는 쉽지 않다.

조금 의아하게 들릴지 모르지만, 내면작업을 이해하기 시작하는 좋은 사례는 바로 시도신경과 니케아 신경이다. 한 분이신 하느님을 믿나이다(*Credo In Unum Deum*).

매주 수백만이 일치된 언어 혹은 자국의 언어로 이 구절을 암송한다. 물론 대다수는 여기 함축된 의미 따위는 고려조차 않는다. 의미를 생각하지 않고 습관적으로 되풀이하는 표현들 중 하나일 뿐이다.

이 신경에 대한 감이 문학적이나 종교적으로 어떠하든 간에, 당신은 그것이 심리학적 차원에서 의미하는 바가 무엇인지는 고려해보아야 한다. 이 신경은 궁극적으로 하나의 주제밖에 없다고 말한다. 사람의 모든 삶의 다양성이 태어나고, 다시 돌아갈 하나의 원천, 하나의 시작, 하나의 온전함만 있다는 것이다.

우리가 어떤 갈등을 직면하든, 내면에서 어떤 충돌이나 혼란을 겪든, 이 원리를 감지하기에 이 모두는 한 둥치에서 갈라져 나온 가지들이라는 걸 안다.

이 신념이 없다면 우리는 무력감을 느낄 것이고, 심각한 꿈작업이나 적극적 명상을 통한 직면도 가능하지 않을 것이다. 각자 안에 있는 내면의 다양성에 그저 압도당하고 말 것이다. 그런데 사도신경은 이 모든 내면의 부분들 즉 모든 에너지들이 나눌 수 없는 하나의 원천에서 나오고 그 '유일한 하나'로 거슬러 올라갈 수 있다는 걸 가르쳐준다. 이렇게 거슬러 올라가는 길 하나가 바로 내면작업이다. 이원적이고 다원적인 내면세계로 용감하게 들어가는 것이다.

삶의 이런 이중성으로 인해 평생 괴로움을 겪지 않는 자 누구랴? 남성성의 목소리와 여성성의 목소리, 의무와 욕망, 선과 악, 이 선택과 저 선택, 가슴을 따르느냐 머리를 따르느냐 등, 음과 양으로 표현되는 서로 상반되는 대극의 종류들을 나열하자면 끝도 없을 것이다.

음양이란 용어는 뒤에 또 사용하려 하기에 여기서 그 의미를 살펴보는 게 도움이 될 것이다. 음과 양이란 고대 중국 심리학과 철학에서 어두움과 빛, 따뜻함과 차가움, 여성성과 남성성 같은 대극이 되는 쌍으로 나누어진 세계의 내재적이고 자발적인 분할을 뜻했다. 고대의 현자들은 실체를 온전히 이해하려면 이 대극의 균형을 유지해야 한다고 가르쳤다.

양은 움직임, 활동, 단단함, 따뜻함, 건조함, 빛 같은 남성성을 가리킨다. 음은 여성성의 특질인 쉼, 수용, 부드러움, 차가움, 어둠을 가리킨다. 융 심리학에서는 이 용어를, 이원성에 대해 일반적인 심리학적 경험을 표현하는 방식으로 사용한다. 우리는 언제나 내면에 상보적인 대극을 보이는 태도를 지니고 있다. 우리 중 한 면은 어떤 걸 좋아하는데 다른 면은 거부를 한다. 일부는 계속 나아가기를 원하는데 다른 일부는 어떻게 진행되는지 조용히 지켜보기를 원한다. 태도 하나는 여성적인 측면에서 나오고 다른 태도는 남성적인 면에서 나온다.

고대 현자들에 따르면 지혜란 음의 때가 오면 음이 우세하게 하도록 하고 양의 때가 오면 양이 작동하도록 함으로 온다고 했다. 어떤 주제든 간에, 양측에게 마땅한 권리가 주어졌을 때만 균형이 이루어진다고 했다.

알다시피 이 이원성 즉 우주의 분리 없이는 인간의 삶이 존재할 수가 없다. 의식적인 존재로 태어났기에 인간이 지불해야 할 대가가 바로 이것이다. 불가피하게 세상을 나누어졌다고 배울 뿐 아니라 우리 자신과 세상이 구분되어 있다고 본다.

의식의 길은 본래 무의식의 원시적인 통합 상태에서 분리하는 걸 배우는 시점부터 시작된다. 에덴 동산의 아담처럼, 우리는 자신을 주변 사람들과 그리고 세상과 분리해서 보는 법을 배웠다. 우리는 세상을 범주들로 분할하고 분류하는 걸 배웠다. 현상을 각 범주들로 구분하고 분류하는 것도 배웠다. 그런데 바깥에서 일어나는 현상들을 분리해 보는 걸 배웠을 뿐 아니라 우리 안의 특징이나 경향도 대극으로 분리하는 것도 배웠다. 옳게 보이는 것과 나쁘게 보이는 것, 우리를 두렵게 하는 것과 편안함을 주는 것, 확신을 주는 것과 위협이나 수치심을 주는 것으로 나눈다. 그래서 우리는 지금의 자의식에 도달했다. 자신을 군중과 분리된 개체로 보고, 집단 무의식에서 자아가 떨어져 나와 분리된 것처럼 배웠다.

그러나 이런 의식이 지불해야 하는 대가는 힘겨운 것이다. 우리 내면이 화합할 수 없을 것 같은 갈등으로 파편화되어, 마치 우주가 분리되어서 그 한가운데 핵심 의미 같은 게 존재하지 않을 것 같이 느낀다. 우리는 갈등으로 인해 찢겨질 정도로는 의식적이지만 아직 삶의 기저에 있는 통합에 이를 정도까지는 의식적이지 못하다. 진화의 과정에, 자연은 자연의 목격자를 낳아서 자신의 존재를 깨닫도록 했다. 이 목격자는 바로 인간 의식이다.

"그러나 도대체 왜 무슨 짓을 해서라도 인간이 더 높은 단계의 의식을 획득해야 할 필요가 있는가?" 이는 참으로 핵심 질문이다. 그런데도 나는 쉽게 답을 찾을 수가 없다. 진짜 답 대신에 내가 믿는 바를 말하겠다. 수십억 년이 지난 뒤에 누군가는 산과 바다, 해와 달, 은하와 성운, 식물과 동물이 있는 이 놀라운 세계가 존재하는 것을 깨달아야 한다는 걸 믿는다. 동아프리카 평원에 있는 낮은 언덕 위, 절대적 고요 속에서 광대한 야생 동물의 무리들이 풀을 뜯고 있는 것을 지켜보았다. 마치 아득히 먼 옛날 원시 세계의 기운이 느껴지는 듯했다. 바로 그때, 내가 이 모든 것을 아는 태초의 인간, 태초의 피조물 같았다. 나를 둘러싼 전 세계는 여전히 원시 세계에 머물러 있었다. 그랬다는 걸 그 순간 이전에는 모르고 있었다. 그 한순간에 깨닫게 되었다. 세상이 이 모양 이대로 태어났고, 바로 이 순간 없이는 이 모든 세상은 결코 존재하지 않았을 것이다. 모든 자연은 이 목표를 추구하고 인간 내면에서 이 깨달음이 충족되는 걸 발견한다. …… 의식적 깨달음의 길에 있어서, 아주 미세한 것이라 할지라도, 세상에 많은 걸 기여하게 된다.(융, 9, I, *CW*, par. 177)

일단 우리가 거리를 두고 서 있게 되는 한, 우리 자신과 세상을 분리된 존재로 의식하는 한, 우리의 임무는 미완성으로 남아 있다. 우리 각자는 이 모두가 마침내 의미가 **되리라**는 직관적 통찰과 잠재된 **신념**을 갖고 있다. 삶의 중심에**는 통합**과 결속이 존재한다는 보편적인 느낌이 있으며 의식적으로 이를 깨닫는 게 가능하다. 내가 아는 한, 대부분의 종교와 철학이 깨달음이라 언급하는 것이 바로 이 원초적이고 본질적인 인간 정신의 통합을 가리킨다.

통합된 자기로 향하는 우리의 여정에, 내면작업은 대단히 주요한 원칙 하나를 가르쳐준다. 많은 사람들은 퇴행을 해서 갈등을 회피하고, 자기들은 갈등 상황에 있지 않은 체하면서 통합을 이룰 수 있다는 듯이 믿는다. 내면작업은 실질적 체험을 통해서, 우리가 갈등을 수용할 수 있고 이원성을 받아들일 수 있으며, 서로 전투를 벌이고 있는 목소리들 가운데 용감하게 서 있을 수 있다는 걸 보여준다. 그리고 마침내 이런 갈등을 거쳐 이런 다양한 음성들이 궁극적으로 말하고 있는 통합에 이를 수 있다는 것을 보여준다.

뒤돌아갈 수는 없다. 후퇴할 수 없는 것이다. 의식을 포기하고 짐승 같은 무의식으로 퇴각을 해서 원초적인 통합의 느낌을 얻을 수는 없다. 진화는 다른 경로를 택했고, 이 경로는 각자 몸에 있는 구조만큼 확실하게 우리 안에 만들어져 있다. 길은 우리를 똑바로 앞을 향해 나아가게 한다. 이원성을 넘어서 그 아래에 있는 통합된 의식으로 나아가게 한다. 우리 각자의 임무는 다원성의 의식을 희생하지 않으면서 고유한 존재로서의 자신에 대한 느낌을 간직한 채 근본적인 통합을 이루고 삶의 의미를 발견하는 것이다.

우주는 하늘과 땅으로 분리되어 있기에, 하늘과 땅이 대화를 하기에, 우주가 그리스도, 붓다, 마호메트, 예언가들을 낳았다. 이들 한 사람 한 사람은 통합된 자기의 원형을 드러내는 존재들이다. 그리고 이들은 모두가 궁극적으로 하나라는 메시지를 드러내는 인물들이다. 삶에서 겪는 갈등 때문에, 또 기꺼이 이 갈등을 직면하고 갈등을 건설적인 대화로 전환하려는 의지 때문에, 의식 성장의 길로 나아갈 수 있다.

　자신에게 정직하다면, 이원성과 역설을 살아내야 하는 것이 우리의 운명이다. 역설적 요소들과 대화를 하는 것이 인생이다. 놀랍게도 이는 통합을 위해 나아가는 가장 확실한 길이기도 하다. 우리가 꾸는 꿈들이 바로 이를 위한 무대이자 워크숍이며 전장이다. 그리고 적극적 명상은 통합을 위한 탁월한 언어이다.

2
꿈작업

실제 꿈으로 작업하기

이 책은 직접 꿈으로 작업을 해보려는 사람들을 위한 실용서이다. 따라서 실질적으로 적용할 수 있는 방법 소개에 비중을 두려 한다. 자연히 이론을 설명하기 위해서 많은 시간을 할애하지는 않으려 한다. 하지만 융 방식으로 꿈을 분석하려 할 때 자주 등장하는 용어나 기본 개념을 미리 파악해두면 꿈 세계의 방향을 잡는 데 도움이 된다. 그래서 꿈을 다루는 방법 설명에 들어가기 전에, 앞으로 이 책에서도 자주 등장하게 될 기본적인 용어나 개념을 먼저 살펴보겠다. 그런 다음, 실제 이런 용어들을 어떻게 적용하는지 하나하나씩 단계적으로 설명을 하려 한다.

실제 꿈을 하나 다루는 것으로 시작해보자. 이 방식이 나중에 기본적인 개념을 설명하는 데도 도움이 되리라 생각한다. 여기 소개하는 꿈은 굉장히 바쁘게 살아가는 한 여성이 꾼 것이다. 이 여성은 전문직에 종사하는 젊은 사람인데, 얼핏 보기에는 짧고 간단한 꿈같지만 실제 이 꿈작업이 여인에게 미친 파장은 엄청났다.

부랑자 꿈

나는 차 열쇠를 찾고 있다. '남편이 갖고 있나'라는 생각이 뇌리를 스친다. 남동생이 내 차를 빌려갔는데 아직 가져오지 않았다는 사실이 떠오른다. 마침 두 사람 다 눈앞에 보여서 그들을 부른다. 그런데 내 말을 못 들은 것 같다. 그때 '부랑자'처럼 허름한 차림을 한 젊은 남자가 내 차에 올라타더니 차를 몰고 가버린다. 정말 화가 난다. 무기력하게도 느껴지고 버림받은 기분도 든다.

꿈의 깊이로 들어가기에 앞서 꿈을 꾼 사람이 반드시 알고 있어야 하는 원칙이 두 가지 있다. 그 하나는, 꿈은 기본적으로 무의식의 표현이라는 것이다. 그러므로 이 꿈이 꿈을 꾼 사람의 무의식 차원에 있는 뭔가를 말하고 있다는 사실을 인지해야 한다. 다음 원칙은 꿈에 나타나는 이미지들을 말 그대로 받아들여서는 안 된다는 점이다. 꿈이 꿈을 꾼 사람 안에 있는 어떤 측면을 말해주고 꿈꾼 이의 역할을 드러내주지만 이는 상징적으로 이해해야 한다. 이 꿈을 꾼 여성은 꿈에 다가가기 위해 먼저 혼자서 꿈을 이해하려는 시도를 했다. 그 다음에 꿈에 등장하는 등장인물들로 적극적 명상을 했다. 아래의 내용이 이 여성이 자기 꿈에 대해 이해한 내용이다.

　꿈을 꾼 여인이 남편과 남동생을 연상하면서 이 둘은 내면이 고요하고 관조적이며 중심이 잡혀 있는 측면을 나타낸다고 느꼈다. 그런데 실제 자기 삶은 바깥일에만 신경을 쓰다 보니 가정이나 자기 내면을 돌보는 데 필요한 시간은 거의 없었다는 사실을 깨달았다. 업무량이 과중한데다 수업까지 맡아서 자신이 감당할 수 있는 양보다 넘치게 일을 하려고 하는 상태이다. 과로로 인해서 언제나 날카롭게 날이 서 있고 혼자 가만히 있거나 남편과 함께할 짬을 만들 수가 없다. 그런데 밖에서 요청이 들어오면 전부 "예"라고 답하고 주변에서 하는 프로젝트마다 모두 합류했다.

　이렇게 지나치게 일에 매달려 사는 삶의 패턴이 차로 표현되는 듯했다. 마치 삶이 저 혼자 타고 달아나버리는 '탈것'처럼 느껴졌다. 자동차처럼 이런 삶의 패턴이 자신에게 기계적으로 자리를 잡았다. 그런데 이는 꿈을 꾼 자신만이 아니라 집단 전체의 산물이기도 하다. 꿈은 더는 이 여성이 이런 삶의 패턴을 감당할 수 없는 상황에 이르렀다는 점을 지적한다. 마치 누군가가 자신을 차 안으로 밀어넣어 시동을 걸고는 한 가지 일에서 다음 일로, 한 프로젝트에서 다른 프로젝트로 연루되도록 '끌고가버렸다.'

　그녀는 차를 몰고 떠나버린 '부랑자'를 연상하며, 언제나 고속 기어 상태에 있기를 원하고 일마다 '예'라 말하면서 시동을 걸어 사회 집단으로 돌진하는 걸 좋아하는 자기 삶의 방식을 반추해보았다. 가만히 앉아 있거나 조용한 상황을 견디지 못해 조급해 하는 자신이 늘 쫓기는 사람처럼 느껴졌다. 남편이나 남동생이 대변하는 정적이고 잔잔한 삶과 부랑자가 대변하는 늘 분주한 삶 사이에서 양분되어 있는 느낌이다.

이 꿈을 깊이 들여다본 뒤, 이 사람의 삶의 태도가 완전히 달라졌다. 바깥일을 대폭 줄이고 가족과 함께 지내거나 고요히 자기 내면을 들여다보는 시간을 늘려 나갔다. 자신에게 가장 중요한 측면에 에너지를 집중하면서 말할 수 없는 안도감을 되찾았다.

이 꿈은 우리 모두에게 도움이 되는 몇 가지 기본 원칙들을 설명해 준다. 먼저 중요한 점은, 아무리 짧고 사소해 보이는 꿈일지라도 꿈은 꿈을 꾼 사람이 반드시 알아야 할 뭔가를 얘기하고 있다는 점이다. 꿈은 절대 시간 낭비를 하지 않는다. 아무리 '사소한' 꿈이라 느껴질지라도 관심을 갖고 들여다보려 애쓴다면 그 안에 소중한 메시지가 담겨 있다는 사실을 확인하게 된다.

우리 꿈에는 등장인물이 무수하게 나온다. 그런데 과연 이들은 누구란 말인가? 이 꿈에서 꿈꾼 사람 내면에서 남편과 남동생이나 부랑자로 대변된 부분은 어떤 측면인가? 우리는 이 꿈을 통해서 남편으로 등장하는 인물이 일상을 함께 하는 물리적인 남편과는 달리 이 여인 내면에 있는 어떤 측면을 나타낸다는 사실을 확인했다. 꿈에 등장하는 남편의 이미지는 그녀 내면에서 작동하고 있는 삶의 원칙과 일련의 가치들을 나타낸다. 나아가 어떤 삶의 방식이 자기 본질에 더 진실한지에 대한 감을 표현하고 있다.

꿈속에 여러 등장인물이 나타나는 것은 내면의 자신이 지닌 구조가 다중적이고 다차원적임을 반영한다. 누구나 예외 없이 몸과 마음 속에 여러 인격들, 다르게 말해서 내면의 '사람들'이 공존하고 있다. 우리는 삶에서 스스로를 하나의 관점을 지닌 한 사람의 개인이라 생각하는 경향이 있다. 하지만 자세히 들여다보면 실제 우리 안에는 내면 깊은 곳 어딘가에 여러 사람들이 함께 살고 있다. 그리고 이들 각자는 서로 다른 방향으로 우리를 인도한다는 사실을 인정하지 않을 수 없다.

꿈은 우리 내면에서 상호작용을 하면서 우리 개개인을 온전한 자기total self로 이끄는 모든 인격들을 상징의 형태로 드러내준다. 앞에서 살펴본 부랑자 꿈을 보자. 꿈꾼 여인은 남편과 남동생과 부랑자 이 모두의 이미지를 통해 자기 안에 있는 다양한 측면들을 발견한다. 이 여인의 일면은 집에 머물면서 화단을 손질하고 명상을 하며 가족들과 시간을 보내고 싶어한다. 또 다른 면은 자신의 일을 통해 사회에 기여하고 싶어한다. 또 다른 부분은 끝없이 사투를 벌이며 부랑자와 함께 밖으로 뛰쳐나가 세상을 바꾸고 싶어한다. 사실 이 '부랑자' 부분은 이 여인 내면에 있는 영웅 원형이 좀 부랑아처럼 등장하는 것 같아 보인다. 꿈은 이 모든 면을 드러내면서 이들 서로 상반되는 욕구와 가치 사이에서 균형을 찾아야 한다는 점을 분명히 하고 있다.

융은 우리의 심리를 구성하는 요소 하나하나가 의식에서 뚜렷이 구별되는 중심이라 했다. 그 요소들을 온전한 자신을 구성하는 내면에 있는 구조로 생각해볼 수 있다. 우리 안에 결합되어 있는 독립적인 에너지 시스템들로 볼 수 있는데, 그건 이들 각자가 자율성을 지니고 있기 때문이다. 이들 각각의 요소는 나름의 의식과 가치, 욕구와 견해를 가지고 있다. 각자 다른 방향으로 우리를 이끌고 각각의 다른 강점과 특질로 우리 삶에 기여하며, 우리의 전 인격에 나름의 역할을 한다.

  간혹 우리 안에 서로 독립적인 존재들이 살고 있는 것처럼 느끼게 되는 이유가 이 때문이다. 꿈에 이들이 각기 다른 **사람**으로 상징되는 것은 마땅해 보인다.

  흔히 우리가 사실과 논리에 바탕을 둔 합리적 결정을 내리고 싶다고 생각하지만 이럴 때도 사실 우리 안에서는 여러 세력들이 끔찍한 전쟁을 벌이고 있다. 이런 상황은 대부분 무의식적으로 일어난다. 무엇을 위한 싸움인지 모르기에 화해를 할 수도 없다. 어느 편을 들어야 할지도 모른다. 이럴 때 느낌은 자신이 무기력하게 분열된 듯하다.

  여기서 현내 작가가 쓴 소설 하나를 소개한다. 등장하는 여인이 자기를 유혹하는 사람 곁에서 갈등하는 상황이다.

  "그러면 우리 함께 여행을 갈 수 있잖아." 그가 말한다. 마치 둘이 함께 찾고 있던 해결책이 이것이나 되는 듯하다. 그녀는 아무 말도 하지 않는다. 마음속에서는 자기 안의 모든 다른 요소들이 전쟁을 벌이는 것 같다. 아이가 어머니와 싸우고 바람난 여자가 수녀와 싸우고……. (라까레 LeCarre, *Little Drummer Girl*, 78쪽)

어머니와 싸우는 이 아이는 누구이고, 수녀와 싸우는 이 바람난 여자는 누구인가? 내면에서 성배를 찾아 성으로 들어가고 싶어하는 영웅은 누구이고, 수도승처럼 조용히 독방에 머물러 신의 신비를 관상하고 싶어하는 남자는 또 누구인가? 이들 모두가 한 인간이 지닌 가능성이라 할 수 있을 것이며 우리 모두가 지닌 성격의 다양한 측면이라 말할 수도 있을 것이다.

비로소 원형을 만나게 된다. 원형이란 정신에서 우리 각자를 형성하는 무의식 안에 있는 인류 보편적인 패턴이나 경향을 말한다. 실제로 원형들은 우리를 형성하는 심리적 에너지의 기본단위이다. 개개인 정신은 이들 에너지가 함께 모여 만들어지는데, 그 안에 어린이가 있고 어머니가 있고 인류 보편의 처녀와 인류 보편의 바람난 여자가 있다. 이들 모두가 한 개인 안에 살아 있다.

꿈을 통해 우리는 원형적인 영웅, 원형적 성직자, 원형적인 건달들을 만난다. 이 인물들은 각기 다른 방식으로 우리의 성격을 풍요롭게 만드는데, 이들 각자가 우리의 고유한 진실을 드러낸다. 이들은 개개인의 인격을 형성하기 위해 결합된 보편적 힘들이며 이들이 모두 각자 저마다의 고유한 방식으로 표현이 되는 것이다.

이처럼 우리 내면은 다면적일 뿐만 아니라 심층 심리학자 융 박사가 발견했듯이 정신에는 여성성의 에너지와 남성성의 에너지가 둘 다 존재한다. 따라서 인간은 누구나 겉으로 드러나는 성과 상관없이 양성androgyny이다. 남성은 누구나 남성적인 자아가 무의식에 있는 '여성성'과 연결되어야 한다. 모든 여성의 여성적인 자아는 무의식에 있는 온전한 자기의 일부인 '남성성'과 상징적인 결합을 해야 한다.

정신은 대극을 이루는 쌍으로 나누어진다. 우리 안에 있는 모든 원형의 에너지들이 의식에 등장할 때는 음과 양, 여성성과 남성성, 어두움과 빛, 긍정적인 것과 부정적인 것처럼 상보적인 쌍으로 나타난다. 나란 존재의 일부는 의식에 있지만 온전해지기 위해서 필요한 상보적 특질은 무의식에 숨어 있다. 무의식은 끊임없이 남성성-여성성 등의 이분법을 사용하는데, 이는 상징적으로 서로 조화를 이루고 완성되어야 하는 내면의 힘들 사이의 상호작용을 나타낸다. 이 대극적인 쌍이 적대적 극을 보이거나 치명적인 적처럼 등장할 수도 있지만, 이들은 결국 하나의 에너지 흐름에 있는 양면이다. 그래서 서로 운명적으로 통합이 이루어져야 하는 것이다.

꿈에서 이성으로 등장하는 인물들은 흔히 자아에게서 가장 거리가 먼, 곧 의식에서 가장 멀리 떨어져 있는 무의식 깊숙한 곳에 놓인 에너지 시스템을 상징한다. 남성이든 여성이든 각자 내면의 어떤 부분이 이성의 이미지로 나타나는지를 예측할 수는 없는데 개인에 따라 다르기 때문이다. 그렇긴 하지만 흔히 나타나는 어떤 패턴들은 명료해서 이에 대해 알고 있으면 꿈을 이해하는 데 도움이 된다.

우리 문화는 전통적으로, 사고를 하고 조직하는 면을 남성의 특질로 간주해왔다. 남자라면 영웅이 되거나 행동하는 실천가가 되어야 한다는 틀도 가지고 있다. 그런데 무의식은 남성의 정서적인 본질, 감정을 존중하고 아름다움과 삶의 가치를 중시하며, 사랑을 통해 관계를 맺는 측면을 나타내기 위해 흔히 여성을 내세운다. 그렇지만 대다수 남성들에게서 이런 역량들은 거의 무의식 상태에 머물러 있다. 따라서 남자의 꿈에서 이런 면을 나타내는 여성이 등장할 때는, 이러한 측면을 의식화하라는 촉구이자 '남성적인' 자아의 삶에만 맞춰져 있는 좁은 렌즈를 확장할 필요가 있다는 신호로 이해할 수 있다.

대다수 여성들의 자아 구조는 대개 감성적이고 관계를 맺고 양육하고 돌보는, 전통적으로 '여성적'이라 간주해왔던 특질들과 동일시되어 있다. 그런데 이런 여성적인 측면 또한 남성적인 '합리성'과는 다른 모드이지만 '합리적'이다. 여성적인 합리성은 감정-논리 즉 가치를 예리하게 분별하는 데 기반한 사고 체계를 말한다. 분석을 통하는 것이 아니라 **전체를 감지함**으로써 뭔가를 '파악한다.' 따라서 여성의 꿈에 나오는 남성들의 경우는, 사고-논리나 분석과 분별을 통해 인식하고 분류하고 조직하고 경쟁하고 힘을 사용하는 면을 나타내기 위해 등장한다. 종교와 철학과 정치에 대한 생각처럼 여성의 태도를 결정하는 원리들의 상당 부분이 정신에서 남성으로 나타나는 측면에 의해 형성되었음을 알게 된다.

정신이 양성이라는 사실에서 가장 중요한 측면은 영혼의 이미지 soul-image이다. 여성이든 남성이든 누구나 내면에 주기능이 영혼의 안내자 psychopomp인 내면의 인물이 있다. 이 인물이 우리의 자아를 내면세계의 깊이로 인도하고 무의식과 자아 사이의 매개자 역할을 한다.

융은 자신을 무의식으로 이끄는 여성을 자기 안에서 감지하면서 영혼의 이미지에 대해 깨닫게 되었다. 꿈과 상상의 영역에서 만날 수 있는 이 존재는 바깥세상에서 찾을 수 있는 것이 아니라 자기 내면의 일부이다. 이 여인이 꿈에 나타나는 것을 보면 신화적인 성질을 보이는데 마법적이고 인간의 차원을 넘어서 반신적인 존재이다. 단테의 《신곡 Divine Comedy》에 나오는 베아트리체처럼 남성에게 영혼의 여인은 무의식이라는 내면세계로 인도하고 이 세계의 안내자 역할을 한다. 융은 다른 남성들의 내면에서도 원형적인 여성의 존재를 발견했다. 또 여성들의 꿈과 삶에서도 그에 상응하는 남성성의 영혼을 관찰했다.

융은 이 내면의 인물이 전통적인 종교에서 말하는 영혼의 개념과 일치한다고 느꼈는데 영혼은 우리 내면의 일부이고 우리를 영적인 영역으로 연결시켜 주며 또 신에게로 안내를 한다. 그래서 융은 남성 인에 있는 여성 즉 영혼의 이미지를 아니마라 하고 여성 안에 있는 남성적인 이미지 즉 영혼을 아니무스라 불렀다. 아니마와 아니무스는 라틴어에서 영혼을 뜻하는 단어이다.

아니마 아니무스를 깨닫는 것은 대단히 중요하다. 이 이미지는 꿈에 자주 등장하며 우리가 성장하는 데 대단히 중요한 역할을 할 뿐 아니라 삶의 여정 전반에 커다란 영향을 미친다.

내면의 에너지이자 강력한 상징으로서 영혼 이미지는 엄청난 힘과 영향력을 지니고 있어서 진지하게 다루어야 한다. 통합을 추구하고 삶의 의미를 찾는 내재된 인간의 욕구와 대극적인 부분을 하나로 통합하려는 욕구 그리고 무의식의 내면세계를 탐색하고 종교적인 체험을 하려는 욕구가 모두 이 내면의 존재에 집중되어 있는데, 이 존재가 바로 우리 자아와 광대한 무의식 사이의 중재자 역할을 한다. 우리가 내면작업을 통해 아니마 아니무스와 서로 화답을 하지 않는다면 내면의 아니마 아니무스를 이들이 존재하지도 않는 삶의 다른 영역에 투사하는 걸 피할 수 없다.

예를 들자면, 자신의 일에 아니마 투사를 하는 남성은 강박적으로 일에 매달리게 된다. 이 남성은 종교적인 생활을 해결하는 열등한 통로로 일에 매달리게 되는 것이다. 또 바깥에서 만나는 남성에게 자신의 아니무스를 투사하는 여성은 그 사람 자체보다는 자신이 그에게 투사한 영혼의 이미지와 사랑에 빠진다. 평범한 인간의 사랑을 방해하는 대다수 로맨틱 환상의 기본 토대가 바로 아니무스와 아니마를 외부의 다른 사람에게 투사하는 탓이다. 남자가 자신의 아니마를 여성에게, 아니면 여자가 외부의 남성에게 자신의 아니무스를 투사하는 것이다. 이렇게 사람들은 타인을 통해 자신을 완성하려 든다. 자신들이 로맨틱한 투사를 한 외부 사람을 통해 실현되지 않은 무의식의 부분을 살아내려 한다.

서문에서 나는 개성화 과정에 대해 언급했다. 알다시피 개성화는 온전한 내면의 자신을 의식하려는 움직임이다. 꿈을 모델로 들어 이야기하자면, 개성화는 상당 부분 우리 안에 있는 내면의 다양한 인물들을 함께 화합하는 것이다. 개성화란 내면에 있는 이들 에너지 시스템을 의식화할 뿐 아니라 이들을 서로 연결 짓고 통합하는 것이기도 하다.

이런 진화의 최종 목적지는 아직 도달하지는 못했지만 뭔가 감지하고 느끼고 직관적으로 묘사할 수 있는 온전함에 대한 감이다. 우리 전 존재의 온전함과 온전함에 대한 의식적 특질은 하나의 원형으로 표현된다. 융은 이 원형을 자기self라고 불렀다.

자기는 통합의 원리이다. 이는 완전한 전인격이다. 자기의 상징이 꿈에 등장할 때 우리 존재의 완전한 전체를 드러낼 뿐 아니라 우리 의식이 도달할 수 있는 잠재력을 나타낸다. 최고의 의식적 단계 즉 우리 자신과 우주와 완전한 일치감이다.

꿈은 끊임없이 개성화의 과정과 자기를 향하는 자아의 움직임을 보여준다. 꿈을 통해 대개 우리 삶 주변에서 방금 일어난 상황을 볼 수 있다. 하지만 동시에 오랜 기간 모은 꿈을 한꺼번에 보면 자기로 향해 가는 여정의 단계들이 드러난다.

자기는 특징적인 상징들로 드러난다. 원이나 만다라(네 부분으로 나눠진 원), 사각, 다이아몬드 형은 모두 원형적인 자기를 나타내는 추상적인 도형이다.

자기는 4가 등장하는 모든 꿈에 나타난다. 등장인물이 넷과 연관되거나 어떤 식이든 숫자 4가 강조된다. 융은 숫자가 원형의 상징임을 발견했다. 숫자 4는 고대로부터 모든 종교에서 우주의 온전함이나 영적인 진화의 완성을 상징하는 데 사용돼왔다.

자기를 나타내는 또 다른 상징은 신성한 커플이나 왕실의 커플이다. 음과 양의 용들이 결합하는 것처럼, 남성성과 여성성이라는 대극이 결합하는 것은 최고의 자기 통합을 나타내는 상징이다.

무의식에는 또 우리 꿈에 자주 등장하고 알아두면 도움이 되는 다른 기본적인 에너지 시스템도 있다. 융은 이 내면의 존재를 그림자라 불렀다. 모든 사람 안에는 자아에 아주 가까우면서 꿈에서 대개 꿈꾼이와 동성으로 나타나는 무의식의 부분이 있다. 그림자는 일종의 분신alter ego으로, 자아에서 떨어져 나와 무의식에서 살게 된 부분이다. 대개 그림자는 부정적이든 긍정적이든 자아의 자연스러운 특질과 성향을 지니고 있다. 하지만 자아가 이런저런 이유로 이를 통합하지 못했거나 노골적으로 억압한 부분이다. 때로 그림자의 특질은 자아가 보기에 창피하거나 원시적이어서 자기 것이라 인정하지 않으려는 부분이다. 또한 그림자는 자기 것으로 받아들이지 않으려 하지만 엄청나게 긍정적인 힘을 지니고 있을 때도 있다. 이를 받아들이려면 지나치게 과도한 책임을 져야 하거나 혹은 상대적으로 대단찮은 자신의 이미지를 깨버려야 하기 때문이다.

꿈에 그림자가 어떻게 등장하는지는 자아의 태도에 달려 있다. 예를 들어 내면의 그림자를 친구처럼 대하면서 기꺼이 성장하고 변화하려 하는 남성인 경우, 그림자는 도움을 주는 친구나 '짝꿍'으로, 아니면 모험을 도와주고 뒤를 받쳐주며 필요한 것들을 가르쳐주는 형제 같은 모습으로 등장한다. 그런데 그림자를 억압하는 사람의 경우는 지긋지긋한 적이나 짐승 같거나 아니면 자신을 공격하는 괴물로 등장할 것이다. 이 원리는 여성에게도 마찬가지로 적용된다. 자신의 그림자와 어떤 관계를 맺고 있느냐에 따라 사랑스런 자매로 아니면 무서운 마녀로 나타날 것이다.

다음으로 융 학파들이 이야기하는 꿈작업에 관한 기본 개념과 모델이 있어 소개하려 한다. 이는 처음 꿈에 접근하려는 사람들에게 유용할 것이다. 꿈들을 예로 작업을 하면서 앞으로 이 책에서 소개할 실질적인 절차를 익히는 과정에서 이러한 개념이나 모델은 좀 더 명료해지리라 생각한다.

4단계 접근법

꿈작업으로 들어가기 전에 먼저 앞으로 다루게 될 네 단계의 기초를 잠깐 살펴보자. 네 단계는 다음과 같다.

1단계 연상하기
2단계 꿈에 등장하는 이미지를 내면의 역학과 연결하기
3단계 해석하기
4단계 꿈을 더욱 구체적으로 전개할 의례하기

첫 번째 단계는 꿈에 나타나는 이미지에 대한 반응인데, 무의식에서 연상되는 점들을 찾아내는 것이다. 이렇게 연상한 내용들은 꿈을 해석하는 토대가 된다. 모든 꿈은 일련의 이미지로 구성되어 있기에

이들 이미지에 담긴 의미를 찾는 데서 꿈작업이 시작된다.

두 번째 단계는 우리 내면의 어떤 부분이 꿈 이미지들로 나타났는지 살펴보는 것이다. 우리는 내면에 작용하고 있는 어떤 역학이 꿈의 상황에 상징적으로 등장했는지 찾아내게 된다. 그런 다음 세 번째 해석 단계로 접어들어, 처음 두 단계에서 모은 정보들을 바탕으로 전체로 봤을 때 꿈에 담긴 의미가 무엇인지 파악하는 데 도달하게 된다.

네 번째 단계에서는 꿈을 훨씬 더 의식적으로 만들고 그 의미를 더욱 선명하게 새기기 위해 몸을 통한 직접적인 체험을 한다. 이를 통해 꿈을 구체화하는 의례를 치르는 방식에 대해 익히게 된다.

이런 간단한 안내도를 가지고 이제 첫 번째 단계로 들어가보자.

첫 번째 단계: 연상

무의식은 꿈에 등장하는 모든 상징에 대해 각기 연상을 가능하도록 해놓았기에 각각의 연상을 통해 그 상징의 의미를 파악하게 된다. 무의식에서 만들어낸 상징들에 대한 정보는 무의식 안에 있다. 그렇기 때문에 우리가 무의식의 상징적인 언어를 해독할 수 있는 것이다. 우리가 해야 할 일은 연상에 대한 감각을 익히는 것에서 비롯되는데 이는 꿈에 등장한 상징들에 대해 저절로 일어나는 반응이다.

먼저, 꿈을 훑어보면서 꿈 이미지 각각에 대해 연상되는 것들을 전부 적어본다. 꿈에 사람이나 사물, 상황, 색, 소리, 대화 등이 등장했을 것이다. 이 하나하나를 이미지로 들여다볼 필요가 있다.

기본 기법은 이렇다. 우선 꿈에 처음 등장한 이미지를 적고, 스스로 자문한다. "이 이미지를 보고 어떤 느낌이 들지? 보고 있으면 어떤 말이나 생각이 떠오르지?" 꿈에 등장하는 이미지에서 불쑥 떠오르는 단어나 생각, 심상, 감정, 기억도 연상이다. 이 이미지와 자동적으로 연결 짓게 되는 그런 것도 연상이다.

보통 이미지 하나에서 여러 연상을 하게 되는데 특정한 사람이나 단어, 어구, 기억들이 떠오른다. 이미지를 보며 즉각적으로 떠오르는 것들을 하나하나 적어본다. 적은 다음에 다시 원래의 이미지로 돌아가서 다시 떠오르는 것들을 하나하나 써내려간다. 한 이미지에서 찾을 수 있는 연상을 모두 적었으면 다음 이미지로 넘어간다. 그러고는 같은 과정을 되풀이한다.

이런 방식이 처음에는 일이 너무 많아 귀찮게 여겨질 수도 있다. 하지만 몇 차례 하다 보면 꿈 상징에 담긴 의미를 찾는 이 기법이 지닌 놀라운 힘을 경험하게 될 것이다. 그러면 이렇게 공을 들인 데 대한 보람을 맛볼 것이다. 그리고 상징이 인간에게 왜 이토록 큰 힘을 지니는지도 이해하기 시작할 것이다. 상징들은 우리가 가닿기를 원하는 내면 깊숙한 부분과 저절로 연결해준다.

이 시점에서 어느 연상이 소위 맞고 틀리는지 결정을 하려 들어서는 안 된다. 흔히 처음 떠오르는 생각이나 너무 뻔해 보이는 내용은 작업을 계속하다 보면 나중에는 그렇게 잘 맞는 게 아니라는 경험을 하게 된다. 무의식은 자아의 논리를 따르지 않는다. 한동안 작업하다 보면 엉뚱하고 어리석어 보이고 말도 안 되는 연상이 가장 정확하다고 판단될 수도 있다. 때로는 연상한 모든 내용이 심지어 처음에 모순적으로 보이는 것들조차도 꿈과 직접 관련된다는 사실을 확인하기도 한다. 그러니 이 시점에서는 뭔가를 고르려 하지 말고 그저 적어놓기만 한다.

예를 들어 "나는 파란색이 칠해진 방(블루 룸)에 있다"로 시작하는 꿈을 꿨다고 가정해보자. 처음 작업할 이미지는 파란색 즉 블루이다. 다음과 같은 연상을 할 수 있을 것이다.

블루

슬프거나 우울한 – 'blue mood,' 'I've got the blues.'

블루 문.

명쾌함의 색깔: 차갑고, 초연한 의식 상태.

생기 넘치고 정서적인 붉은 색과 대비됨.

내 파란색 스웨터. 내가 흔히 입는 옷 색깔.

할머니 댁 거실. 늘 파란색.

날리다Blew* – '날려가다, 휩쓸리다blown away'.

'진짜 블루True blue' – 정직하고 충직하다는 의미.

무의식은 어떤 장면에서 파란색을 쓰고 다른 장면에서는 빨강이나 검정 등 다른 색을 쓰는데, 이는 우연히 이루어지는 현상이 아니

*블루와 동음으로 연상 – 옮긴이

다. 꿈에 파란색이 등장하는 것은 이 색깔이 무의식에서 작용하고 있는 어떤 역학을 표현하는 데 가장 적절했기 때문이다. 무의식이 블루에 대해 지니는 의미는 무의식이 만들어내는 이 색에 대한 연상들 속에서 찾아질 것이다.

꿈꾼 사람이 누구냐에 따라 이 색깔은 명쾌함이나 초연한 관조를 나타낼 수 있다. 세 번째 해석 단계에서 이 상징은 전적으로 감정에 휩싸이는 사람에게 조금 냉정하고 명확할 필요가 있다는 의미로 드러날 수도 있다. 다른 누군가에게는 붉은 피가 흐르는 인간적인 에너지나 디오니소스적인 감정에 빠져 사물들이 너무 차갑고 너무 추상적이라는 비판으로 해석될 수도 있다.

어떤 사람에게는 파란색 방이 우울한 느낌일 수 있을 것이다. 이럴 때는 영어 표현에 "I feel blue"나 "I've got the blues"라는 구어적인 표현과 맞아 떨어질 것이다. "파란색 물건들이 가까이 있으면 고요하고 평화로워"라는 반응처럼, 이 파란 색깔에 대해 여러분에게 등장하는 반응이 바로 여러분이 연상하는 바이다.

그냥 떠오른 내용이 보기에 얼마나 억지스러운가는 상관없다. 꿈작업에서 이 단계는 그저 무의식에서 정보를 모으는 때이다. 마치 무의식에게 "너는 네 자신의 상징에서 어떤 의미를 떠올리는데?" 하고 묻고 있는 셈이다.

사람에 따라 다양한 반응이 나올 것이다. 목적은 각자 고유의 연상을 하는 것이지, 책이나 심리학 이론에 따르면 이래야 한다고 말하는 것이 아니다. 그러니 각자가 연상한 내용을 창피해할 필요가 없다. 떠오르는 것들을 검열하지 말자. 보다 우아하거나 '적절하게' 들리도록 꾸미려 하지 말자. 그저 떠오르는 대로 받아들이면 된다.

직접적인 연상

매번 연상이 떠오를 때마다 꿈 이미지로 되돌아가라. 본래 꿈 이미지에서부터 새로운 연상을 하는 것이 원칙이다. 따라서 언제나 꿈으로 되돌아가서 다시 시작을 해야 한다. 연상에서 또 연상을 하는, 연쇄적으로 꼬리에 꼬리를 무는 연상을 해서는 안 된다.

연쇄 연상은 본래의 꿈 이미지가 아니라 연상한 것에서 또 다른 연결지점을 찾게 되는데 이런 방식을 '자유 연상'이라 한다. 처음에 뭔가 연상을 하면 거기서 또 다른 걸 떠올리고 또다시 떠올리고, 이런 식으로 전체가 꼬리에 꼬리를 무는 연상을 할 수 있다. 그러면 절대 본래 꿈 이미지로 돌아갈 수가 없다.

예를 하나 들어보자.

블루 → 슬프다 → 병원 → 숙모 → 사과 파이 → 따뜻한 부엌

여기서 보면 연상을 할 때마다 점점 더 파란색이란 본래 이미지에

서 멀어지는 것을 알 수 있다. '병원'이나 '숙모'까지 갔을 때는 이미 본래 꿈에 등장하는 파란색과는 아무런 관련이 없어져버린다.

연상을 제대로 하는 방법은 중심축에서부터 사방으로 바퀴살처럼 뻗어나가는 식이다. 바퀴처럼 꿈 이미지를 가운데 두고 연상되는 것들을 주변으로 돌아가면서 적는 것이다. 이렇게 하면 연상을 하는 모든 내용이 원래 이미지에서부터 바로 나오게 된다. 어떤 연상이 떠오르면 다음 연상을 하기 전에 바퀴의 중앙으로 되돌아간다. 내가 아는 여성은 늘 이 방식으로 작업을 하는데, 이미지 하나하나를 바퀴 중심으로 만들어 도식화한다.

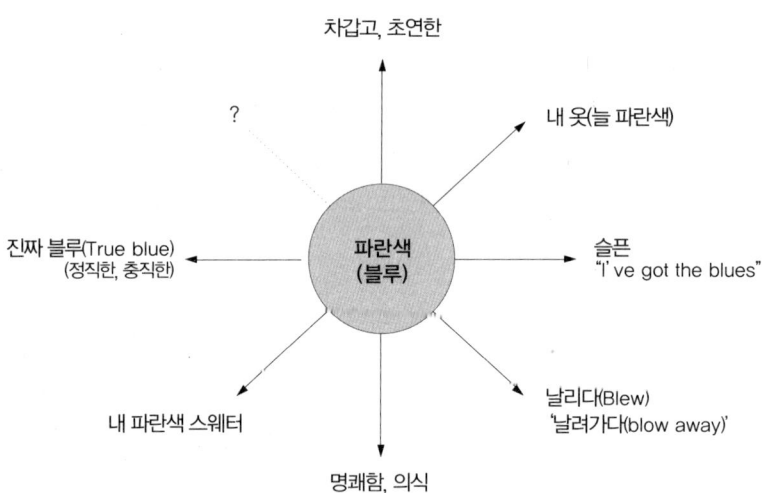

구어적 표현 찾아보기

일반적으로 맨 먼저 연상되는 것들은 대개 일상에서 흔히 쓰는 표현들이다. 무의식은 우리가 일상에서 자주 사용하는 "I've got the blues"와 같은 어구로 된 상징을 잘 이용한다. 이는 이런 집단의 언어 표현들에는 말이 구체적인 이미지보다 훨씬 풍요롭고 원형에 가까웠던 그 예전부터 오래 사용하면서 내려온 집단 무의식을 잘 함축하고 있기 때문이다. 이런 표현들은 단순할 뿐 아니라 실생활에 살아 있는 것들이라 무의식을 표현하는 데도 뛰어나다.

꿈에는 날아다니는 모티브가 자주 등장한다. 하늘을 나는 꿈을 꾸고 나서 맨 먼저 뇌리에 스치는 표현들은 다음과 같다. "높이 날고 있다" "머리가 구름 속에 있다" "발을 좀 땅에 붙이고 살 필요가 있어."

이 다양한 표현은 공통적으로 소위 심리적으로 팽창inflation이라 부르는 상태에 있음을 말해준다. 우리가 권력 추구에 눈멀어 있을 때, 평범한 인간다움을 희생하고 추상적인 아이디어에 빠져 헤맬 때, 원형과 동일시한 결과 자아가 거대해져서 자신의 한계에 대한 감을 잃어버렸을 때, 이럴 때 자아 팽창이 이루어진다. 그러면 우리는 '높이 날기' 시작한다. 이 상황을 극복하려면 '발을 다시 땅에 딛는 것'이 필요하다.

비슷하게 누군가 꿈에 '연기를 날리고 있다'거나 '열기로 가득 찼다'고 하면 우리는 꿈이 뭘 말하려는지 감을 잡는다. 꿈에 보석이 등장하면 꿈이 어떤 면에서 너는 '보석이야'라고 말하고 있는지 구체적으로 물어봐야 한다. 반대로 꿈에서 "그 놈은 바보 멍청이야"라고 말한다면 이 표현이 어떻게 우리 자신에게 적용이 되는지 숙고해보게 된다.

"아! 그렇지"(It clicks!) 방법 사용하기

그러면 이렇게 연상한 여러 내용들 중에 어떤 것이 내 꿈에 가장 적합한지 어떻게 가려낼 수 있을까? 어떤 걸 정해야 제대로 꿈해석을 할 수 있을까?

융은 '아! 그래'(click)가 되는 게 답이라 했다. 이런 답은 너무 쉽게 생각되어 믿기지 않을 지경일 것이다. 그렇지만 실제 연상한 걸 살피다 보면 내면에서 에너지가 많이 일어나는 부분을 찾을 수 있다. 이 부분이 꿈에 등장한 다른 상징들과도 맞아떨어지는 걸 볼 수 있다. 어쩌면 내면에서 상처받고 혼란을 겪는 부분이 건드려지는 느낌이 들지도 모른다. 그도 저도 아니라면 연상한 내용을 통해 이전에 한 번도 인식해본 적이 없었던 자기 안의 무언가를 보게 될 수 있다. 바로 이러한 순간, 내면 깊숙이 어딘가에서 확신이 밀려드는 걸 느낄 것이다. '아! 그렇지 바로 이렇게 맞아 떨어지는구나!'

너무 쉽게 들릴지 모르겠지만, 믿을 만한 방법이다. 꿈이 에너지로 만들어졌다는 사실을 기억하는지? 꿈의 상징이 말하려는 핵심에 다가가는 한 가지 방법은 에너지가 있는 자리를 찾는 것이다. 다시 말해 에너지가 갑자기 밀려드는 연상을 찾는 것이다. 상징은 언제나 우리를 깨닫게 혹은 잠에서 깨어나도록 만들어져 있다. 상징은 무의식 깊은 곳에 있는 에너지 시스템과 유기적으로 연결되어 있어서 이 에너지원에 근접한 연상이 일어나면 전류가 흐르고 있는 전선을 건드린 것처럼 불꽃이 튄다. 이럴 때 꿈 너머에 있는 에너지원에 접근했다는 사실을 직관적으로 알 수 있다. 연상이 "바로! 그렇지"를 만난 것이다.

꿈을 이해하는 데 어느 연상이 가장 정확하고 더 도움이 되는지 처음에는 명료하지 않을 때가 간혹 있다. 이런 경우 그 상징은 잠시 놔두고 다음 상징으로 넘어가는 편이 낫다. 이 과정에서 중요한 점은 상징의 한 가지 의미에만 갇히지 말고 꿈 전체를 하나로 묶을 때까지 열린 마음으로 작업을 계속하는 것이다. 안달하지 말고 너무 빨리 결론으로 치닫지도 말고 상징에 대한 이해가 내면에서 자연스럽게 이루어지도록 하라.

꿈작업의 사례: 수도원

연상법을 연습하는 데 도움이 될 꿈 하나와 그 꿈으로 작업하는 동안 꿈꾼 이가 실제로 연상한 내용을 소개하려 하는데, 지면 관계상 그 일부만 여기에 옮긴다.

이탈리아계이고 가톨릭 가정에서 자란 여성이다. 이 여인은 성장하면서 자신의 라틴 배경이나 종교에 대해 반감을 가진다. 그리고는 선불교 철학과 명상에 심취한다. 이 꿈은 이 여인이 자신의 문화적·종교적 뿌리로 되돌아가되, 어린 시절에 하던 이해의 정도에 머무는 것은 졸업해야 한다는 사실을 말해준다. 내면에서 동서양의 통합을 이룰 수 있다는 가능성도 보여준다.

나는 독방에 있다. 수도원의 예배당에 붙어 있는 회랑이나 방 같다. 예배당의 다른 영역과 쇠창살로 분리되어 있어 다른 사람들과는 떨어져 있다. 미사가 시작되고, 나는 독방에서 혼자 미사에 참여한다. 손에 묵주를 들고 참선할 때처럼 가부좌를 틀고 앉아 있다. 쇠창살 사이로 사람들이 응답하는 웅얼거림이 들린다. 목소리는 평온하다. 눈을 감고 있고 방에 들어온 사람도 없는데 나도 성체를 영한다. 미사가 끝이 난다. 방 한쪽에 꽃들이 피어 있는 게 눈에 들어온다. 깊은 고요함을 느낀다.

첫 번째 단계: 내가 연상한 것들

수도원

종교 생활; 격식을 갖춘 영적 삶; 공동체, 어릴 때의 종교; 묵상; 희생, 이탈리아와 스페인에 있는 중세 수도원들; 세상과의 분리; 내가 거의 들어갈 뻔한 선불교 사원.

방/독방(세포cell)

그릇; 자궁; 생명체의 기본 구성요소; 보호; 집단으로부터 분리; 개성화; 어떤 집단적 제도나 틀이 주는 위안 없이 혼자 가야 하는 길

미사/집단(mass)

한 묶음으로 En masse = 집단적인 종교 체험의 형태; 사제라는 중개자를 통한 집단 경배; 내가 성장한 집단의 특정 종교 형태; 개성화하기 위해 내가 떠났던 종교 형태; 한 걸음 물러섬 = 집단적이고 내면의 체험을 외부로 표현하는 것과 동일시되지 않는 종교 체험이 필요.

영성체

최후의 만찬, 그리스도의 희생, 전례, 내가 늘 싫어했던 그 영성체송; 3시간 금식 동안 기절했던 것; ~와 하나되는 = 하나-되기; 변화transubstantiation = 전환transformation; 비물리적인 형태의 경험 = 집단적으로가 아니라 내적 체험.

좌선

고요함 연습; 맨 처음부터 느꼈던 익숙함, 집에 간 것 같은; 도그마 없는 실천; 교리라기보다는 체험; 내 성장배경에는 낯선; 선禪 단체에도 '속할 수' 없다는 사실을 알았을 때의 슬픔; 내가 거절해야 했던 선불교 사원.

창살

분리; 부분적 분리; 집단적인 세계와 교류하되 분별된 교류; 분리된

정체성 : 분리된 의식.

이 예를 통해서 볼 때, 꿈 이미지에 집중을 하면 마음 안에서 떠오르는 것들 즉 무의식에서 저절로 흘러나오는 자료들이 정말로 풍부하다는 사실을 알 수 있다. 우리가 꿈에 등장한 이미지 전부를 살펴보지는 않았지만 벌써 이만큼의 정보가 주어졌다. 여기까지 연상한 것들을 주의 깊게 들여다보는 동안에 이미지들 사이에 어떤 일관되는 이야기가 숨어 있다는 사실이 이미 눈에 들어올지도 모르겠다. 이제 이런 연상들이 마지막에 가서 어떻게 해석으로 연결되는지를 살펴볼 차례이다.

이 꿈은 꿈꾼 사람에게 진정한 자신 즉 가장 자연스러운 자신이 되어야 할 권리와 필요성에 관해 도움말을 해주고 있다. 이 여인이 자신의 종교적 본성대로 살아가도록 그 중요성을 강조해주는 듯하다. 신앙의 신비에 참여해야겠지만 그렇다고 어떤 특정 종교 그룹과 동일시할 필요는 없다. 꿈에서 이 여인은 한 무리 사람들과 함께 종교 의례에 참여하지만 홀로 떨어져 있다. 이는 이 여인이 엘리트주의자어서가 아니라 그게 이 사람의 본성이고 이 여인의 길이기 때문이다.

아무런 물리적 접촉 없이 영성체를 하는 세부사항도 꿈에 대한 이 여인의 이해와 일치한다. 이 여인에게는 직접적인 하느님 체험도 필요하고 영적 성장도 중요하지만 그 체험이 주류의 집단이나 문화가 제공하는 방식이 아니라 내적이고 개인적인 방식으로 이루어져야 한다. 이 여인이 연상한 내용들을 통해서 우리는 과거 어느 시점에 이 여인이 어딘가 소속이 되기 위해서 공동체에 합류하고자 선불교 사원으로 들어가는 걸 고려했던 적이 있다는 사실을 알 수 있다. 하지만 가톨릭에서 그렇게 할 수 없었던 것처럼 선불교에서도 그럴 수 없었다.

이 꿈이 말해주는 좋은 소식은 이제 이 여성은 자신의 본질적인 영적 체험이나 이해를 바탕으로 본래 자신의 종교전통인 가톨릭으로 돌아갈 수 있다는 점이다. 공동체에 속하기는 하되 제도나 체제에 얽혀 소진되지 않는, 집단에 참여는 하지만 자신의 고유한 영적 여정을 따르는 개인으로 남아 있을 수 있다.

미사가 끝나자 자신이 있던 독방에서 꽃이 피어 있는 것을 발견하는데 꽃들은 어린 시절 자신의 종교적 뿌리와 성인이 되어 경험한 영적 체험을 통합할 수 있었기에 피어난 결실이다. 새로운 삶이 꽃피고 새로운 의식이 도래하였다는 상징이다. 보다 정확하게 말하자면 꽃은 통합 그 자체를 나타낸다. 이런 상징은 이면 깊은 곳에 숨어 있는 핵이 되는 실체를 드러나게 하는데, 꽃의 상징은 하나로의 통합 즉 대극을 초월하는 원형인 자기를 나타낸다.

꽃은 여성성의 상징이자 통합된 자기에 대한 상징이기도 하다. 그리스도교에서 장미는 그리스도를 의미하고 동양 종교에서 꽃잎이 1천 장 달린 연꽃은 온전한 하나를 뜻한다. 꿈을 꾼 여인의 방식 즉 내적 고요의 길을 통해서 이 여인은 자신의 삶 속에서 자기의(self) 꽃을 피우게 된 것이다. 이 여인은 영성의 보편적인 핵을 발견하였는데 이는 그리스도교 뿌리의 중심이자 선체험의 중심이기도 하다. 여기서 이 여인이 외적으로는 둘 중 어느 한 종교 전통과 동일시하지 않았지만 내적으로는 서로 상이한 두 종교를 뛰어넘는다.

이 꿈의 여파로 이 여인에게 중요한 일이 일어난다. 꿈의 의미를 직접 표현해보는 꿈작업의 네 번째 단계, 꿈의례를 행하는 과정에서 결국 이 수도원 꿈으로 되돌아가게 된다. 여러분은 곧 이 과정을 이해하게 될 것인데, 이 의례는 우리에게 많을 걸 가르쳐준다.

원형적 차원으로 확충하기

꿈 이미지에서 연상되는 것들을 찾아가는 또 다른 방법 중에 확충 amplification이라는 것이 있다. 이는 기본적으로 신화나 동화 아니면 고대 종교 전통들 같은 근원적 이야기에서 꿈에 등장하는 원형에 대한 정보를 얻는 절차이다.

수도원 꿈을 다루면서 이미 언급하였는데, 꿈꾼 이가 미사를 드린 독방에 피어난 꽃이 그리스도교와 불교 그리고 또 다른 종교들에서도 마찬가지로 자기에 대한 상징을 의미한다는 점이 자연스럽게 부각되었다. 또 우리가 이미 알고 있는 자기 원형의 다른 내용들도 꿈을 통해 자연스럽게 연결이 되었다. 이는 대극을 아우르는 초월적인 기능, 즉 서로 나뉜 부분들을 전체 즉 온전함에 이르도록 통합하는 것이다. 이러한 정보가 더해지면서 꿈에 담긴 의미나 힘을 더 강렬하게 체험할 수 있다.

융은 고대 신화와 종교 그리고 현대인들의 꿈에 똑같은 원시의 상징들이 등장하는 사실을 관찰하면서 원형에 대해 깨닫게 되었다. 꿈꾼 사람이 의식적으로는 전혀 알지 못하던 내용 즉 완전히 다른 문화권에 속하던 고대의 상징들을 나타내는 이미지들이 때때로 꿈에 나타나는 것을 보고 융은 깜짝 놀랐다. 이런 체험을 통해 융은 꿈이 인류의 집단 무의식 깊은 곳에 있는 보편적 원천을 드러낸다는 점을 이해하기 시작했다. 융이 그랬던 것처럼 신화와 종교와 다른 고대의 정신적 근원에 드러나는 상징들을 꿈을 통해 만나게 될 때, 우리 꿈에 등장하는 상징이 인류 보편의 에너지 흐름과 어떻게 연결되어 있는지를 더 자세히 이해하게 된다.

원형이 등장하는 신화를 보면 인류 전체가 원형에 대해 지니고 있었던 집단의 연상을 이해하게 된다. 우리는 신화에서 이런 원형이나 상징과 연관된 우리 안에 있는 다양한 특질들을 읽을 수 있다.

융은 신화와 동화도 꿈과 마찬가지로 무의식의 상징이 제 모습을 드러내는 자리임을 밝혀주었다. 어떤 의미에서 신화와 동화는 인류가 집단적으로 꾼 꿈이다. 지리적으로 한정되고 사적인 개인의 무의식이라기보다는 종족이나 민족 문화가 지닌 집단의 무의식을 반영한다는 점에서 그렇다. 그러므로 신화와 동화는 원형에 대한 풍요로운 자원이다. 이 자원을 통해서 우리는 인류가 그 원형적 뿌리에 가까웠던 선의식의 시대로까지 거슬러 올라갈 수 있다. 또 중세 연금술이나 고대 점성술과 같은 심원한 철학 전통을 통해서도 원형적인 자원에 접근할 수 있다.

꿈에 나타나는 원형에는 보편적인 특질이 있다. 다시 말해 모든 사람에게 의미가 되는 에너지의 흐름이 있다. 원형이 인류 보편적이듯이 꿈의 이미지도 마찬가지인데, 꿈에 이런 각각의 원형들이 고유한 특징적인 상징으로 표현된다.

예로 나이 많은 현자의 이미지를 생각해보자. 다양한 문화나 인종을 막론해 어느 시대 어느 자리에든 이 이미지를 찾아볼 수 있다. 그런데 신화권, 문화권에 따라 그 이미지는 각기 다르게 나타난다. 그렇지만 우리가 알아보는 법을 배운다면, 서양 사람들의 꿈에서든 힌두교도의 꿈에서든 원형적인 현자를 알아보게 된다.

융의 꿈에서 그러했듯, 현자는 천국으로 가는 열쇠를 쥔 베드로 성인의 모습으로 등장할 수도 있고 미켈란젤로가 시스틴 성당의 천정에 그린 것처럼 하느님 아버지가 사람의 모습으로 나타날 수도 있다. 불교도라면 꿈에서 노선사나 보살의 모습으로, 힌두교도라면 구루나 은자의 모습으로 등장할 것이다.

이 다양한 현자들의 상징을 관통하는 공통된 특질이 있다. 그 특질은 시간의 흐름과 무관하게 세대를 초월하는 지혜를 지닌 현인이라는 점이다. 현대판 현자로는 톨킨의 손에서 태어난 현대의 신화《반지의 제왕》에 등장한 간달프 이미지가 우리에게 잘 알려졌다. 톨킨의 묘사를 보라.

머리카락은 황혼녘의 그림자처럼 검고 그 위에 은빛의 작은 원광이 있다. 맑은 저녁 같은 눈에는 별빛 같은 광채가 넘친다. 오랜 세월을 살아낸 왕처럼 약해 보이는가 하면 한편으로는 힘이 최고에 이른 건장한 전사의 모습도 띤다.(톨킨Tolkin,《반지의 제왕: 반지원정대 Fellowship of the Ring》, 299쪽)

확충은 이렇게 꿈에서 원형적인 인물이나 표현을 알아보는 데서 시작한다. 원형이 등장하는 꿈에는 신화적인 특질이 있는데, 일상의 세계가 아니라 아주 오래된 다른 시간이나 동화 같은 느낌이 드는 장소로 우리를 데려간다. 요정이 나오고 하늘을 나는 융단이 등장하며 마술사가 나오기도 한다. 바그다드 같은 전설적인 장소로 우리를 데려갈 수도 있다. 아니면 사물이 보통 때보다 더 크거나 더 작게 나타나기도 하고 사람의 말을 하는 사자나 그리핀, 용이나 날개 달린 말처럼 별세계 동물들이 등장하기도 한다.

원형적인 인물들은 때로 왕족이나 신과 같은 기운을 지닌다. 고대 그리스인들은 원형들을 신이나 영웅으로 묘사를 했는데, 여/신들은 주어진 운명을 형상화하는 것으로 세상을 창조했고 영웅들은 신들이 지워준 운명의 힘에 따라 삶을 살았다.

인간의 본성에 있는 위대한 여신의 특질은 감각적인 사랑의 여신인 아프로디테, 가정과 화로의 여신 헤라, 농업의 여신 데미테르 등으로 묘사된다. 힌두 문화로 눈을 돌리면 위대한 여신은 영원한 자연의 주기를 따라 축복하고 파괴하고 생명을 주고 다시 빼앗는 무시무시한 여신 칼리의 모습으로 나타난다.

이런 위대한 원형들이 보통 사람의 꿈에도 등장한다. 그래서 우리 각자는 통로인 셈이다. 이 우리라는 통로를 통해서 원형적인 힘들이 확고한 자기 존재를 드러내는 길을 찾는다. 우리 각자의 물리적인 삶을 통해 원형들이 제 모습을 드러내는데, 우리라는 그릇이 원형들이 영원한 우주적인 전투를 벌이는 전장이자 우주적인 드라마를 펼쳐내는 무대이다. 이 고유하고 특별한 무대이자 전장이고 그릇이 바로 인간이다.

꿈에서 일단 원형적인 이미지를 파악하면 그 다음 단계는 동일한 원형이 등장하는 다른 신화나 자료들을 찾아보는 것이다. 꿈에 등장한 인물이나 사건에서부터 성서에 나오는 구절이 떠오를 수도 있고 아더 왕 시대의 이야기가 떠오를지도 모른다. 그러면 그 자료를 찾아 꿈에 등장한 원형적 인물이 어떤 이야기를 펼쳐내는지 알아본다. 이 원형의 특징은 무엇인가? 인간의 삶에서 이 원형의 역할은 무엇인가? 예를 들어 꿈에 위대한 여신 원형이 등장했다고 하자. 이 원형을 체현하는 그리스 여신들이나 칼리나 성모의 신화들을 찾아본다.

꿈에 등장한 인물로부터 이러한 확충을 해보는 동안에도 개인적인 연상을 통해 진행하던 방식의 작업도 병행한다. 즉, 신화에서 연상되는 것들을 기록하면서 연상한 내용 중 특별히 강한 에너지가 전해지거나 특별히 의미가 되는 것을 찾아본다. 그리고 나란 어떤 사람인지, 내 내면에 어떤 힘들이 작동하고 있는지, 원형이 하고자 하는 말이 있는지 살펴보라.

개인적인 연상하기

이쯤에서 우리 각자의 개인적인 연상 대신에 소위 꿈 책이나 상징 사전을 사용하는 데 대해 한 마디 주의를 환기하는 것이 좋을 듯하다.

꿈을 이해하려 할 때 별 생각 없이 상징 사전에 의존하는 사람들이 많이 있다. 꿈에 나온 상징을 하나하나 사전에서 찾아서 사전적인 표준 의미를 받아 적어놓고 '꿈을 해석했다'라고 생각한다. 이런 식으로 접근하면 꿈이 우리 각자를 위해 마련한 개인적이고 특별한 의미는 절대 찾을 수가 없다.

이런 접근은 잘못된 가정을 토대로 이루어지기 때문이다. 상징이 모든 사람의 꿈마다 적용할 수 있는 하나의 표준이 되는 집단적인 의미가 있다는 가정 말이다. 만일 그렇기만 하다면 정말 편하겠지만 문제는 일률적이지 않다는 점이다.

마치 참고서를 하나 사가지고 어떤 상징이든 간단하게 책만 찾으면 뜻을 알 수 있을 것처럼 꿈해석에 관한 기성의 체계적인 해설서를 믿는 것은 어리석기 짝이 없는 일이다. 어떤 꿈 상징도 꿈을 꾼 사람을 떠나서는 생각할 수 없다. 또 어떤 꿈에 대해서도 이미 정해진 단순한 해석이란 있을 수 없다. 우리의 무의식이 의식의 마음을 보충하거나 보상하는 방법은 너무나 다양하기 때문에 꿈과 꿈에 담긴 상징을 어디까지 파악할 수 있는가를 정한다는 것은 불가능하다. 그렇지만 전형적이고 또 자주 등장하는 꿈들과 단일한 상징들(나는 이를 '모티브'라 부르는 걸 선호한다)이 있는 것은 사실이다. 이런 모티브들 중에는 떨어지거나, 날아다니든가 …… 열심히 달리지만 목적지에 도달하지는 못하는 …… 것들이 있다. 그렇지만 나는 이것들이 뜻이 분명한 암호로서가 아니라 꿈 그 자체의 전후 관계에서 고려되지 않으면 안 되는 모티브들이라는 것을 새삼 강조하지 않을 수 없다.

(융,《인간과 상징 Man and His Symbols》, 53쪽)

꿈이 궁극적으로 꿈꾼 사람의 것이듯, 꿈에 등장하는 모든 상징에는 꿈꾼 이에게만 해당하는 특별하고 개인적인 의미가 함축되어 있다. 상징이 집단적이거나 보편적인 의미를 띠는 경우라 할지라도 꿈꾼 자만을 위한 개인적인 색채를 갖고 있어서 꿈꾼 사람 내면에서 나올 때에만 온전히 설명될 수 있다.

바로 이런 이유에서 첫 번째 단계를 철저하게 하는 것이 참으로 중요하다. 자신만의, 자신의 무의식에서 나오는 연상을 찾아야 한다. 이를 대체하기 위해 표준화된 해석을 받아들여서는 안 된다.

원형적인 확충으로 들어갈 때 이 조언은 더욱 중요해진다. 사람들은 신화적인 연결을 찾는 데 너무 몰두한 나머지 상징에서 개인적으로 연상하는 부분이 있다는 사실을 잊어버린다. 당장 상징 사전을 찾아보고 싶은 충동이 강해지는데 사전에서 신화가 그 상징에 대해 어떤 이야기를 하고 있는지 찾아내고는 거기서 멈춰버린다.

그런데 원형에 대한 개인적인 연결점을 찾지 못한다면 이 모든 일이 아무 소용이 없다. 원형은 내 안에 있고, 나를 통해 움직이며 나를 통해 자신의 삶을 산다. 원형이 내 꿈에 등장했다는 것은 내 자아와 원형 사이에 뭔가가 일어나고 있다는 의미로, 뭔가 진화하려 하고 있다는 뜻이다. 그것을 찾아내서 그 내용이 지금 현재 내 삶과 어떻게 연관되는지 보아야 한다.

"아, 그건 그리스 어머니 여신의 상징이야!"라고 이야기하는 것으로는 충분치 않다. 꿈에 등장하는 인물에 위대한 어머니나 아니마 아니면 그림자 같은 추상적인 꼬리표를 하나 붙여주고 물러나는 것으로는 충분하지 않으며, 꼭 해야 할 질문이 있다. "이 원형이 지금 내 삶에서 뭘 하고 있는 거야? 나랑 개인적으로 어떤 상관이 있지?"

엄밀하게 말하자면 상징이 지닌 보편적 층위의 의미를 찾으려고 신화나 비교종교학, 연금술 등을 연구할 필요는 없다. 무의식이 어떤 상징을 이용할 때는 그 안에 상징의 의미를 내재적으로 담고 있기 때문이다. 상징이 가리키는 것이 무엇인지 이미 알고 있기에 꿈 이미지에서 개인적으로 연상되는 것들을 따라가다 보면 무의식이 얼마 지나지 않아 그 상징과 연관된 원형을 드러내 보여준다.

    그렇기는 하지만 그 상징이 다른 사람에게는 어떤 의미였는지, 집단의 신화와 민담에는 어떻게 등장했는지를 아는 게 큰 도움이 된다. 이런 지식으로 인해 작업이 빨리 진행될 수도 있고 꿈꾼 이 내면에서 나온 개인적인 연상을 확인해주기도 한다.

두 번째 단계: 역학

두 번째 단계는 꿈에 등장하는 이미지 하나하나가 구체적으로 우리 내면세계의 어떤 역학과 연결되는지를 찾아보는 것이다. 다시 말해 자기 내면의 어떤 부분이 꿈의 이미지로 나타났는가를 탐색하는 단계이다.

꿈에서 이 연결성을 찾는 것은 대단히 중요한데, 이는 우리 내면에서 벌어지고 있는 어떤 일이 꿈의 상황으로 나타났는지를 이해할 필요가 있기 때문이다. 실제 꿈과 관련되는 구체적인 사건이나 감정, 역학을 일상생활에서 찾을 수 없다면 꿈은 재미는 있을 수 있겠지만 무의미할 따름이다.

이 단계를 제대로 하려면 처음으로 돌아가서 꿈 이미지 하나하나를 한 번에 하나씩 다루어야 한다. 그러면서 각 이미지마다 질문을 해본다. "이건 내 안의 어떤 부분이지? 최근 내 삶 어디에서 이게 작동하는 걸 봤지? 내 인격에서 이런 특징을 가진 부분은 어디지? 내 안에서 이렇게 느끼고 행동하는 이는 누구지?" 이렇게 질문을 해나가는 과정에, 일상에서 그런 예들이 떠오르고 그러면 그대로 기록해 나간다.

여기서 내면의 역학이란 각자 안에서 일어나고 있는 것 전부를 말하는데 우리 안에 살아서 활동하는 에너지 시스템 전체를 뜻한다. 이 에너지는 분노가 치밀어 오르는 것 같은 정서적인 사건일 수도 있고 내면의 갈등이나 내면의 인격일 수도 있으며, 특별한 감정이나 태도 혹은 무드일 수도 있다.

블루라는 단어가 나온 꿈으로 작업을 더 한다고 생각해보자. 연상되는 것들을 전부 적고 나서 블루를 슬프거나 '울적'하다고 표현한 것에 '아! 그래'라는 반응이 일어난다는 가정을 해보자. 이런 경우 두 번째 단계에서 할 일은 꿈꾼 사람 내면에서 '블루' 같은 부분이 무엇인지 찾아내는 것이다. "내 안에서 이 블루의 성질을 띠는 부분이 어디지? 내 느낌에서 블루한 지점은? 대체 지금 우울한 대목이 어디지?" 이때 "일 때문에 우울해"라는 답이 내면에서 올라올 수 있다. 이런 식으로 자문을 해나가다 보면 꿈 이미지가 실제로 어떻게 자신의 삶과 연관되어 있는지 보이기 시작한다.

우리들 대다수는 자신이 우울에 빠져 있다는 걸 모르고 넘어간다. 너무 바빠서 내면에서 어떤 일이 일어나고 있는지 관심 가질 시간이 없기 때문이다. 그리고 때로 내면에서 아주 좋은 뭔가가 전개되고 있을 때가 있다. 새로운 힘이 생기거나 상처가 치유되고 만성적인 두려움이 극복될 때가 있는데 눈치도 못 채고 그냥 지나쳐가기도 한다. 그래서 스스로에게 질문을 던져야 하는 것이다. "내 안에서 도대체 무슨 일이 벌어지고 있다고 이 꿈이 말하고 있는 거야?" 이렇게 하다 보면 우리 각자의 내면생활이 어느 방향으로 나아가고 있는지 눈에 들어온다.

우리 삶의 가장 깊은 층위에서 벌어지고 있는 내면의 구체적인 사건을 찾아내는 일은 대단히 중요하다. 그런 다음 **구체적인 예들을 찾아내고**, 이렇게 꿈에서 일어난 사건에 상응하는 실제 예를 우리 삶에서 찾으면 두 번째 단계가 끝난다.

이 작업을 할 때 기록을 계속하는 것도 필요하다. 교회에 내려오는 말 중에 입술이 움직이지 않았으면 기도한 것이 아니라는 말이 있다. 이 말에는 뭔가 **물리적인 일이 일어나야만 한다**는 내적 진실이 담겨 있다. 이 작업을 하는 동안 떠오르는 예들을 종이에 직접 적어가는 행위가 중요한 이유도 바로 이 때문이다. 그 예들을 물리적으로 적는 동안에 꿈과의 연결이 선명하고 구체화된다.

꿈을 내 안에서 일어나는 사건으로 바라보기

꿈에 관해 가장 흔한 질문 중 하나가 이것이다. '꿈이 우리 내면의 삶을 말하고 있는가, 아니면 외부의 상황을 언급하는가?' 그리고 또 '꿈을 꼭 내면의 상황으로 적용을 해야 하는가?'라는 의구심이 들 수도 있다.

우리가 꾸는 꿈의 대부분은 꿈꾼 사람 안에서 일어나고 있는 일들을 묘사한다. 꿈은 대개 우리 안에 있는 어떤 힘들이 진화하고 있다는 걸 말해주거나, 갈등을 일으키고 있는 가치나 견해들을 드러내주거나, 혹은 의식으로 올라오는 길을 찾으려 우리에게 말 걸기를 시도하는 무의식의 에너지 시스템들에 관한 것이다.

전반적으로 말해 꿈이 다루는 주제는 결국 꿈꾼 사람 내면에서 일어나고 있는 개성화 과정에 관한 것이다. 꿈은 대개 온전한 자기실현을 향해 나아가는 개인의 여정을 이런저런 방식으로 묘사한다. 그 과정에서 거치게 되는 단계들 그리고 마침내 온전한 자기 이해로 인도하는 과정의 모험과 장애물, 갈등과 화해들을 드러내준다. 꿈은 늘 어떤 식으로든 무의식적인 부분을 의식으로 통합하려는 우리의 노력을 보여주거나 아니면 내면의 자기에게서 배우기보다는 갈등하며 저항하는 모습을 반영한다. 이것이 꿈이 우리에게 말하려는 주요한 주제이고 우리가 꿈에서 살펴보아야 하는 것도 또한 바로 이런 면이다.

대다수 현대인들은 우리 각자에게 외부 세계와 나란한 나름의 완벽한 체계를 갖추고 있는 또 다른 세계 즉 내면세계가 있다는 사실을 받아들이기 어려워한다. 꿈이 주로 내면세계에 관한 내용이라는 사실을 수용하기 힘들어하는 것이다. 이는 우리 문화가 바깥세상에만 집중하도록 가르치기 때문이다. 그래서 꿈도 뭔가 바깥 세계에 대해 말해줄 것이라는 속단을 내리고 산다. 그렇지만 거의 습관적으로 바깥 세계만 중요하다고 가정하는 이런 집단의 편견으로 인해서 우리 모두가 고통을 겪는다.

내면세계가 참으로 중요하다는 사실은, 우리가 행동하고 선택하는 거의 모든 것이 내면의 특질이나 역학으로 인해 이루어진다는 걸 알면 훨씬 선명해진다. 어떤 사건에 대해 각자가 보이는 반응이나 어떤 결정을 내리는 것 혹은 관계를 맺는 것 등 이 모두가 궁극적으로 내면에서 기인한다. 우리가 앞으로 나아가려는 추동이나 우리가 생각하고 행동하는 모든 결정적인 것이 거대한 내면의 에너지 체계에 의해서 결정되고 조절된다.

꿈을 내면에 있는 무의식의 역학을 반영하는 것으로 받아들인다면 문제의 핵심에 도달하리라는 데에 의심의 여지가 없다. 하지만 꿈을 그저 외부 세계로만 적용한다면 대개는 피상적인 선에 머문다. 삶의 패턴을 가장 심오하게 바꿔놓을 수 있는 것은, 내면의 층위에서만 가능하다. 꿈이 목표로 삼는 것도 바로 이 내면의 차원이다.

아주 드물기는 하지만 꿈꾼 이의 내면 상황과 직접적으로 연관된다기보다는 바깥의 상황을 말해주는 꿈이 있기는 하다. 예를 들어 전쟁이 발발하기 전에 예시하는 꿈을 꾸거나 큰 전투나 재앙을 당하는 걸 미리 꿈꿀 때가 있다. 또 멀리 떨어져 있는 친구나 친척에게 무슨 일이 일어나는 꿈을 꾸었다가 나중에 실제 그 일이 일어나는 것을 꿈을 통해 먼저 알게 되기도 한다. 하지만 일반적으로 꿈에 있는 상징들은 꿈꾼 사람 자신의 내면생활에 적용된다는 가정에서부터 출발하는 것이 최상이다.

자기 친구가 미친 듯이 빠르게 차를 몰다 빌딩에 충돌하는 꿈을 가져온 내담자가 있었다. 이 사람은 꿈에 등장한 친구에게 차 사고가 날 것을 예시하는 꿈이 아닐까 걱정하면서 미리 경고를 해줘야 하나 말아야 하나를 알고 싶어했다. 나는 꿈이 친구의 이미지를 이용해 이 사람 자신의 삶에서 팽창된 부분을 말해주는 것일 수 있다고 했다. 통제 불능의 충동이나 한계를 모르는 '힘 자랑'이나 조절이 안 될 정도로 열의에 넘치는 상태를 상징할 가능성이 크다고 말했다. 그리고 조심하는 차원에서 속도광인 그 친구 차에는 타지 말라고 조언했다.

나중에 밝혀졌지만 우리가 했던 꿈에 대한 이해가 옳았다. 꿈꾼 사람이 새 직장을 구했는데 마치 자신이 중요한 사람이 된 듯 흥분해서는 '힘겨루기' 같은 상황에 휘말리게 되었다. 다행히 꿈의 경고에 귀 기울인 덕택에 자아 팽창을 미리 눈치 챈 내담자가 주변 상황이 너무 흉해지기 전에 자기 조절을 할 수 있었다. 꿈에서 교통사고를 내는 걸로 나왔던 친구는 아직도 미친 듯이 차를 몬다고 한다.

내가 오랫동안 꿈으로 씨름하면서 찾아낸 최고의 해결책이 바로 이 점이다. 꿈은 항상 내면에서 일어나는 상황을 다룬다고 생각하고 출발을 하라! 꿈은 내면의 역학을 나타낸다는 가정에서 시작을 하고 이 기반 위에서 꿈작업을 하라. 그리고 나중에 꿈이 외부의 상황을 나타낸 것으로 드러난다면, 꿈해석을 거기에 맞추어 조절하면 된다.

이렇게 접근하는 것이 좋은 이유는 많이 있다. 그 첫 번째는 이미 언급했듯이 꿈 대부분이 꿈꾼 사람 안에서 일어나고 있는 무엇인가를 가리킨다는 단순한 사실 때문이다. 그래서 이 가정에서 출발하는 게 가장 요긴하고 그렇게 하지 않으면 자칫 꿈이 주는 정말 중요한 의미는 놓치게 된다.

두 번째는 외부 세계를 선호하면서 바깥에만 비중을 두는 우리 전체 집단의 편견을 보상할 필요도 있기 때문이다. 이 주류의 경향을 보상하는 유일한 길은 억지로라도 훈련을 통해서 꿈에 담긴 내면의 의미를 찾아보는 것이라 생각한다. 꿈을 바깥 생활에 적용하기 시작하는 바로 그 순간부터 우리는 알고 있는 사람들이나 관련된 모든 상황에 대해 추측하느라 길을 잃고 만다. 그 결과 바깥의 상황을 만들어내는 내면의 상황이라는 정말 중요한 주제를 탐색하는 데로 돌아오지 못한다.

꿈에서 바깥 상황에 대해 직접 언급을 할 때라도 내면의 역학이 개입되어 있다는 가정을 해야 한다. 어떻게 보면, 우리가 외부의 사람이나 상황과 맺고 있는 관계란 우리가 사로잡혀 있은 어떤 환상, 우리를 지배하는 내면의 태도, 내면의 마음에 있는 어떤 신념이나 이상의 영향을 받는다.

외부의 상황에 영향을 미치는 자기 안의 심리적인 패턴을 찾아내지 않고서 외부 상황만을 이해하려 드는 것은 헛된 시간 낭비일 뿐이다. 꿈이 가리키는 것은 대개 바로 이런 패턴들이다.

흔히 이 부분에서 혼란을 겪는다. 무의식은 습관적으로 외부의 상황에서 이미지를 빌려와 그 이미지를 이용해 꿈꾼 이의 내면에서 벌어지고 있는 일을 상징으로 표현하기 때문이다. 내면에 있는 무언가를 가리키기 위해 꿈은 옆집 사람이나 배우자, 부모님의 이미지를 빌려온다.

편견과 자기주장이 강한 남자를 한 사람 떠올려보자. 어느 날 밤 이 남자가 아내와 말다툼을 하는 꿈을 꾼다. 아내는 남자에게 이런 태도를 버리라고 요구한다. 실제 이 사람 아내는 유연하고 열린 마음에다 호기심이 많아서 다른 사람의 견해에 귀를 잘 기울인다. 이런 경우 꿈은 아마도 아내의 이미지를 이용해서 이 남성에게 자기주장만 내세우지 말고 덜 방어적이고 새로운 아이디어에 좀 더 열린 태도를 가지라는 얘기를 하려 했을 것이다. 이 남자에게 있는 이런 역량이 그 사람 내면에 있는 여성적인 측면과 동일시되고 그래서 무의식이 아내의 이미지를 등장시킨 것일 테다. 꿈은 아내를 상징으로 이용해서 이 남성이 내면에 있는 가능성에 눈을 뜨도록 촉구하고 있다.

흔히 이런 꿈을 꾸고 아침에 깨어나면 자동적으로 '아내가 나왔으니 틀림없이 아내 일이거나 아니면 아내와의 관계에 관한 꿈일 거야 라고 짐작한다. 타당하다고 생각할지 모르겠지만 막상 작업을 해보면 이 짐작은 대개 맞지 않는다. 꿈이 아내의 이미지를 이용해서 꿈꾼 사람 내면에 있는 특질이나 갈등 혹은 꿈꾼 이 안에서 진화하고 있는 무엇인가를 나타내려 했을 가능성이 크다. 덧붙여 실제 아내와는 별 상관이 없을 것이다.

이 상황에서 꿈꾼 사람이 이해해야 할 것이 몇 가지 있다. 우선 이 남성은 일상에서 함께 사는 아내와 구분이 되는 내면의 아내가 있다는 점이다. 그리고 내면의 아내는 내면세계에 살고 있는 자신의 일부라는 점을 이해할 필요가 있다. 내면의 아내와 갈등을 겪는다 해서 외부의 아내를 비난해서는 안 된다. 덧붙여 내면의 아내 즉 내면의 여성을 진지하게 받아들여야 한다.

아마도 이것이 꿈작업에서 가장 중요한 원칙일 것이다. 우리가 꿈을 통해 지혜를 얻을 수 있을지 없을지를 결정하는 요인이 바로 여기 있다. 우리는 꿈이 다양한 상징들이 복잡하게 얽혀서 짜낸 하나의 길쌈이라는 사실을 인식할 필요가 있다. 꿈이란 천에 나타난 이미지 하나하나가 우리 안에서 벌어지고 있는 뭔가를 나타낸다.

때로 이미지를 있는 그대로 받아들이고 싶은 충동이 강할 때가 있다. 특히 일상에서 꿈에 나온 사람과 갈등을 겪고 있을 때라면 더욱 그렇다. 그 사람을 비난하거나 자신이 얼마나 옳은지 증명하는 데 꿈을 이용하고 싶어진다. 하지만 이런 유혹을 물리치고 대신에 꿈이 상징으로 표현하는 우리 안에 있는 특질을 찾아본다면 우리 자신에 대해 놀라운 사실들을 배울 수 있다. 이는 다른 방식으로는 절대 알 수 없는 소중한 내용들이다.

이미지를 구체적인 특징과 연결 짓기

아마도 가장 쉽게 꿈 이미지와 자신을 연결시키는 방법은 그 이미지와 자신이 공통으로 지닌 특성이 무엇인지 질문해보는 것이다. 꿈에 나온 사람의 주된 특징이 뭐지? 이 사람의 인격이나 성격을 어떻게 묘사하지? 그런 특성을 내게서 보게 되는 건 언제지?

만일 화가 난 사람의 이미지라면, 내 안에서 화가 난 부분은 어디일까? 또 태평스럽고 낙천적인 사람 이미지라면, 내 안에 그런 부분은 어디지?

우리 모두는 일련의 기본이 되는 특질을 지니고 있다. 바로 이런 특질로 우리 인격이 대부분 결정되는데 여기에는 감정이나 신념체계, 태도, 우리가 고수하는 행동과 가치 패턴 등이 포함되어 있다. 이런 특질 전부가 우리 꿈에 나타나는데, 실제 찾아보면 스스로 확인할 수 있다.

모든 꿈은 꿈꾼 이의 자화상이다. 꿈이 내면의 성격을, 자신이 온전하게 깨닫고 있지 못한 인격의 측면들을 비춰주는 거울이라 생각해볼 수 있다. 일단 이 점을 이해하고 나면 꿈에 묘사된 모든 특질이 그렇다고 인정하든 않든 상관없이, 우리 내면 어딘가에 존재해야만 한다는 사실을 알게 된다. 꿈에 등장한 인물이 어떤 특성을 갖든 어떤 행위를 하든 꿈꾼 사람에게도 어떤 식으로든 그런 면이 있다는 점을 말해준다.

그렇다고 꿈에서 나타난 특질이나 행위가 꿈꾼 사람에게 그대로 적용된다는 의미는 아니다. 꿈은 극단적인 방식으로 말할 때가 많다. 어떤 측면에 대해 인식이 부족할 때 극단적이고 극적인 이미지를 통해 보상을 하려 든다.

예로 도둑 꿈을 보자. 꿈에 도둑이 나왔다고 해서 꿈꾼 이가 도둑이라는 말은 아니다. 꿈은 이런 극적인 이미지를 통해 주의를 환기시켜 내면에 있는 무엇인가에 눈을 뜰 필요가 있다는 이야기를 하려는 것이다. 꿈꾼 사람에게 어떤 식으로든 정직하지 않다는 귀띔을 하고 있는지도 모른다. 그렇다면 이 사실을 인식하고 그에 대해 다룰 필요가 있다. 아니면 자신 안의 아주 우수한 특질을 억압해서 비유적으로 말해, '문 밖으로 내쫓아버려서' 그 특질이 삶으로 되돌아오는 유일한 방법이 도둑처럼 '침입'하는 것이라는 의미일 수도 있다.

우리는 흔히 우리가 지닌 최상의 부분을 억압하고는 이를 오히려 '부정적'으로 간주한다. 그래서 자신한테 가장 풍요로운 면들 심지어 신의 목소리조차도 자신의 삶으로 동참하려면 우리 시간을 '훔칠' 수밖에 없다. 충동이나 신경증을 통해 에너지를 훔쳐서는 우리 삶에서 경계가 없는 무방비 지역을 통해 살짝 들어오게 된다.

교우 여러분, 그 때와 시기에 대해서는 여러분에게 더 쓸 필요가 없습니다. 주님의 날이 마치 밤중의 도둑같이 온다는 것을 여러분이 잘 알고 있기 때문입니다.(데살로니가 사람들에게 보낸 첫 번째 편지 5:1-2, 공동번역성서)

우리의 자아는 세상을 긍정적인 것과 부정적인 것, 좋은 것과 나쁜 것으로 나눈다. 우리가 '부정적인' 것으로 보는 그림자 측면의 대부분은 만일 의식으로 통합한다면 사실은 소중한 힘이 된다. 부도덕하고 야만적이거나 창피하게 여겨지는 특징들은 소중한 에너지의 '부정적인' 면이다. 그런데 이는 긍정적으로 사용할 수 있는 우리의 역량이기도 하다. 무의식에 있는 어떤 부분도 의식화해서 적절한 수준으로 가져왔을 때 유용하고 좋지 않은 것이 없다.

내 안에 도대체 어떤 부분이 이 도둑이란 상징 안에 숨어 있을까? 온갖 놀라운 재능을 가지고 있는 생동감 넘치는 트릭스터일지 모른다. 아니면 한 번도 성장할 기회가 주어지지 않은 자기 안의 영웅적인 충동으로 뭔가 유용하고 성숙한 것에 쏟을 기회가 주어지지 않은 비행 청소년일 수도 있다. 그도 아니면 목표 지향적인 삶을 사느라 한 번도 자리를 허용하지 않아서 무의식으로 숨어 들어갈 수밖에 없었던 디오니소스적인 측면 즉 정열적이고 황홀경에 이르는 부분일는지도 모른다.

이 상징이 자신의 어느 부분을 나타내는지는 자신만이 답할 수 있다. 단서를 쥐고 있는 것이 자신의 무의식이기 때문이다. 만일 이 억압된 부분을 위한 자리를 마련해서 그 소리들에 귀를 기울인다면 이는 아주 소중한 부분이라는 사실을 인식하게 될 것이다.

아이러니 같지만 사람들은 자신의 부정적인 면을 만날 때보다 자신이 지닌 좋은 특질을 만날 때 더 강한 저항을 보인다. 꿈에 아주 고귀하고 용감한 인물이 등장했다고 치자. 그 내면의 인물이 바로 꿈꾼이 자신의 일부이다. 따라서 이 사람이 지닌 특질을 꿈꾼 사람이 지니고 있는 것이다. 자신이 가진 부정적이고 미성숙한 부분을 직면하듯 마찬가지로 자기 안에 있는 뛰어난 특질도 인정하고 이런 부분을 의식적으로 살아낼 의무가 우리 모두에게 있다.

신념이나 태도나 가치 점검해보기

꿈은 우리가 지닌 신념과 태도에 대해 끝없이 이야기해준다. 신념과 태도가 중요한 이유는 이로 인해 우리가 하는 일이나 사람들과 관계를 맺는 방식 그리고 주어진 상황에서 반응하는 방식 등이 결정되기 때문이다. 대체로 우리는 자신의 믿음이 삶에 미치는 영향력에 대해 거의 인식하지 못한 채 살아간다. 그리고 또 우리 태도를 형성하는 체제가 어느 정도나 무의식적인지는 더더욱 인식하지 못한다.

자신이 어떤 신념체계나 태도를 갖겠다고 결정하고 시작하는 사람은 없다. 우리는 가족·사회·민족 같은 바깥세상이 결정한 일련의 태도들로부터 삶을 출발한다. 일반적으로 자신이 이러한 태도들을 지니고 있다는 사실조차 인식하지 못한다. 혹 자신의 신념들에 대해 의식하고 있다 할지라도 그것들이 무조건 옳다는 가정을 한다. 따라서 자신의 신념이나 태도에 대해 질문을 해본다는 것은 의식에 떠오르지조차 않는다.

그런데 어느 시점이 되었을 때 꿈이 태도나 믿음에 대해 이의를 제기하고 지적을 하기 시작한다. 내적 성장의 과정이라는 것이 우리에게 동기를 부여하는 모든 걸 의식적으로 점검해보도록 하기 때문이다. 꿈을 통해 신념체계를 살펴보다가 자기 안에 권력에 미친 독재자나 위대한 장군, 성인聖人 혹은 현자가 각자에 딱 맞는 일련의 태도들을 갖고 살고 있다는 걸 알게 된다. 이런 이미지가 등장할 때 질문을 해보자. "이 인물은 어떤 신념체계나 의견에 따라 살아가는가?" "나도 이 자와 똑같은 의견을 무의식적으로 갖고 있는 것은 아닐까?"

나폴레옹이 등장한다면 일련의 신념들과 현실의 본질에 대한 견해를 나타낼 것이다. 그런데 간디의 이미지는 삶과 사람과 권력에 대해 완전히 다른 태도를 상징할 것이다. 둘 다가 여러분 안에 공존하고 있다는 걸 알게 될지도 모른다.

가난한 이들에게 봉사하는 것 외에 세상의 권력 문제와 자기는 전혀 무관하다 믿고 있던 한 급진적인 청년이 전문가 자격증을 받던 날 꾼 꿈이다.

약속 장소에 갔는데 거기가 중고차 주차장이다. 인도에 서 있는데, 갑자기 리처드 닉슨이 걸어온다. 닉슨의 느낌이 세일즈맨 같다. 내 등을 툭 치면서 "좋아! 우리 열정을 좀 가져보자고! 정말 프로가 되고 싶다면 사람들을 조정하는 기본 트릭을 좀 배울 필요가 있어. 긍정적으로 생각하는 법을 배워야 해. 양복을 빼입고 자네가 할 역할을 느껴보라고. 나가서 자신을 팔아야지. 그게 성공으로 가는 길이야."

꿈꾼 청년에게 이 꿈은 꿈이 흔히 그러하듯 너무도 냉소적으로 다가온다. 이 청년의 의식에서 정치인이란 세속적인 권력에 매달려 살면서 끈질긴 설득을 통해 사람들을 마음대로 조작하는 사람을 의미한다. 이런 정치인 같은 사람들을 이 청년은 싫어했다. 하지만 꿈이 말하기를 자신에게 숨겨진 권력욕이 있을 뿐 아니라 자기 안에 자신도 모르는 믿음이 있다는 것이다. 자신이 남보다 우월하다 믿으며 세속의 권력을 뒤쫓고 이를 위해 과장광고를 하듯 사람의 마음을 혹하게 만드는 말들을 함부로 사용하고 있다는 암시이다.

이 꿈이 말하려는 내용은 꽤 노골적이다. 꿈꾼 이로서는 분통이 터질 노릇이겠지만 꿈에 나온 인물을 통해 이 청년이 표상하는 태도가 무엇인지 친절하게 노출시켜준다. 이런 꿈은 꿈꾼 당사자 입장에서는 창피하기도 하겠지만 대단히 소중한 꿈이다. 자신이 겉으로 공언하는 것들 저변에 자신이 정말로 하려는 게 무엇인지를 제대로 아는 것은 황금보다 귀하다. 꿈 덕분에 이 청년은 의식적인 선택을 할 수 있게 되었다. 꿈속에서처럼 이런 태도를 받아들이든지 아니면 이런 태도를 버리든지, 그도 아니면 이 둘을 지혜롭게 합성할 수 있을 것이다.

실제로 꿈작업을 해나가다 보면, 답은 자아가 지닌 의식의 태도에 있는 것도 아니고 내면의 무의식적인 태도에 있는 것도 아니며, 이 둘 사이 어느 지점에서 찾아진다. 사실 무의식의 태도가 지나치게 과장되어 보일 때는 자아가 균형을 잃고 과장되어 있어서 무의식이 그만큼 자아를 보상하려 드는 때이다.

자아가 실제 성격에 맞지 않게 균형을 잃고 극단의 입장을 취하고 있지 않은지 알 수 있는 한 가지 방법은 무의식에서 과장된 입장을 취한 때이다. 무의식은 자아의 태도가 균형을 벗어난 만큼 정확하게 중심을 벗어나 있다. 자아의 태도가 보다 온건해지면 무의식의 태도도 중심으로 다가간다.

앞서 꿈의 경우 꿈꾼 사람은 숭고한 이상주의에 빠져 있다. 생계를 어떻게 꾸릴지 같은 실용적인 문제에 대해서는 아무런 신경도 쓰지 않는다. 이럴 때 무의식은 완전히 게걸스러운 물질주의적 태도로 이를 보상하는데, 이 사람이 훨씬 실용적인 뭔가로 비현실적 이상을 좀 끌어내릴 수 있다면 이 청년의 은밀한 권력욕이 조금은 덜 과장된 형태를 띠게 될 것이다.

꿈은 늘 우리가 지닌 가치에 대해서 뭐가 좋고 바람직하며 아름답고 진실되고 도덕적이고 영예롭다고 느끼는지에 대해 이야기한다. 궁극적으로 우리가 지닌 가치가 바로 삶에서 가장 많이 추구하는 특질들인데 우리가 삶에 의미를 부여하는 규범들이 바로 이런 가치에 따른 것들이다. 각자 자신이 지닌 가치에 따라 자신에게 가장 귀하고 중요한 것이 무엇인지 결정된다.

우리 각자의 내면에는 다양한 가치체계들이 서로 어느 정도 갈등을 일으키면서 공존한다. 어떤 이의 자아는 일만 고결하다 생각하고 시간을 낭비하는 일들을 비도덕적이라 느낀다. 하지만 내면의 다른 측면은 다른 가치를 지니고 있어서 파티에도 가고 싶어하고 열대지방 휴양지에서 행복감을 느끼길 바란다. 자아가 검소하고 실용적인 것을 최상의 가치로 여길지라도 다른 부분에서는 비싼 정장이나 고급 차를 사지 못하느니 죽어버리는 게 낫다고 생각할 수도 있다.

오래전 내가 분석가로 일하기 시작할 무렵에 꾼 꿈이 있다. 별로 대수롭잖게 여겨지는 이 꿈을 통해 나의 이러한 면에 대해 배울 수 있었다.

내가 자판기에서 신문을 훔치고 있다. 내가 무슨 짓을 하고 있는지 갑자기 깨닫고는 죄책감이 든다.

이 꿈은 내가 소중하게 여기던 일련의 가치들과는 아주 다른 가치 체계가 내 안에서 있다는 사실을 알게 해주었다. 의식의 차원에서 나는 어떤 이유든 간에 훔치는 게 용납이 되지 않는다. 그게 당시 돈으로 단돈 10원짜리 신문이라 할지라도 마찬가지이다. 그런데 이 꿈이 면전에서 "이 사기꾼아! 너도 훔치고 싶어해!"라면서 나를 비난하고 있다.

그러니 이제 내가 무엇을 할 수 있겠나? 이 꿈을 꾸고 나서 나는 망연자실했고 죄책감도 들었다. 내 삶에서 무의식적으로 훔치려 드는 부분이 무엇인지 찾으려 애썼다. 그때 꿈에 있는 다른 세부사항을 좀 더 들여다보자는 생각이 들었다. 왜 신문이지?

오랫동안 생각했다. 신문이 대변하는 게 나한테 뭘까? 나에게 신문은 집단적인 진부함, 뉴스와 선전인 양하는 집단의 의견, 소문과 스캔들 같은 거였다. 드디어 보기에 아주 저질인 뭔가를 내 무의식에서 훔치는 행위를 이해하게 되었다. 꿈은 훔치는 행동도 그렇지만 내가 무엇을 훔치고 있는가에 대해 말해주려 했다.

마침내 나는 이게 내 삶의 어떤 부분과 연결되는지 이해할 수 있었다. 당시는 내가 분석가로서 일을 막 시작할 무렵이었는데 잘 해낼지 확신이 없었다. 경외의 눈으로 권위자들을 쳐다보면서 내게 뭔가 소속감을 주거나 '누군가' 중요한 사람이라는 느낌을 줄 단체와 그룹에 나를 맞추려 했다. 집단의 의견과 집단의 진부함과 그런 사람 주변의 소문들에 귀 기울이면서 그런 걸 따라했다. 마치 집단의 의견이나 결론이나 정보가 내 정보이고 내 결론, 내 견해인 양 앵무새처럼 되풀이했다.

나는 집단의 허튼소리를 '훔치고' 있었던 것이다. 스스로 사고를 하지 않았기 때문이었다. 공짜로 다른 사람들에게서 가져와서는 마치 내 것인 양 굴었다. 나만의 고유한 생각을 하는 데 필요한 대가를 지불하지 않았고 스스로 생각해볼 생각은 감히 엄두도 내지 않았다. 어딘가에 소속되고 싶은 마음이 너무도 간절해서 이런 간절함으로 인해 애초부터 가치도 없는 많은 양의 쓰레기를 '훔치고' 있었다.

이런 도둑질이 드문 것은 아니다. 사람들은 대개 어느 그룹에 소속되고 싶어할 때 한두 번은 이렇게 한다. 하지만 나의 무의식이 저항을 했고 이 꿈을 통해 내 얼굴에 찬물을 끼얹었다. 심리적으로 나를 일깨워준 것이다.

이 꿈은 우리가 꿈작업의 각 단계를 철저하게 할 필요가 있다는 걸 보여주는 좋은 예이기도 하다. 작업할 때 이미지 하나하나에 대해 어떤 사소한 것도 간과하지 말아야 한다. 어느 세부 사항이 꿈에 담긴 가장 심오한 의미를 파악할 열쇠가 될지는 아무도 모른다. 이 꿈으로 한 주 내내 씨름하고 나서야 신문이 내게 무엇을 상징하는가라는 데 생각이 미쳤다.

꿈에 등장하는 가장 주요하고 개인적인 특질 중 하나가 행동 패턴이다. 가치와 마찬가지로 행동은 내면의 영향을 받아 좌지우지된다.

대개 우리는 뭘 하는지, 아니면 왜 어떤 특정한 행동을 하는지 잘 깨닫지 못한다. 행동은 결국 우리가 소중히 여기는 가치, 앞에서 다룬 바 있는 내면의 신념과 태도들을 나타낸다. 자신이 정말 믿고 있는 것이 무엇인지, 자신이 정말로 소중히 하는 가치가 무엇인지를 발견하는 한 가지 방법은 자신의 행동을 지켜보는 것이다.

예를 들어보자. 자신이 돈을 저축하면서 살고 있다 믿는 사람이 있다. 이렇게 말하면 대다수 사람들은 자기도 그렇다고 동의한다. 그런데 막상 실생활은 월급을 모조리 다 써버리고 동전 한 닢도 저금하지 못한다고 하자. 이 사람한테는 자신이 공언하는 것과는 완전히 다른 신념체계가 자기 삶을 지배한다는 사실이 드러난다.

꿈은 무의식적인 행동 패턴을 알려주는 놀라운 보고서이다. 내가 자기주장이 세고 호전적인 편이라면, 언젠가는 호전적인 인물이 내 꿈에 등장할 것이다. 내가 다른 사람들에게는 어떻게 보일지 감을 잡을 수 있는 인물들이 내 꿈에 나타날 것이다. 만일 내가 '아니요'라고 해야 할 상황에 계속 '예'라고 답하는 사람이라면 그런 사람이 내 꿈에 보일 것이고 꿈에서 그 사람이 처한 곤란한 지경이 내가 처한 상황과 섬뜩할 정도로 닮아 있다는 걸 보게 될 것이다.

꿈에서 어떤 행동 패턴을 보게 되면 자신의 일상에서 그 패턴을 부지런히 찾아보기 바란다. 어디선가 그것을 찾을 수 있을 것이고 그런 행동 뒤에 숨어 있는 특정한 태도를 발견하게 될 것이다.

내면의 인격 추적하기

꿈을 자기 내면으로 연결하는 데 도움이 되는 방법 하나는 꿈에 등장한 인물 하나하나를 실제로 자기 안에 살고 있는 사람으로 생각해보는 것이다. 꿈에 나온 한 사람 한 사람이 자율적인 인격을 지닌 존재로 자신의 심리 안에 공존하며, 이들 전부가 모여 전인격을 이룬다고 생각해보라.

그런 다음 질문을 해보자. "요즘 내 삶에서 이 사람이 일하는 걸 어디서 봤지?" 그 사람이 여자인 경우, "내 삶의 어디에서 이 여자가 꿈 속에서처럼 행동하는 걸 봤을까?" "나의 어떤 부분이 이렇게 느끼고 생각하고 행동하는 걸까?"

그녀가 꿈에서 갈등을 불러일으키는 사람이라면, 자신의 인격 안에서 갈등을 일으키거나 반항하고 있는 부분을 찾아보라. 꿈에서 관계를 맺고 싶어하고 애정을 구하고 있다면 자신 안에서 우정이나 사랑에 빠지고 싶어하는 부분을 찾아봐야 한다. 세 번째 단계에서는 만일 꿈에서 눈이 반짝반짝 빛나는 소녀가 자신을 시궁창에서 끌어내준다면, 최근에 자신을 시궁창에서 빠져나오도록 해준 힘이나 관심사나 통찰을 자신의 삶에서 찾아봐야 한다. 그러면 삶에서 영향을 미치고 있는 그 소녀를 발견하게 될 것이다.

꿈에 등장한 사람을 보면서 그 등장인물이 심리를 구성하는 기본적인 인격구조 하나, 즉 주요한 에너지 시스템 하나를 나타낸다는 사실을 알게 될 것이다. 만일 꿈에 나온 인물이 여성인 경우, 이게 여성의 꿈이라면 그림자를 나타내거나 남성의 꿈이라면 아니마에 들어맞을지 모르겠다. 이런 발견을 통해서 자신의 삶에서 이 내면의 인물이 작동하고 있는 영역을 예측할 수도 있다.

하지만 이 꿈의 인물이 예를 들어 자신의 아니마로 드러났다고 해서 작업이 여기서 끝나는 것은 아니다. 꿈을 꾼 남성의 삶에서 이 여인이 구체적으로 활발하게 활동하는 자리가 어디인지 찾아내야 한다. 자신이 느꼈던 감정이나 자신을 사로잡았던 공상, 자신이 빠져 있던 무드, 내면세계와의 만남 등, 그게 뭐가 됐든 간에 자신이 이 영혼적 여성과 결부되어 자기 삶에서 정확하게 어떤 일이 벌어지고 있는지 보여주는 것을 찾아야 한다.

정말 확실한 경우를 제외하고는 내면의 인물들에게 아니마나 그림자 같은 추상적인 이름을 붙이며 속단하는 일은 잘못된 것이다. 이런 원형들에 분명하게 들어맞는 꿈속 인물보다는 그렇지 않은 경우가 훨씬 더 많기 때문이다. 그저 꿈에 나온 평범한 사람에 불과할 수 있다. 꿈에 등장하는 인물들을 억지로 틀 속에 끼워 맞추려 들지 말고 그저 나타나는 그대로 두고 보자.

내면에서 이 꿈속 인물을 찾아보려 할 때, 이 인물에 대해 묘사를 하는 걸로 시작하는 것이 좋다. 그 사람이 어떤 사람인지, 주된 특징과 성격이 무엇인지, 원하는 게 뭐고 또 꿈꾼 사람에게 의미하는 바는 무엇인지를 적어본다. 그리고 나서 자신의 성격 중에서 이런 묘사에 들어맞는 부분을 찾아본다.

만약 이 인물이 편협하고 도덕주의적이라면 자신의 성격에서 편협하거나 청교도적인 부분을 찾아본다. 곧 이 인물이 자기 안에 있고 자신을 통해서 살고 있다는 사실을 발견하게 될 것이다.

흔히 꿈을 꾸면 인물에 걸맞은 이름을 붙인다. 이름이 없으면 인물의 성격을 포착하는 이름을 붙일 수 있다. 사람의 특징을 묘사하는 이름을 만들어낼 수도 있는데, 만약 남자라면 용감한 전사, 지혜로운 노인, 늙은 구두쇠, 교활한 사기꾼, 비행 청소년, 어린 왕자, 트릭스터 같이 부를 수 있다. 여자라면 어진 엄마, 폭군 엄마, 대지의 여신, 의리 있는 언니, 눈이 반짝이는 아가씨 같이 부를 수 있다. 이 인물이 신화 속에 등장하는 이미지라면 헬렌이나 흰 손의 이졸데 혹은 귀네비어Guinevere처럼 신화 속 이름으로 부르면 된다.

이렇게 하기 전에 먼저 심리학적 전문용어를 써서 거리감을 만들지 말고 내면의 인격을 고유한 권리를 가지고 있는 존재로 대하는 것이 최상이다. 예를 들어 내면의 여성을 '아니마'라고 부르며 추상화하기보다 '능금 꽃 아가씨'라 부른다면, 이 여인이 훨씬 더 가까이 느껴지고 자기 안에 살고 있는 특별하고 흥미로운 존재로 다가오게 될 것이다.

따라서 남자 꿈에 등장한 여성을 무조건 아니마라고 표준 교과서 방식으로 접근을 해서는 안 된다. 이 여성이 스스로를 묘사하도록 허용하는 게 중요하다. 꿈을 통해서 자신을 만나러온 개별적이고 고유한 존재로 받아들여야 하는 것이다. 그녀가 개별성을 갖도록 허용하라.

마찬가지로 여성의 꿈에 남성이 등장한다고 그를 아니무스라 속단하면서 거의 자동적으로 아니무스에 관한 모든 이론을 적용하려 들어서는 안 된다. 이 내면의 인물에게 가까이 다가가서 성격이 어떤지, 어떤 기능을 하는지 파악해야 한다. 또 그가 어떤 정보나 특질을 주러 왔는지 그리고 자신의 내면세계에서 어떤 역할을 하는지 그에게서 직접 배워야 한다.

내면의 다른 실체 만나기

꿈에 등장하는 것이 사람들만은 아니다. 장소 건물 동물 색깔 숫자 물체 그리고 추상적이고 기하학적인 문양들도 등장한다. 꿈은 무한히 다양한 이미지들을 제시하는데 어떤 식으로든 이들 전부가 꿈꾼 사람 내면생활의 흐름을 상징하는 데 사용된다.

꿈 이미지가 자기 안에 자리하고 있는 무엇을 말하는지 다양한 방식으로 상상해볼 수 있다. 장소를 예로 들자면, 꿈에 나온 곳은 꿈꾼 사람 내면에 있는 장소이다. 따라서 꿈꾼이의 위치가 어디인지 밝혀낼 수 있다. 꿈에 나온 장소가 도덕적인 의미에서 서 있는 곳, 즉 도덕적 입장을 나타낼 수 있다. 꿈꾼 이가 취해야 할 윤리적인 입장을 나타내는 것이다. 성배가 있는 성城과 같은 장소는 영성적인 깨달음의 수준을 나타내고, 또 내적 성장이 궁극에 지향하는 자리이기도 하다. 꿈의 장소가 정서적인 환경이나 일련의 정황이나 영향을 미치는 영역을 나타내기도 한다.

블루 룸 즉 파란색 방으로 한 작업을 상기해보자. 주로 연상했던 내용이 정서적인 환경이었다. 자아가 블루한 정서, 깊은 우울 상태에 있다는 것을 나타내었다.

꿈에서 가장 빈번하게 장소가 이용되는 이유 중 하나는 꿈꾼 사람이 누구의 '영역' 안에 있는지, 누구의 영향을 받고 있는지를 드러내기 위한 것이다. 그래서 장소의 중요성을 이해하려면 "그 자리가 누구에게 속하는가?"라는 물음을 던져보는 것이 도움이 된다.

고대 점성학자들은 상징적으로 화성의 '집'이니 토성이나 다른 행성의 '집'이니 이런 식으로 말하는 관행이 있었다. 이 표현은 우리의 정신이 그 행성의 영향권 아래 있다는 뜻이다. 꿈에 어떤 상징적인 집 안으로 들어가면 이는 다른 심리적인 환경 즉 다른 에너지의 장으로 들어간다는 의미이다.

마찬가지로 할머니 집에 있는 꿈을 꾸면 위대한 어머니의 관할 아래 있다는 것으로 볼 수 있다. 좋게든 나쁘게든 꿈이 무의식에서 부화되던 날 밤에 꿈꾼 이는 위대한 어머니의 주술하에 있다는 뜻이다. 천상의 여신이 곧 엄청난 계시를 보여주려는 순간이라는 뜻일 수도 있다. 하지만 할머니 집 앞에 있는 시궁창에 누워 있다면 어머니 콤플렉스의 부정적인 면에 수동적이고 의존적으로 사로잡혀 있다는 의미일 가능성이 더 크다. 그런데 '어머니의 집'에 있다는 것이 어떤 뜻인지는 꿈의 정황을 봐야 확실하게 알 수 있다.

꿈에 나온 집이 꿈꾼 사람 소유의 집이라면 아마도 집은 꿈꾼 사람 자아의 집을 의미할 것이다. 이는 무의식으로부터 자신을 보호하려고 자아가 알고 생각하고 믿는 것들로 주변을 에워싸놓은 것이기에 자아가 지닌 의식의 장을 뜻한다. 누군가 이 집에 침입을 했다면 이는 일반적으로 말해 자아의 세계가 무의식 힘의 침입을 받고 있다는 뜻이다. 아마도 자신의 어떤 부분들이 지금까지 외면해온 어떤 현실이나 가치들과 직면하고 있는 중인지 모른다.

나쁜 마법사나 군인 출신 독재자가 지배하는 나라에 있다면, 권력 충동의 통제하에 있다는 의미로 볼 수도 있다. 고대의 성군이나 훌륭한 여왕이 다스리는 축복의 땅을 지나는 중이라면 꿈은 자기와 the Self 조화를 이루는 삶 즉 우주의 지혜와 조화를 이루고 살 때 삶이 어떤 기분일지 그 맛을 미리 보여주는 것일 수 있다.

그렇다면 동물들은 어떨까? 꿈에 동물이 나올 때 동물적인 본능이 나 내 안 어딘가 정신의 원시성, 즉 인간으로 진화가 이루어지기 이전 단계의 깊이에 묻혀 있는 동물 의식을 떠올려볼 수 있다. 이도 우리를 구성하는 에너지 시스템의 하나로 언제나 고려를 해야 하는 대상이다. 만일 이 에너지를 등한시하면 꿈에서 가끔씩 이들의 울부짖음을 듣게 될 것이다.

꿈에 나온 사람들 하나하나에게서 자신의 성격 일부분을 확인할 수 있는 것과 마찬가지로 동물들도 그렇다. 다른 상징들과 마찬가지로 동물들도 긍정적일 수 있고 부정적일 수도 있는 두 측면이 다 있다. 개는 늑대나 코요테처럼 무리를 지어 다니는 동물이다. 꿈에 개가 나오면 일면에서는 '패거리를 쫓아가려는' 경향, 즉 집단적인 것과 '소속'되는 것에 몰입해서 개인으로서 발달하거나 내면생활을 위한 시간을 할애하지 않은 것을 나타낼 수 있다. 인간도 무리를 짓는 동물이므로 집단에 소속되려는 것은 우리 안에서 대단히 강한 본능이다. 이 본능은 인간성의 최상을 이끌어낼 수도 있고 최악을 불러낼 수도 있다.

한편으로 개들은 더할 수 없이 충직하다. 꿈에 겸손한 개가 나올 때는 꿈꾼 이 안에 있는 고귀한 성질 중 깊이 충성할 수 있는 역량을 뜻할 수 있다. 때로는 꿈에 내포된 의미가 부정적인지 긍정적인지 구분하기 어려울 때도 있는데, 개는 때로 경고의 의미가 아니라면 대단히 긍정적인 면을 나타내기도 한다. 대개는 꿈에 등장하는 사소한 세부사항으로 상징을 어느 쪽으로 이해해야 할지 알 수 있게 된다.

융은 대개 동물은 원시의 신체적이고 본능적인 우리 내면의 에너지 시스템을 표상한다는 점을 발견했다. 몸이 음식이나 휴식, 운동이 필요하거나 에로틱하고 관능적인 체험을 필요로 하는 걸 나타낼 수도 있다. 꿈에서 위협적인 동물과 싸우는 것은 심오한 본능적인 면이 필요하다는 의미로, 의식이 지닌 '문명화된' 태도와 본능적인 면이 갈등을 일으키는 걸 가리킬 수도 있다.

　신화적인 동물의 등장은 위대한 원형이나 영성적인 의식 발달의 대단히 심오한 차원을 나타내기도 한다. 힌두의 상징체계에서 코끼리는 진정한 자기의 최고의 현현으로 받아들여지는데 서양인의 꿈에서도 같은 의미로 나타날 때가 있다. 내 꿈에는 흰 코브라가 내 안의 최고의식 즉 자기의 현현으로 나타나곤 한다.

　앞에 몇 쪽에 걸쳐 열거한 예들은 내면의 자기나 내면생활의 역학과 연결하는 무한한 가능성 중에서 아주 작은 사례들에 불과하다. 꿈에 등장하는 상징 전부를 다루거나 각 상징이 꿈꾼 사람의 삶과 어떻게 연관되는지를 다 담을 수 있는 책은 없다. 누군가 그렇게 하려 든다면 이는 사람들을 오도할 뿐이다. 이미 여러 번 강조했다시피 꿈에 나타난 상징과 그 사람 내면생활을 제대로 연결하는 것은 꿈을 꾼 사람의 무의식이라는 비옥한 토양에서만 가능하다.

꿈작업의 예: 눈이 반짝반짝 빛나는 소녀

　이 단계에서 꿈작업이 어떻게 진행되는지 보여주기 위해 실제 꿈 하나를 소개하겠다. 또한 꿈을 꿈꾼 사람 내면과 어떻게 연결 짓는지도 동시에 제시하려 한다.

당시 22살 난 대학생의 꿈이다. 분석을 받으러 왔을 때는 신경증이 악화되어 학업을 계속할 수도 시험을 제대로 치를 수도 없어서 심하게 낙담해 있는 상황이었다.

맨 처음 분석하던 날 들고온 꿈이다. 이 학생이 처한 상황을 절묘하게 묘사해주고 있었고 내면의 어떤 시스템들이 개입되어 있는지, 그가 가야 할 방향은 어딘지 가르쳐주는 꿈이었다. 꿈에는 이 학생의 신경증이 극적으로 치유될 것이라는 예측도 들어 있었고 실제 작업을 통해 이 예측이 맞았다는 것도 드러났다. 이 학생은 내면작업을 하지 않고 살 수 있는 사람이 아니었는데 일단 이 사실을 인식하자 모든 것이 빠르게 진행되었다. 지금은 학교를 졸업하고 유능하게 살며 충만한 삶을 누리고 있다.

눈이 반짝반짝 빛나는 소녀

내가 외할머니 집 앞 길에 누워 있다. 여동생과 동생 친구들이 탄 차가 뒤에서 오고 있는데 그 차가 나를 치고 지나갈까 봐 겁이 나서 최대한 빨리 인도 쪽으로 구른다. 어느새 걔들이 내 옆에 서 있다. 여동생이 내게 자기 친구와 데이트를 주선하고 싶은데 나의 의향을 묻는다. 그러면서 이름 몇을 거론한다. 나는 결정할 수가 없다. 여동생이 가버린다. 동생 친구가 내게 데이트는 어쩔 생각이냐고 묻는다. 어쩔까, 잠시 궁리하는데 갑자기 얘가 나랑 시간을 보내고 싶어하는 것일 수도 있겠다 싶다. 그리고 보니 생김새를 전혀 눈여겨보지 않았다.

나는 막 등을 돌려 가려는 그녀에게 데이트를 신청한다. 다시 등을 돌린 그녀가 매력적으로 생겨서 기분이 좋다. 그녀 눈이 반짝반짝 빛난다. 나랑 같이 좀 걷겠냐고 했더니 좋다고 동의를 한다. 그녀가 내게로 몸을 돌리자 내가 시궁창에서 일어나 그녀와 함께 걷는다.

연습을 위해 첫 번째 단계는 이미 마쳤고, 연상한 것들 중에 일부가 '아! 그렇지' 했다고 치자. 두 번째 단계로 접어들어 이렇게 연상한 것들을 이 학생의 내면생활에서 구체적인 역학에 적용시켜야 한다. 여기 그가 했음직한 연결점들을 소개한다.*

두 번째 단계

각각의 꿈 이미지는 내 안의 어떤 부분을, 아니면 내 내면생활의 어떤 역학을 가리키나?

외할머니 집

장소가 외할머니 집이고 엄마가 태어난 곳이라 내 안에 있는 '어머니의 집'이 틀림없다. 몇 세대를 거슬러 올라가는 집이라 단순한 '모성

---

* 여기 제시하는 것은 꿈꾼 사람이 실제 작업한 내용이 아니다. 꿈작업 대부분은 첫 분석 때 가져온 꿈으로 나와 상담하는 동안 이루어졌다. 꿈작업 단계를 설명하기 위해 작업한 내용 중에 내가 기억하는 것과 꿈에 나온 상징에서 내가 그럴 법하다고 생각한 것을 요약하였다. 꿈꾼 사람이 적었다고 가정하고 1인칭을 사용했다.

콤플렉스' 그 이상이다. 원형의 어머니, 어머니 에너지, 혹은 내 정신 안에 있는 어머니적인 존재감이다. 어머니의 영역이라 내 자아가 어머니 영역에 있다는 얘기다. 자아가 위대한 어머니 영역에 잡혀 있기에 어떻게든 나는 어머니 영향 아래 있다.

그렇다면 내 삶에서 이런 면이 작동하는 것을 어디서 봤을까? 모성 원리의 한 측면, 내가 퇴행적인 관계로 들어갈 수 있는 곳, 혼자서는 아무것도 할 수 없다는 듯이 세상이 나를 돌봐주기를 바라는 아기처럼 구는 부분이 있다. 의존적인 느낌이 들고 결정도 못 내리고 혼자 힘으로는 아무것도 하기 싫다. 누군가 나를 '엄마처럼 보살펴주기'를 바란다. 부정적인 면에서 모성 에너지는 의존 콤플렉스로 바뀐다. 요즘 내가 내 안에서 보아온 것이 바로 이것이다. 나는 내가 타고난 남성성을 포기했다. 위험을 무릅쓰고 세상으로 나가 내 식대로 해보기를 두려워한다. 마치 여성적인 면들에 에워싸인 느낌인데 이는 아기 같고 의존적인 느낌이 드는 부정적인 방식으로 그런 것 같다.

길에 누워 있다

내 삶에서 이런 일이 벌어지고 있는 곳은 어디인가? 금방 눈에 들어온다. 우울하고 절망에 빠져 있었다. 학교에서 할 일도 제대로 못하고, 어디로 가야 할지 몰라 마비된 것처럼 지냈다. 이 이미지는 내가 어떻게 느끼고 있는지를 정확하게 보여주는 상징이다. 일어날 수 없어 무기력하게 시궁창에 누워 있는 사람 기분이다. 지나가는 누구라도 나를 걷어차거나 차로 치고 갈 것 같다. 아무런 방어도 하지 않고 어떻게 해야 할지도 모르겠다.

'아! 그래' 한 또 다른 연상은 이게 **공공도로**라는 점이다. 이건 나만의 공간이 아니라 바깥 '다른 사람들'에게 속하는 장소이다. 나는 모성적인 여성성에 **빠져** 있을 뿐 아니라 집단성에도 **빠져** 있는 것 같다. 내 삶의 어떤 부분이 그런 연상에 부응하나? 생각해보니 내가 하는 일이란 다른 사람들이 내가 하기를 원하거나 나에게 기대하는 것 주변을 맴돌아 왔다는 사실을 깨닫게 되었다. 대학에 가고 수업을 듣는 것도 또 진로 계획도 다 기본적으로 부응해야 한다고 믿었던 집단의 기대에 따른 것이다. 가족한테서 온 것이거나 주변의 사회 혹은 다른 데서 왔다. 이것은 별로 중요한 것 같지 않은데 문제는 내가 내게 맞는 삶을, 내게 소중한 가치들이 무엇인지 찾아보고, 내게 중요한 게 무엇인지 결정하고, 내 나름의 결정들을 내리기 시작해야 한다는 점이다.

내가 길에서 벗어날 수 있는 유일한 방법은 정말 내게 속하는 작은 공간을 찾아내서 거기서 서는 것이란 생각이 든다. 길에 누워 주변 사회에서 오는 집단의 생각들을 바보같이 받아들이는 것을 그만둬야만 한다.

여동생

여동생이 내 안에 살고 있는 사람을 나타낸다면, 그 사람은 어디에 있을까? 내 안에 여동생 같은 여성적인 성격을 가진 부분은 어디인가? 바깥의 여동생과 '아! 그래' 하는 것 한 가지는 내가 무드나 우울에 빠져 있을 때 동생이 꿈에 등장한 이 인물처럼 행동할 것이라는 거다. 내가 기운을 차리도록 자신 안에 침잠해 있는 나를 끌어내서 바깥 사람들과 연결시키려 애쓴다. 이제 보니 내 안에도 사람들과 소통하고 친한 친구를 만들고 싶은 부분이 있는 게 보인다. 혼자 외롭게 지내고 싶지 않다.

하지만 나는 내가 꿈에서 '여동생'에게 했던 것과 똑같이 행동한다. 사람들과 어떤 식이든 연결되는 걸 거부하고 내 우울과 문제에 빠져 외톨이처럼 행동한다. 이런 면은 꿈에서 상징적으로 동생이 데이트를 시켜주겠다고 할 때 우유부단하게 결정을 내리지 못하는 모습에서 잘 드러난다. 아마 이 시점에서 내가 데이트를 하고 싶지 않은 건 아마 스스로가 눈이 반짝반짝 빛나는 소녀를 기다리고 있다는 사실을 모르고 있어서 그랬다는 생각이 든다. 그래서 여동생은 내가 다른 사람들과 그리고 인간적인 삶에서 누군가와 연결되어 있다는 느낌을 갖도록 해주려는 내 안에 있는 여성성의 힘이라고 생각한다. 하지만 내 영혼을 찾는 게 우선이기 때문에 나는 아직 거기 반응하지 못하는 것 같다.

눈이 반짝반짝 빛나는 소녀
내가 이상적으로 생각하는 불멸의 연인eternal feminine, 내가 갈망하는 여성성은 '눈이 반짝반짝 빛나는 소녀'이다. 왠지 모르게 신성하게 느껴진다. 공주나 여신처럼. 그녀를 볼 때나 그녀가 내 안에 있다고 느낄 때, 그럴 때 나는 마치 완전하게 된 것처럼, 마치 내가 살 만한 가치가 있는 무언가를 가진 것처럼 느낀다. 삶의 의미 같은 걸 느끼는 것이다. 그러니까 그녀가 아니마 묘사에 맞아떨어진다. 그녀는 나의 영혼을 상징하는데, 이 여인은 '여동생'과는 다르게 나를 내면세계 즉 영성적인 세계로 이끌고 내면의 체험이나 종교적인 의식으로 인도한다. 나의 아니마 혹은 영혼인 그녀는 내 안에 있는 여성성의 존재로 신을 체험하기를 원하고, 무의식을 탐험하기를 바라며, 꿈과 원형의 세계에서 살고 싶어한다.

놀라운 건 내가 꿈에서 그녀가 누구인지를 보자마자 마비에서 풀려나게 되었다는 점이다. 내가 일어나 걸을 수 있었다. 다시 삶을 살기 시작하고 기능을 하게 되었다.

내 삶에서 이 모든 것이 일어나고 있는 곳은 어디인가? 우선 나는 내 영혼이 다른 차원의 삶을 갈망한다는 점을 느꼈다. 내 안에 뭔가 빈 곳이 있다는 느낌이 들어서 여기 왔고 꿈을 어떻게 바라보는지 배우기 시작했다. 내면생활에 대한 필요를 느낀다. 내면이 텅 빈 느낌이었다. 내가 원하는 것은 종교적인 의미나 체험 혹은 내 삶 깊은 곳에 있는 의미에 대한 느낌을 줄 그 무엇이다. 이 모든 것이 지금 내게 일어나고 있는 게 그녀의 존재 때문인 듯하다. 내 안에서 작동 중인 건 눈이 반짝반짝 빛나는 소녀 즉 내 영혼이다. 나는 새로운 영성적인 삶에 대한 무의식의 신비로 깊이 파고드는 환상을 갖고 있다. 이건 내 의식을 통해 나오는 그녀가 지닌 환상임이 틀림없다.

내가 그녀에게 나와 얘기하고 싶냐고 물었다

내가 데이트 신청을 했지만, 정말 전환점은 그녀에게 나와 이야기하고 싶냐고 물었을 때 같다. 그저 간단한 대화를 하려고 한 것이지만 어떤 주고받음이 있었다. 관계가 시작되는 듯하다.

내 안에서 이런 일이 벌어지고 있는 곳은 어디인가? 이상하게 들릴지 모르겠지만 나는 나의 영혼과 관계를 맺으려 한다. 아마도 내가 꿈을 기록해 들여다보고 내면세계에서 살기로 결정한 순간이 바로 내가 그녀와 얘기하고 싶다고, 내가 내면의 정신과 관계를 맺고 우정을 돈독히 하고 싶다고 내 영혼에게 말을 붙인 순간 같다.

내가 시궁창에서 일어나 나왔다

시궁창에서 일어나 나오는 것은 내 안에서 일어난 아주 구체적인 변화와 연관시킬 수 있다. 내가 이 꿈에 대해 조금이나마 이해하고 내면생활을 갖고 싶다고 원하게 되자 기분이 좋아지기 시작했다. 이제 더 이상 무기력하다는 느낌이 들지 않는다. 더 이상 마비된 느낌도, 세상의 자비에 매달려 있는 느낌도 들지 않는다. 다시 삶이 앞으로 나아간다. 내 안에서 어떤 일이 일어나고 있는지 이해하는데, 내가 할 수 있는 무언가가 있다는 느낌이 든다. 내면세계와 관계를 맺는다는 것은 내게 희망과 생명력이 돌아온다는 뜻이기도 하다. 더 이상 수동적이고 마비된 상태로 시궁창에 누워 있지 않아도 된다.

이 대학생은 꿈에서 한 체험을 자신의 정서에서 일어나는 아주 구체적인 지점들과 연결시킬 수 있었다. 꿈은 이 학생이 무엇을 느끼고 무엇을 체험하는지 놀랍도록 정확하게 보여주었다. 당시 이 학생은 삶에 대해 완전히 무기력했고 패배감을 느끼고 있었다. 꿈은 이 학생의 상황을 전적으로 지나가는 사람의 처분에 맡기고 길거리에 누워 있는 완전히 수동적인 이미지로 생생하게 보여주었다.

이 꿈은 원형적으로 확충을 하는 꿈작업의 방법이 도움이 된다는 걸 보여주는 좋은 예이기도 하다. 아니마에 대해 많은 정보를 제공해준다. 그리고 아니마가 이 학생의 삶 어디에서 작동하고 있는지 자세히 볼 수 있다. 일단 우리가 눈이 반짝반짝 빛나는 소녀가 영혼이라는 사실을 알게 된다면 몇 가지 짐작을 할 수 있다. 우리는 아니마가 우리를 내면세계로 이끈다는 것 그리고 아니마의 주된 관심이 내면세계에 있다는 점을 알고 있다. 이 꿈을 통해 우리는 이 특별한 인물과의 만남 그리고 그녀와 관계를 맺기 시작하는 것이 그가 꿈을 통해서 내면작업을 하기로 결정을 내린 시점과도 일치한다는 사실을 확인할 수 있다. 뭐니뭐니 해도 이것이 아니마에게 다가가 관계를 맺는 가장 직접적인 길이다.

세 번째 단계: 해석

꿈해석이란 앞서 했던 두 단계 작업을 거쳐서 마지막에 도달하게 되는 결실이다. 꿈 이미지를 통해 알게 된 모든 의미를 하나의 통일된 그림으로 엮어서 꿈이 전반적으로 뜻하는 게 무엇인지 일관성을 찾는 과정이다.

"이 꿈이 내게 말하려는 가장 핵심적인 메시지가 뭐지?" 이 질문을 해볼 시점이다. "꿈이 어떻게 하라고 권하는 걸까?" 그리고 "내 삶 전반에 대해서 이 꿈이 말해주려는 의미가 뭐지?"

처음 두 단계를 건너뛰고 바로 꿈해석 단계로 접어들 수는 없다. 개인적 연상을 하지 않고 꿈을 해석하려 든다면 꿈에 관해 어림짐작만을 하게 될 뿐이다. 꿈 책 같은 걸 통해 주어진 해설을 받아들이려고 한다면 그것은 맞지도 않는 타인의 옷을 입는 것과 마찬가지다.

해석은 처음 두 단계에서 자연스럽게 흘러나와야 한다. 연상한 것들 사이에서 뭔가 하나로 엮어지기 시작하고 내면에서 벌어지고 있는 일들과 연관성이 분명해지면 전반적인 꿈의 의미는 자연스럽게 감이 잡힌다.

해석의 과정에서 꿈이 꿈꾼 사람에게 하려는 주된 메시지를 한마디로 간명하게 표현할 수 있어야 한다. 이는 스스로에게 물어보면 된다. "이 꿈이 나한테 해주려는 가장 중요한 통찰이 뭐야?"

해석 과정에서 꿈 전체의 주요 메시지를 찾는 연습을 해보자. 앞서 다루었던 '눈이 반짝반짝 빛나는 소녀'의 꿈을 통해 살펴보자.

먼저 상기시키고 싶은 것이 있다. 여러 해 전에 내가 이 꿈으로 작업을 했고 그 뒤에 꿈꾼 사람이 어떻게 달라졌는지 지켜볼 수 있었기 때문에 여기서 하는 꿈해석이 처음 했을 당시보다 더 매끈하고 일관되게 보인다.

이를 상기시키는 이유는 자기 꿈을 해석하면서 첫 번째 시도에서 일관되고 분명한 해석이 이루어지리라는 기대를 하지 않기를 바라기 때문이다. 작업을 할 때는 먼저 스스로 생각하기에 꿈 전체가 어떻게 맞아떨어질지 또 꿈이 자신의 삶에 대해 말하려는 의미에 관해 떠오르는 생각부터 그대로 받아 적어본다. 뭔가 말이 되고 꿈에 일어난 사건의 전반적인 패턴과 맞아떨어질 때까지 작업을 계속해야 한다.

여기서는 설명을 하기 위해 마치 꿈꾼 사람이 말하듯 1인칭을 사용했다.

해석: 눈이 반짝반짝 빛나는 소녀의 꿈

이 꿈이 그려주는 전반적인 내 삶의 그림은 어떠한가? 꿈은 내가 정서적으로 어떻게 반응하는지, 내가 느끼는 우울과 마비, 그리고 지난 몇 달간 학교생활을 제대로 못했던 무능한 내 모습을 이해할 수 있게 해주었다.

나는 심각한 신경증을 앓고 있었다. 신경증이란 게 실은 내가 가진 의식의 태도와 무의식의 필요 사이에 해결할 수 없는 간극 때문에 발생했다면 그동안 내게 무슨 일이 진행되었는지 이제 조금은 볼 수 있게 되었다. 내 의식의 태도는 그저 앞으로만 나아가는 것이었다. 학교에서 공부 잘하고 지금 내가 느끼기에 주변에서 일러주는 대로 진로를 택하는 것이었다. 하지만 내 내면의 존재는 뭔가 완전히 반대의 것, 즉 내면생활이라 이름 붙일 수 있는 것을 요구하고 있다. 명상을 하고 꿈을 들여다보고 그리고 내가 누구인지 찾아가고 또 내가 영혼을 가진 존재라는 걸 깨닫는 것이다. 마치 예전에 인간들이 그러했듯이, 종교적 언어로 말하자면 나와 신 사이에 연결된 부분이 있고 그것을 영혼이라 믿었던 뭐 그런 것들이다.

꿈에서 나는 집단이 요구하는 세계에서 성공을 하려 했고 의존적인 모성 콤플렉스에 머물러 있으려 했다. 이 상황이 완전히 무기력하게 수동적이고 의존적으로 시궁창에 누워 있는 이미지로 그려졌다.

이 꿈은 지금 내 삶에서 활발하게 작동하는 내 안에 있는 세 종류의 여성성의 에너지를 드러내준다. 첫 번째는 위대한 어머니이다. 나는 그 부정적인 측면에 사로잡혀 있다. 전적으로 의존적이고 수동적이라 끔찍한 마비 상태를 겪고 있어서 학교생활조차 제대로 못 하고 있다. 하지만 내가 이런 상태에 놓인 근본적인 이유는, 더 깊은 내면의 자기self를 완전히 무시하고 살았기 때문이다. 가장 깊은 내 본능의 이끌림을 따르는 것이 아니라 내가 생각하기에 다른 사람들이 나한테 기대하는 대로 살려고 애써왔다. 따라서 외할머니 집 앞 길에 누워 있는 것은 내가 이 퇴행적이고 유치한 모성 콤플렉스에 사로잡혀서 무엇을 하고 어떤 생각을 해야 할지 다른 사람들에게 의존하고 있었다는 사실을 보여준다.

내 안에서 작동하는 여성성의 다른 측면은 여동생의 모습으로 나타났다. 땅에 기반한 여성성은 내가 다른 여성들 그리고 더 크게는 세상과 다시 관계를 맺도록 인도한다. 이는 좋은 생각이지만 내가 모성 콤플렉스 안에 또 집단에서 비롯된 삶의 방식 안에 무기력하게 누워 있으면서 할 수 있는 일은 아니다. 어떻게 바깥의 사람들과 제대로 관계를 맺을지 생각하기 전에 먼저, 나는 내면의 나 자신과 관계 맺는 법을 배워야 한다. 그렇지 않으면 내게 도움이 되기보다는 해가 되는 집단의 가치에 끌려들어갈 것이다.

내 안에 있는 또 다른 여성성은 눈이 반짝반짝 빛나는 소녀이다. 나는 이 소녀를 내 영혼의 이미지, 내면의 정신, 나의 아니마로 인식한다. 소녀는 나를 내면세계 즉 종교적인 의미와 나 자신의 무의식을 발견하도록 이끄는 내 안에 있는 힘이다. 소녀는 내면의 자기나 나의 영혼이라는 숨겨진 세계에의 여정으로 나를 인도한다. 내가 '어떤 사람이 되어야 한다'는 게 아니라 '나는 누구인가'라는 질문을 하며 살아가는 법을 가르쳐주는 여신 같다.

그럼 이 정보들을 내 삶에 어떻게 적용할 수 있을까? 우선 나는 당분간은 '누군가'가 되려는 것을 포기해야 한다. 학교에서 아니면 성공과 권력과 사회적인 승인이라는 경쟁적인 세계에서 성공하려는 노력을 포기해야만 한다. 대신에 일상에서 내가 꿈속에서 한 것처럼 할 필요가 있다. 내 자신의 영혼과 잠시 산책을 하면서 참나를 향한 발견의 여정을 시작할 것이다.

꿈을 꾸고, 꿈을 기억하고, 꿈으로 작업하고, 내면작업을 하고, 내 무의식 가장 깊은 곳의 자기가 내게 원하는 것이 무엇인지를 찾는 데 시간을 할애해야 한다. 그러고 나면 그렇게 끔찍했던 내면의 갈등을 겪거나 다시 시궁창에서 누워 있는 일 없이 살 수 있을 것이다. 이 꿈에 따르면, 내 앞에 펼쳐지는 유일한 길은 내 영혼을 만나고 내면의 자기를 탐색하는 것이다. 그것이 나를 시궁창에서 끌어내고, 내 다리에 힘이 생기게 하고 다시 한 번 남자처럼 설 수 있도록 하는 유일한 길이다.

이 꿈해석을 읽으면 앞서 했던 첫 번째와 두 번째 단계에서 나온 내용이 어떻게 해석으로 자연스럽게 이어지는지 볼 수 있다. 꿈에 나온 여성들이 자신의 어떤 부분들을 상징하는지 확인하고 삶의 어떤 영역에 영향을 미치고 있는지 봄으로써 이 청년은 꿈의 중심 메시지를 판단할 준비가 완료되었다. 그리고 앞으로 자신의 삶을 어떻게 살지도 결정할 수 있을 것이다.

제대로 된 꿈해석이란, 꿈의 의미를 간략하게 요약할 수 있어야 할 뿐 아니라 우리의 일과나 삶 전반에서 어떻게 살아가야 하는지에 대해 꿈의 메시지를 구체적으로 적용할 수 있어야 한다.

여러 해석 중에서 선택하기

때로는 연상한 내용으로 여러 가지 해석을 할 수 있고 그 해석 모두가 의미 있을 때가 있다. 그럴 때 어떤 해석을 택해야 할까? 어느 상징에선 긍정적이고 힘이 되는 연상을 하게 될 때가 있고, 반대로 부정적이고 뭔가 옳지 않다는 경고를 받게 될 때도 있다. 어느 게 맞는지 어떻게 결정할까?

보다 정확한 해석을 하는 데 도움이 되는 접근법이 몇 가지 있다. 가장 중요한 것은 이미 다 배웠는데, 해석한 내용을 적어보는 것이다. 직접 종이 위에 쓰다 보면 놀라운 발견을 하게 된다. 해석 내용을 적으면 환상이나 추상 차원에 머무르던 내용이 현실로 구체화되어 선명하게 볼 수 있다. 적어보면 정말 의미가 되는지 안 되는지 훨씬 뚜렷해진다. 머리에서 맴돌고 있을 때는 그럴싸하게 들리던 것이 적으면 구멍이 보이기 시작한다. 꿈과 직접 관련되지 않는 내용도 보이고 삶에서 일어나고 있는 일과 맞지 않는 지점도 드러난다. 적는 과정에서 다시 앞뒤가 잘 맞는지도 보이고 또 진짜 "아! 이거야" 하는 내용이 더 명료해진다.

에너지 강도 결정하기

앞서 꿈은 에너지 체제로 이루어져 있다고 했다. 따라서 해석한 내용이 맞는지 아닌지는 그 내용에 담긴 에너지 정도를 점검해보면 알 수 있다. 에너지는 다양하게 감지할 수 있다. 예로 어떤 해석 내용에 강한 에너지를 느낄 수도 있고 격렬한 감정이 올라올 수도 있다. 또 갑자기 스치는 통찰이 있거나 아니면 해석한 내용에서 전혀 생각지도 않던 일상의 다른 것이 떠오를 수도 있다. 자신을 곤혹스럽게 만들었던 삶의 패턴을 갑자기 깨닫게도 되고 그 패턴에서 벗어날 수 있는 통찰이 일어나기도 한다. 이런 경우들이 해석한 내용 뒤에 엄청난 에너지가 있다는 표식이다.

그런 해석을 적고 나면 다른 해석 내용을 적을 때 아무런 에너지도 느껴지지 않을 가능성이 크다. 이런 경우는 적는 동안 시들해져서 자기 안에서 생명력이 느껴지는 어떤 부분과 연결할 수가 없다. 그러면 이런 해석은 맞지 않다는 표시이다.

작은 단서 찾아내기

추리극을 볼 때는 언제나 관찰력이 아주 뛰어난 사람 눈에만 띄는 조그마한 단서가 있는데 이 단서가 해결책으로 연결된다. 삶이나 꿈에 나타나는 원형의 패턴도 이런 문학적인 양식이 반영되어 있다. 꿈에는 언제나 어떤 해석을 따라가야 할지 아니면 꿈을 어떻게 받아들여야 할지 말해주는 작은 단서가 숨어 있다.

10여 년 전 내 친구는 정말 괜찮은 일자리를 제안받았다. 동업자로 회사를 시작해서 하고 싶은 일은 마음대로 할 수 있는 기회가 주어지는 자리였다. 이 놀라운 기회에 친구는 들떠 있었다. 그런데 왠지 하루나 이틀은 기다려서 결정을 해야만 할 것 같았다. 그날 밤에 꿈을 꾸었다. 아름답고 육감적인 여자가 야한 잠옷을 입고 다가와서 원하기만 하면 자기 여자가 되겠다며 유혹을 했다. 이 여자와 함께하기로 마음먹고 다가가다 여인의 눈을 바라보게 되었다. 이상하게도 눈에 외계에서 온 것같이 녹색 빛을 띠고 있었다. 왠지 역겹고 겁이 났다. 그래서 그는 물러섰다.

다음날 일어났을 때 유혹하는 요부와 매력적인 일자리 제안이 서로 연관되어 있는 게 너무도 분명하게 느껴졌다. 새로운 기회에 자신의 아니마를 투사했는데 꿈이 그것은 아니마가 가진 마녀 같은 측면이라고 경고를 해주는 듯했다. 그 일자리에 뭔가 내부적으로 잘못된 것, 숨겨진 뭔가가 있는 듯했다. 그래서 친구는 그 자리를 거절했다. 나중에 다른 소식통을 통해 그 회사가 부정직하게 운영된다는 것을 알게 되었다. 자신이 그 회사에서 살아남지 못했으리라는 것은 뻔한 사실이었다.

친구는 녹색에 담긴 원형의 의미도 알게 되었다. 다른 색깔들과 마찬가지로 녹색에도 긍정적인 함의와 부정적인 함의가 다 있다. 나무나 초원처럼 자연에서 녹색은 봄에 막 터져 나오는 새로운 에너지와 생명력을 상징한다. 긍정적으로 생명의 재생을 상징하지만, 부정적으로는 독을 나타낸다. 뱀의 독이나 상처의 고름 또 인류가 품고 있는 비밀스러운 악의 등을 상징한다. 예를 들어 질투가 나면 얼굴이 '새파랗게' 된다는 표현을 한다.

유혹하던 여자의 눈빛에 담긴 메스껍고 살기에 찬 녹색 톤이 바로 모호한 꿈을 어떻게 해석할지 알려주는 특별한 실마리이다. 좋은 일자리와 사업의 기회는 표면적으로 나쁠 게 아무것도 없다. 마치 꿈에 다가온 여인이 외적으로 아주 뛰어난 것과 마찬가지이다. 친구에게 아니마가 등장하거나 아니면 육감적이고 에로틱한 것에 대한 의식이나 감정 기능이 열리는 것일 수 있다. 그런데 그녀의 눈에 담긴 녹색 빛에 목의 털이 곤두선다면, 거기에 단서가 있다.

셰익스피어에 관한 대학자 헤럴드 고더드Harold Goddard는 이런 원리가 셰익스피어의 연극이나 다른 문학 작품에도 흔히 적용된다는 점을 보여주었다. 기억을 더듬어보면, 고더드가 《로미오와 줄리엣》에서 줄리엣의 아버지가 어떤 사위를 원하는지 이야기하는 장면을 예로 들었던 듯하다. 줄리엣 아버지는 딸이 부자이면서 자기 가문과 동맹을 맺을 수 있는 힘 있는 가문 출신과 결혼하기를 원했다. 15세기 이탈리아라는 배경을 생각하면 이런 것은 정상적이고 자연스럽게도 들린다. 이 아버지의 표현만으로는 이 연극이 어떤 방향으로 진행될지 그렇게 끔찍한 느낌을 주지는 않는다.

그렇지만 겉보기에는 전혀 눈에 띄지 않는 사소한 실마리가 숨어 있다. 그것이 하녀의 투덜거림에서 드러난다. 하녀는 줄리엣 아버지의 태도는 딸을 매춘으로 파는 것과 마찬가지라고 말한다. 돈을 제일 많이 내는 사람, 현금을 제일 많이 가져오는 사람에게 딸을 팔 것이라고 혼자 중얼거린다. 여기서 관객은 이 가족의 운명이 쉽게 풀리지 않을 것이라는 작은 실마리를 얻을 수 있다. 가치관의 커다란 균열이 드러난다. 극이 아주 나쁘게 진행될 것이고 앞으로 일어날 비극의 씨앗은 이미 뿌려졌다.

자신의 꿈에서 이런 작은 단서를 찾아내고 그것이 무슨 의미일지 읽어내는 법을 배워야 한다. 그렇게 하면 모호하게만 보일 꿈속의 상황을 다르게 이해할 수 있게 된다.

반대편 입장에서 논쟁하기

이래도 꿈해석이 명쾌하게 느껴지지 않거나 상반되는 해석들 중 어느 쪽을 택할지 결정이 안 될 때는 해석한 내용 각각에 대해서 일부러 반대 입장을 취해본다. 변호사처럼 입장 하나하나를 한 번에 하나씩 논증해보는 것이다.

처음에는 옹호하는 입장 측에서 주장을 한다. 그 일을 맡는 게 절대적으로 옳다는 관점에서 변론을 하는 것이다. 꿈에서 묘사하는 그런 생활을 할 수 있다는 주장을 한다. 가족과 함께 보낼 시간과 내면 작업과 휴식을 할 시간이 충분할 거라는 입장을 취한다. 이렇게 꿈에 나오는 모든 증거를 끌어 모아 열거한다.

그러고 나서는 반대 입장에서 반박을 한다. 일부러 반대를 위한 반대를 해본다. 꿈은 지금 상태를 그냥 유지하라고 한다. 새로운 일자리를 갖고 새로운 힘겨루기에 말려드는 것보다는 내면세계를 강화하고 신경증적인 분열을 치유하는 데 에너지를 쏟으라 한다. 꿈에서 가라고 하는 경로나 방향을 가지 말라고 경고하는 것으로 받아들인다. 처음에는 음을 말한다면 그 다음에는 양을 주장하라. 먼저 내면의 여성적인 본능에서 자기주장을 하고 그 다음에는 남성적인 견해에서 논쟁을 하라. 예를 들어 운명에 맡겨두고 기다려야 한다는 주장을 하고 그 다음에는 과감하게 행동을 취해야 한다고 주장해보라. 이렇게 일부러 상호 반대되는 주장을 하다 보면, 우리 안에 있는 각각의 관점 하나하나의 입장을 취할 수밖에 없다. 그러다 보면 꿈이 전하는 진정한 교훈이 무엇인지 발견하게 된다. 대개의 경우 각각의 해석마다 나름의 진실이 있음을 보게 되고, 마지막에 가서 꿈의 메시지로 이해하게 되는 것은 다른 견해들을 종합한 게 될 것이다.

때로 꿈은 단 하나의 '옳은' 선택이란 없다고 말하는 듯하다. 꿈은 어느 한쪽을 택하게 될 때 그 선택의 결과가 어떠할지 보여준다. 그 선택으로 인해 치러야 하는 대가가 무엇인지를 알려준다. 꿈은 이렇게 말하는 듯하다. "이것 봐, 이게 네가 지녀야 할 태도야. 하지만 네가 계속 다른 태도를 취한다면 이런 값을 치르게 될 거야."

무의식은 우리에게 공정하다. 자아가 하고 싶은 걸 하도록 허락을 한다. 선택에 책임을 지고 그 결과를 받아들이는 한, 길을 잘못 들더라도 우리는 체험을 통해 배우고 깨달음을 얻는다. 다시 한번 강조하지만, 우리가 선택에 대한 책임을 지고 정직하게 그 결과를 직면한다면 말이다. 잘못된 것처럼 보이는 선택을 하더라도 그 과정에 뭔가를 얻는다면 삶에 교훈이 되는 것이다.

하지만 무의식이 봐주지 않을 때가 있다. 우리가 책임을 회피하는 경우이다. 책임 회피를 하는 경우 무의식은 이 고통에서 다음 고통으로 결국은 해결이 불가능해 보이는 상황까지 치닫게 만든다. 마침내 깨어날 때까지 계속되는 것이다. 이런 불가능한 경로를 택한 사람은 결국 우리 자신이라는 사실을 인식하고 자신이 내린 결정에 대한 책임을 기꺼이 지고자 할 때까지 시련은 계속된다.

해석이 타당한지 확인하는 네 가지 원칙

자신이 한 꿈해석이 정확한지? 근거가 빈약한 해석을 피할 수 있는 방법은 있는지? 이런 의문이 들 때 적용할 수 있는 일반적인 원칙 네 가지를 살펴보자.

1. 몰랐던 사실을 알게 해주는 해석을 택한다

뭔가 새로운 사실을 가르쳐주는 해석을 택하라! 꿈의 주 기능이 모르고 있는 것, 깨닫지 못하고 있는 것, 즉 무의식에 있는 걸 알려주는 것임을 기억하라. 꿈은 이미 알고 있고 이해하고 있는 것을 되풀이해서 언급하는 시간 낭비를 하지 않는다. 그러므로 이미 알고 있다고 생각하는 것이 꿈에 등장할 때는 기존의 생각에 문제를 제기하는 해석을 택해야 한다.

여기에 예외가 있다. 때로 꿈이 기본적으로 같은 메시지를 반복하는 경우가 있는데 이는 꿈꾼 사람이 이해를 못 하거나 실행으로 옮기지 않기 때문에 일어난다. 그럴 때 이미 알고 있는 내용을 꿈이 거듭 되풀이하는 것처럼 보일 수 있다. 만일 그렇다면 꿈이 왜 같은 메시지를 계속 보내는지 질문해보는 게 좋다.

만일 꿈이 기존에 가지고 있는 의견과 가정을 거듭 확인시켜주기만 한다면 심리적인 성장에 기여하는 바가 없을 것이다. 꿈은 꿈꾼 이에게 문제를 제기하고 성장을 돕고 배워야 할 부분이나 바꾸어야 할 부분에 대해 눈을 뜨도록 하기 위해 온다는 가정을 하고 해석을 여기에 맞추어 조절하라.

2. 자아를 팽창시키거나 자축하는 해석을 피한다

꿈은 리포터 역할을 충실히 한다. 내면에 변화가 일어나거나 바른 가치관을 지니거나 개인적인 성장이 일어나거나 할 때 꿈은 꿈꾼 이에게 이런 일이 있다는 보고를 한다. 이런 고무적인 보고를 받으면 흡족해 해도 좋다.

그렇지만 꿈이 이런 보고를 할 때 자아중심적인 만족감을 불러일으키지는 않는다. 꿈해석 부분을 적어나가면서 뭔가 의기양양해지고 자신이 다른 사람들보다 우월하고 훌륭하다는 칭찬을 하는 내용이 있으면 그런 해석은 정확하지 않다고 보면 된다. 꿈은 그런 신호를 주지 않는다. 또 절대 자아 팽창으로 이끌지 않는다.

꿈은 우리 삶에서 끝나지 않은 과제들을 겨냥한다. 그래서 이다음에 직면할 필요가 있는 내용은 무엇이며 다음에 배워야 할 것은 무엇인지를 보여준다. 내면세계가 배우기를 멈추고 월계관을 쓰고 휴식을 취하게 하는 그런 지점에 도달하게 될 일은 절대로 없다. 따라서 꿈에 대한 해석이 자축하는 내용이라면 그게 무엇인지 들여다보고 꿈에 대한 정확한 해석이 될 수 없다는 사실을 이해하고 더 깊이 탐색해야 한다.

3. 자신의 책임을 가볍게 하는 해석은 피한다

일상생활과 연결해서 타인을 비난하는 데 꿈을 이용하고 싶은 충동이 들 때가 있다. 예를 들어, 직장에서 누군가와 반목하고 있는데 그 사람이 꿈에 나타나면, "그렇지! 그동안 내가 쭉 옳았단 걸 꿈이 증명하잖아. 그 사람이 잘못했어. 지금 겪는 갈등은 전부 그 사람 탓이야"라고 하기가 쉽다.

이런 해석은 자기본위적일 뿐 아니라 대개 완전히 틀린 해석이다. 꿈은 다른 사람의 잘못을 들추어내거나 그들이 변해야 할 걸 지적하는 데 관심이 없다. 그런 내용은 다른 사람의 꿈이나 다른 사람 무의식에게 맡겨둬도 된다. 또 신에게 맡길 일이다. 꿈은 꿈꾼 사람에게 관심이 있다. 꿈꾼 사람 안에 무슨 일이 벌어지는지 내면의 경로를 형성하는 보이지 않는 에너지에 관심이 있다. 의식화해야 하거나 변화해야 할 부분에 관여를 한다.

꿈이 외부의 상황에 대해 언급하는 경우라 하더라도 그 상황에 드러나는 꿈꾼 사람의 태도나 무의식적인 행동 패턴에 기여하는 부분에 집중할 것이다.

4. 삶의 여정에서 꿈과 함께하는 법을 배운다

대부분의 경우 꿈은 지난 며칠 동안 내면생활에서 일어났던 구체적인 사건을 다룬다. 하지만 때로는 오랜 기간에 걸친 내면의 발달을 파노라마처럼 보여주는 '큰 꿈'을 꾸게 될 때가 있다. 그런 꿈은 과거에 일어났던 일들을 해석하고 앞으로 일어날 일을 드러내면서 동시에 현재 체험하고 있는 것들이 전반적인 삶에 어떻게 조화를 이루는지 생각하게 해준다. 이런 꿈들은 짜 맞추듯이 분명하게 해석하기는 어려운데 시간이 지나면서 전체 의미가 분명해진다.

그래서 이런 꿈을 품고 사는 법을 배워야 한다. 또 자주 이 꿈으로 되돌아가 성찰을 해야 한다. 그러면 시간이 흐를수록 꿈이 더 선명해질 것이다. 삶에서 벌어지고 있는 사건들을 보다가 갑자기 그게 꿈이 이야기한 장기 발전에 정확하게 맞아떨어진다는 걸 깨닫게 된다. 이런 꿈은 내면의 성장에 대한 청사진 같은 것이다. 그래서 시간이 흐름에 따라 우리 삶이 어떻게 청사진과 부합하는지 볼 수 있게 된다.

전체 단계의 작업을 다 거쳐도 명확한 해석을 내릴 수 없을 때는 한동안 꿈을 품고 살아보라. 때로는 삶의 모호함과 함께 사는 것처럼 꿈의 모호함과도 기꺼이 함께해보라. '이 뜻일 수도 있고 저 뜻일 수도 있어. 이렇게 가도 되고 다른 쪽으로 가도 돼. 세월이 좀 흐르면 알 수 있을 거야. 시간이 지나면 할 수 있을 거야.'

의식에 전혀 낯선 것들이 꿈에 등장할 때는 어떤 식으로든 이미 싹이 잉태되기는 했지만 미래와 연결되어 있다. 이럴 때 시간 여유를 갖고 이런저런 경험을 하면서 꿈의 상징들과 계속 연결시켜본다면 점차 모든 게 뚜렷해질 것이다.

네 번째 단계: 꿈의례

꿈해석에서 이제 꿈작업의 네 번째 단계인 꿈의례로 넘어간다. 지금까지 의식으로 꿈을 이해하려는 노력을 했다면 이제 뭔가 물리적으로 실행할 차례이다. 이 네 번째 단계가 중요한 이유는 꿈을 통해 체험한 내용들을 일상생활과 통합하는 데 도움이 되기 때문이다.

종종 이 절차를 어렵게 생각하는 사람들이 있다. 내가 "이 꿈으로 뭘 하실 생각이세요?"라고 물으면 대개 멍한 표정을 짓는다. 그런데 조금만 노력하면 독창적인 의례를 만들어낼 수 있다. 상상력을 발휘해서 꿈을 직접 물리적으로 구체화시킬 수 있다. 직접 해보면 꿈의례가 얼마나 엄청난 힘을 발휘하는지 놀랄 것이다. 앞의 3단계를 거치면서 이해한 꿈의 내용을 훨씬 확실하게 체험할 수 있다. 또한 의례를 통해 삶의 태도나 습관까지 바꿀 수 있다.

꿈의 메시지를 구체적 행동으로 표현하기

꿈의례는 꿈해석을 통해 이해한 메시지를 재확신할 수 있도록 물리적인 **행동**으로 옮기는 단계이다. 행동은 구체적으로 실천할 수 있는 것이어야 하는데, 예를 들어 세금을 미루지 않고 제때 내겠다는 결심을 하거나 뒤엉켜버린 관계를 정리하겠다는 등 구체적인 행동 변화를 요한다. 때로 상징적인 행위를 통해 꿈의 의미를 더 심오하게 깨닫게 되는 의례를 할 수도 있다.

예를 들어 꿈의 메시지가 자신의 감정이나 정서적인 면을 더 섬세하게 깨달을 필요가 있다는 것이라 치자. 그러면 이 메시지를 행동으로 옮기려 할 때 어떤 행위를 할 수 있을까? 해질 무렵 짬을 내서 깊이 의미 있는 뭔가를 해볼 수 있다. 정신이 고양되는 기분이 드는 의례 같은 것 말이다. 아니면 마음에 품고 있는 사람에게 애정을 표시하는 아주 작은 뭔가를 할 수도 있다. 잠깐 들러서 안부를 물을 수도 있고 카드를 하나 보낼 수도 있다. 이런 사소한 행동으로 족하다. 실제로 작은 실천이 제일 좋은데 왜냐하면 무엇을 하느냐가 중요한 것이 아니라 꿈의 메시지를 견고히 하는 구체적인 행위이면 뭐든 되기 때문이다.

만일 꿈의 메시지가 현재 너무 과로하고 있으니 좀 쉬라는 것이라 할 때, 조용한 바닷가를 거닐거나 시골길을 걸으면서 하늘과 땅과 물의 빛에 몰입해서 자연과 동떨어져 살아온 자신을 다시 물리적 세계와 접촉하도록 하는 것도 훌륭한 의례이다. 이렇게 사소하게 보이는 행위를 하더라도 꿈을 구체적으로 만들 수 있기 때문에 꿈의례는 의식에 선명하게 각인하는 상상을 초월하는 힘이 있다.

내 머리에 떠오르는 최고 의례는 나와 꿈으로 작업한 바 있는 한 대학생이 행한 것이다. 이 청년은 토요일 밤에 쇼핑센터에 있는 꿈을 꾸었다. 꿈에서 이곳저곳 들르는 곳마다 일이 꼬였다. '정크 푸드'를 먹어 속은 안 좋고 피상적인 만남들은 시들했으며, 물건을 사봐도 마음에 안 들었다.

이 꿈으로 3단계까지 작업을 충실하게 했다. 꿈꾼 학생은 이 꿈이 자신의 '토요일 밤 증후군'을 가리키고 있다고 해석했다. 토요일 밤마다 '애들이랑 나가서' 술을 흥청망청 마시고 몸에 좋지 않은 음식을 먹고 공허하게 느껴지는 모험이나 교제를 했다. 꿈을 반추해보면서 이런 사교나 오락이 자신에게 건강하지 못하다는 판단을 했다. 지금까지 해온 자신에게 맞지 않는 일련의 가치나 생활 방식을 뚜렷이 보기 시작했다.

그 순간 이 청년에게 물었다. "이 꿈으로 뭘 할 거야? 네 번째 단계를 어떻게 치를 생각이지?"

청년은 꿈의 본질이 '정크 푸드'라는 표현에 집약되어 있다고 말했다. 꿈에서 체험한 관계나 집단적인 태도는 '정크 푸드' 같은 것이어서 내면생활이나 정서적인 면은 물론 인간관계에조차 아무런 자양분이 되지 못했다. 그러면서 청년이 생각해낸 의례는 참신했다.

햄버거 가게로 가서 제일 큰 치즈버거 하나와 감자튀김을 샀다. 이 정크 푸드를 손에 든 채 삽 한 자루를 찾아내서 뒷마당으로 갔다. 구덩이를 파고 진지하게 치즈버거와 감자튀김을 묻는 의례를 거행했다. '정크 푸드'를 끊기로 한 자신의 결심을 상징적으로 드러내는 행위였다. 꿈을 통해 인식하게 된 피상적이고 파괴적인 태도와 행동을 중단하려는 결심을 새롭게 하는 의례였다.

이 꿈과 꿈의례는 청년에게 심오한 영향을 미쳤다. 청년의 의식이나 성장에 커다란 변화가 일어났다. 그동안에는 불가능한 곳에서 삶의 자양분을 구했고 채워지지 않는 만남이나 행동으로 시간을 낭비해왔는데 그 모두를 그만두었다.

이 내용은 이 청년의 개인적인 것이지만 동시에 우리 사회가 청년들에게 제공하는 환경이 어떤 것인지 지적하는 꿈이기도 하다. 청년들에게 심리적·영성적 자양분을 제공하던 가족, 학교, 교회 같은 전통적인 형태의 집단이 제 기능을 상실했다. 주변 환경이 이들의 신체적 건강이나 내면의 행복을 추구하는 데 도움이 되지 못한다. 꿈이 이런 상황을 잘 묘사해주는데, 이 청년은 쇼핑센터 같은 데서 기웃거리면서 친구들과 몰려다니고 막연히 이리저리 배회한다. 결코 존재하지도 않는 곳에서 어떤 의미나 친밀감 같은 걸 찾아 헤매는 청소년들의 모습이 상징적으로 엿보이는 꿈이다. 쇼핑센터 자체가 나쁠 이유는 없다. 이 청년 꿈에 노출되듯이 '쇼핑센터 멘탈리티'가 문제인 것이다.

자그마하고 소박한 의례가 가장 효과적이라는 사실을 알면 대개 놀라워한다. 크고 비싼 물건이 필요한 것이 아니다. 사실, 꿈의례를 위해 너무 많은 시간이나 에너지를 소모하면 오히려 역효과가 난다. 꿈을 통해 뭔가 체계적으로 잘 처리하라는 메시지를 알게 되었다고 해서 하루 만에 온 집안을 뒤집어엎어 대청소를 한다든지, 하던 일을 통째로 갈아치우려고 들지는 마라. 아는 친구들을 전부 불러 모을 필요도 없다. 운동이 필요하다는 꿈을 꾸었다고 갑자기 조깅 클럽을 조직해서 총무를 뽑고 그럴 필요는 없는 것이다.

꿈의례는 조촐하고 진지하게 해야 한다. 그런 의례가 훨씬 효과적이기 때문이다. 의례는 꿈이 요구한 내면의 태도 변화를 물리적으로 표현하는 것이기에 꿈이 진정으로 요구하는 게 바로 이 차원의 변화이다.

꿈을 동네방네 이야기하면서 자신을 설명하는 걸 의례로 삼는 것은 좋은 생각이 아니다. 말로 표현하는 것은 꿈을 통한 경험 전부를 다시 추상적인 차원으로 되돌려버리는 경향이 있기 때문이다. 그리고 또 이 방식은 자신을 괜찮은 사람으로 포장하고 싶어하는 욕구로 오염되게도 만든다. 생생하고 사적인 체험을 하는 대신에 남는 것 없는 수다로 끝내버릴 수도 있다. 최상의 의례는 혼자서, 조용히, 물리적으로 하는 것이다. 이런 의례가 무의식 깊은 곳에 각인이 된다.

몸을 이용한 의례

꿈작업에 물리적인 행위가 개재되면 마법 같은 효과가 있다. 순전히 추상적으로 이해하던 꿈을 즉각적이고 구체적이며 현실감 있게 만들어주는데, 꿈을 물리적인 세계인 '바로 지금 이 자리'의 사건으로 체험할 수 있다.

꿈의례란 자그마한 상징 행위를 통해서 의식과 무의식 사이에 다리를 놓는 것이다. 의례를 통해 무의식이 하고자 하는 표현을 선명하게 의식으로 각인할 수 있다. 이렇게 의식적으로 행하는 의례는 무의식에도 영향을 미친다. 고도로 의식적으로 치르는 의례는 무의식에 강력한 메시지를 보내서, 삶의 태도나 가치와도 연관되는 아주 깊은 차원에서의 심오한 변화가 일어날 수 있도록 해준다.

일단 의식 차원에서 꿈의 의미를 깨달으면, 깊은 무의식에 이 의미를 다시 인식시킬 필요가 있다. 이는 은유적으로 식물이 발아를 하면 잘 자랄 수 있도록 다시 땅에 심어주는 것과 같다. 의식을 무의식에 되심으면 심은 것에서 새로운 에너지와 새 생명이 태어난다. 이런 순환이 지속되면서 새로운 것들이 새 생명처럼 의식의 층위로 뚫고 올라온다.

여러 해 전에 취리히에 있는 융 연구소에서 공부할 때였다. 융 박사의 동료인 토니 울프Tony Wolff가 분석가로 일하고 있었다. 꿈으로 반드시 구체적인 의례를 치러야 한다는 점에서 토니는 악명이 높았다. 토니는 내담자를 맞을 때 문을 열어주면서 아직 채 자리에 앉기도 전에 "그래서 지난 주 꿈으로 뭘 했어요?" 하며 다그쳐 묻는다.

뭔가 분명하게 구체적인 행위를 한 내담자는 안심해도 괜찮지만 헛기침을 하거나 우물쭈물 머리를 긁적이며 아직 생각 중이라거나 혹은 누구랑 이야기를 했다는 식으로 애매하게 굴다가는 그 자리에서 쫓겨난다. "제대로 할 생각이 있을 때 다시 오세요"라면서 문을 꽝 닫아버린다. 이게 토니의 방식이었다. 거기서는 '작업을 제대로 하든가' 아니면 '도망을 치든가' 둘 중 하나를 택해야 한다는 걸 누구나 다 알고 있었다.

토니 울프의 견해로는 현대인에게 꿈은 너무 비현실적인 생각으로 머물거나 머릿속에만 있는 추상적인 개념 정도로 존재한다는 것이다. 그녀는 어떤 꿈을 꾸었는지 신체의 다른 부분에도 알려줘야 한다고 생각했다. 토니의 말이다. "이십 년 동안 분석을 해도 목 아래서는 무슨 일이 벌어지고 있는지 아무것도 모를 수가 있어요! 뭔가 해야만 돼요. 근육을 좀 사용해봐요!"

우리는 모든 것을 추상화해서 직접 감정을 느껴보기보다는 장황한 토론들로 대신하는 경향이 있다. 몸과 감정을 개입시킬 필요성은 분명히 있다. 이론을 '본능 수준'의 체험으로 전환시켜야 하는 것이다. 꿈에서 얻은 아이디어나 이미지를 정서로 그리고 몸의 근육 하나하나 세포 하나하나로 스며들게 해야 하는데, 그러자면 물리적인 행위가 반드시 필요하다. 이렇게 몸에 각인이 되면 정신의 가장 깊은 곳에도 새겨진다.

의례의 힘 재발견하기

무의식에 접근할 때 문화적 편견을 버려야 하듯이 직접 삶에 필요하고 도움이 되는 의례를 하려면 몸에 밴 편견부터 없애야 한다. 의례는 미신을 믿던 과거의 잔재라는 둥 시대에 뒤떨어진 종교적 신념에 불과하다는 식으로 생각하는 사람이 있다. 흔히 의례나 의식을 '공허하고 무의미한 격식' 정도로 폄하하기도 한다.

하지만 최근 들어 샤머니즘이나 북미 인디언들의 의례에 관심이 고조되고 있는 추세이다. 의례를 우리들 내면세계와 연결하고 종교적인 통찰로 관심을 유도하며, 심리적인 에너지를 집중시키는 인간의 자연스런 도구로 재발견해가고 있는 것 같다. 영성적 세계를 배제한 일상은 생각조차 불가능했던 선조들과 단절된 결과 현대인들의 삶이 훨씬 빈곤해졌다는 사실을 배우기 시작한 것이다.

수십 년 전에 융은 의례와 예식이 무의식을 접하는 중요한 방편임을 꿰뚫어보고 의례의 중요성을 예견했다. 종교 의례들은 인류가 일찍부터 발전시켜온 내면세계에 접근하는 길이었다. 의례의 역사는 인류의 여명기인 선사시대까지 거슬러 올라간다. 꿈꾸기와 마찬가지로 의례는 의식과 무의식 사이의 소통을 가능하게 하는 인간만이 지닌 특별한 재능이다. 현대인이 의례의 심리적이고 영성적인 중요성에 대한 감각을 잃어버리기는 했지만 의미 있는 의례에 대한 인간 본연의 목마름은 여전히 살아 있다.

라틴어에서 의식ceremony이란 단어에는 '경외awe'라는 의미가 내포되어 있다. 의식은 인간이 경외심이나 두려움을 느낄 때 하는 행동양식의 하나였다. 종교 의례에 수반되는 정해진 절차 하나하나에는 한때 신에 대해 가졌던 숭앙하고 경외하는 마음이 나타난다. 인류는 자연스럽게 의례를 통해 경외감을 표했고 고도로 정교하게 발달한 의례의 상징적인 행위를 통해 내면세계로 접근할 수 있었다.

그러면 이런 것이 꿈에는 어떻게 적용될까? 꿈의 세계를 경험해보면 꿈의 이면에 엄청난 힘과 지적인 존재가 연관되어 있다는 사실을 느낄 수 있다. 꿈은 우리가 절대 인식조차 못 하고 살아왔던 영혼의 깊이를 드러내준다. 그리고 삶에 대해 전반적으로 가지고 있었던 막연한 느낌이나 삶의 의미 같은 것에 대해 재정리를 하게끔 삶의 핵심 주제들을 건드려준다는 걸 알게 된다.

이 지점에서 우리는 의례에 대해 알아야 할 필요가 있을 뿐 아니라 의례가 인류에게 한 역할을 돌아볼 필요성을 느낀다. 종교적 삶에 대한 자각을 하거나 일상이 신성한 세계와 접하고 있다는 사실을 인식하고 나면 예전에 조상들이 그랬던 것처럼 절박하게 의례의 필요성을 느끼게 된다. 꿈의 에너지와 접촉하고 성장을 하기 위해 그리고 동시에 일상의 삶의 균형을 유지하기 위해서라도 의례를 할 필요가 있다. 우리는 경외감과 감사하는 마음, 고양된 느낌과 때로는 공포감을 표현할 필요가 있다. 의례는 이 모든 느낌을 표현할 수 있게 해주는 본능적인 방식이다. 이런 면에서는 현대인도 선사시대 조상들과 별반 다르지 않다.

심리학자로 산 경험으로 도달한 나의 결론은 이런 경외감이 심리학적 건강을 위해서도 필요하다는 점이다. 외경심이 없는 사람 즉 경이와 떨림을 불러일으키는 대상이나 사람이 전혀 없다고 믿는 사람은 일반적으로 자아 팽창 상태에 있다는 걸 의미한다. 이런 사람의 의식은 무의식이라는 마르지 않는 생명의 물길이 완전히 막혀 있기 때문이다. 이런 맥락에서 볼 때 영혼을 중시하거나 놀라움과 경이감을 불러일으키는 궁극적인 진리를 존중하는 것 자체를 근절시키려는 주류의 현대 문화는 아이러니이다.

의례는 자체로 인간의 경외심이나 경배의 느낌을 표현하는 가장 주요한 도구이다. 전 지구적으로 시대를 초월해 저절로 의례들이 발생한 이유가 바로 이 때문이다. 현대인들이 느끼는 만성적인 공허감도 실은 의미 있는 의례를 상실했기 때문이다. 우리 영혼에 자양분을 공급해주는 위대한 원형들과의 접촉이 단절되어버린 것이다.

심리학적인 관점에서 제대로 된 의례란, 의식적 마음으로 상징적인 행위를 거행하는 것이라 할 수 있다. 의례 행위에서 그 상징이 무엇을 뜻하는지는 사람마다 다르게 표현할 것이다. 그런데 최상의 의례에는 다음의 특징이 있다. 우선 참여자들 자신이 자기들의 행위가 상징적인 의미가 있다고 믿는 것이다. 의례를 하면서 의식적인 마음으로 자신들의 행위가 적극적이고 역동적인 상징으로 전환되기를 간구한다. 결국 참여자의 행위 하나하나가 몸짓으로 표현하는 상징이 symbol-in-motion 되는데 이는 내면세계의 힘을 가시적이고 물리적인 형태로 드러나게 하는 것이다.

깨닫고 있든 않든 간에 우리가 하는 행동 대부분은 상징적이다. 하지만 물리적인 행위를 고도의 의례로 전환시키는 것은 이런 상징들을 의식적인 행위 안에서 표현하는 것이다. 최상의 의례는 무의식이라는 내면세계와의 관계를 압축해서 표현하는 일련의 물리적인 행위들이다.

의례가 의식 성장에 어떤 역할을 하는가는 상징적인 체험을 뭔가 물리적이고 구체적으로 만들 수 있는 힘과 연관되어 있다. 상징의 뜻을 머리로 이해할 수 없더라도 몸이나 감정으로 경험하면 무한히 깊고도 구체적인 이해를 하게 된다. 우리는 상징에 대해 생각하거나 논의를 할 때 본래 상징 자체가 내포하고 있는 정서적인 특질은 아주 쉽게 간과한다. 그렇지만 상징을 표현하기 위해 뭔가를 한다면 특히 몸과 정서가 수반되는 무엇을 한다면, 상징은 우리에게 살아 있는 실체가 된다. 그러면 의식에 지울 수 없는 각인으로 남게 되는 것이다.

꿈의례를 통해 꿈의 핵심, 즉 꿈이 가르치고자 하는 원리의 핵, 다시 말해서 꿈에 담긴 원형적인 에너지의 핵을 불러낸다. 의례는 원형적인 에너지를 우리가 감당할 수 있는 차원으로 축소시켜 즉시 구체적인 실천을 할 수 있도록 만들어준다.

심리학적으로 사고를 하지는 않았지만 고대 문화들은 의례가 정신생활에 주요한 기능을 한다는 사실을 본능적으로 이해했다. 의례가 격식을 갖추어 직접 신들을 만날 수 있도록 한 일련의 행위임을 이해했던 것이다. 의례의 목적은 다양하지만, 이런 의례를 통해 신들에게 존경과 경의를 표할 수 있었고 실제 그 힘을 체험할 수 있었다. 이 모든 것이 의례라는 안전한 틀 안에서 이루어졌기에 그 힘에 압도당하거나 사로잡히지 않았다.

눈을 보호하기 위해 여호와를 직접 보는 대신 불타는 떨기나무를 통해 여호와를 체험한 모세나, 제우스 신이 세멜레를 보호하기 위해 여러 동물의 형태로 나타났던 것처럼(후에 세멜레는 어리석게도 제우스 신의 모습을 그대로 보기 원했다가 불타 죽었다), 가공되지 않는 무의식의 힘으로부터 개인이나 종족의 연약한 자아를 보호하는 방식이 의례이다. 고대의 문화권에 의례 중에 '신에게 간다'는 원시적인 표현이 등장하는데 이는 어마어마하고 가공할 만한 집단 무의식의 원형들에 접근한다는 뜻이다.

우리 시대에는 이 모두를 순진하고 미신적인 것으로 생각한다. 그런 면에서 인류 초기의 문화들이 현대 문화보다 더 나은 점이 있다. 어떤 식으로 표현하든 초창기의 종족들은 최소한 정신적인 영역이 있다는 사실을 인식했고 또 의례나 꿈을 통해 이 영역으로 접근하는 법을 배웠다. 이들과 대조적으로 대다수 현대인들은 종교적인 언어를 포기했다. 그렇다고 영혼의 영역에 접근하는 다른 방식을 찾은 것도 아니다. 끔찍하게도 그 결과, 우리는 영혼을 잊어버렸다. 이런 면에서는 소위 '원시적'이라 간주하는 우리의 선조들보다 현대인은 훨씬 열악한 상황에서 살아간다.

꿈이나 내면세계에 관심을 기울이는 걸 배울 이 시점이 바로 의례에 대한 인간의 놀라운 능력을 재발견하기에 완벽한 때인지도 모른다. 이미 틀이 짜져 있는 기존 의례도 없고 공식이나 전통에 따라 미리 정해진 규칙도 없다. 그 대신 우리 각자가 상상력을 발휘해서 어떤 특정한 꿈을 더 특별하게 여기기 위해 필요로 하는 의례에 대해 말 그대로 '꿈꾸어'보아야 한다.

각 의례 하나하나는 자기 내면에서 나온 자료를 바탕으로 독특하게 만들어내야 한다. 의례가 만들어지는 자리도 내면에서 꿈을 꾸는 자리, 또 연상이나 해석이 이루어지는 데와 같은 곳이다. 내면작업이 꿈, 상상, 비전, 의례 등 어떤 형태로 표현되든 간에 우리 내면의 무의식 깊이에 있는 같은 원천에서 발생한다는 사실을 알기 시작하면 덜 두려워진다. 그래서 이 모든 것이 서로 함께 작동을 하는 것이다.

꽃 드림 의례

꿈을 더 소중히 다루기 위해서 수행했던 꿈의례 몇몇을 여기 소개한다.

첫 번째 사례는 앞서 다루었던 수도원 꿈으로 한 의례이다. 앞서 꿈작업의 네 번째 단계에 이르러 다시 이 꿈으로 돌아가 꿈꾼 사람에게 실제 무슨 일이 일어나게 되는지 살펴보자고 했던 걸 기억할지 모르겠다.

꿈꾼 이가 체험한 이 놀라운 일들이 주기적으로 꿈작업을 하는 사람들에게는 익숙한 경험일 것이다. 내적인 작업을 하고 내면의 상태를 표현하는 조그마한 의례를 할 때 우리를 에워싸고 있는 바깥 세계의 건설적인 에너지도 의례에 개입을 한다. 이 경우에 상상도 못할 방식으로 외부 세계의 화답을 경험하는 일이 빈번히 발생한다. 이런 현상들이 바로 집단 무의식이 존재한다는 걸 입증하는 역할도 하는데, 무의식은 다른 사람이나 주변 환경 전체와 우리를 연결하기에 우리가 내면세계에 엄청난 에너지를 집중할 때 주변 사람들이나 상황에도 비슷한 에너지가 생겨난다. 이런 방식으로 내면작업을 통해 치유가 일어날 수 있다. 이는 외적인 방법으로는 전혀 불가능한 것이다.

여기서 다시 한번 수도원 꿈으로 돌아가 보자.

수도원에서

나는 독방에 있다. 수도원의 예배당에 붙어 있는 회랑이나 방 같다. 예배당의 다른 영역과 쇠창살로 분리되어 있어서 다른 사람들과는 떨어져 있다. 미사가 시작되고, 나는 독방에서 혼자 미사에 참여한다. 손에 묵주를 들고 참선할 때처럼 가부좌를 틀고 앉아 있다. 쇠창살 사이로 사람들이 응답하는 웅얼거림이 들린다. 목소리는 평온하다. 눈을 감고 있고 방에 들어온 사람도 없는데 나도 성체를 영한다. 미사가 끝이 난다. 방 한쪽에 꽃들이 피어 있는 게 눈에 들어온다. 깊은 고요함을 느낀다.

꿈작업을 통해서 이 여성은 꿈의 메시지 즉 자신의 종교 생활과 실천에 관한 의미를 인식하게 되었다. 하지만 이 인식을 어떻게 물리적으로 표현해야 할지에 대해서는 막막해 했다. 내면의 비전에 관한 꿈이라 내적으로 이해할 수 있는 문제라 생각했지, 바깥 세계 즉 일상에서 어떤 행동으로 표현해야 할지 약간의 실마리도 없었다. 만일 이 여인이 밖으로 나가 새로 가입할 종교 단체를 물색하려 든다면 이는 꿈을 통해 얻은 메시지인, 깨달음 속에 고요히 머무르라는 조언과 위배될 것이다.

그러다가 어느 순간 꿈에 대한 자신의 감정을 표현하고 꿈이 말해주는 의미를 포괄할 조그마한 방법 하나를 생각해냈다. 꿈에서 성체를 영할 때 방구석에 꽃이 저절로 피어나는 것을 기억했다. 그래서 이 여인은 밖으로 나가 꿈에서 봤던 꽃들을 찾아 꺾었다. 그러고는 바닷가로 차를 몰아 해변에서 꽃을 하나씩 바닷물에 던지는 의례를 엄숙하게 치렀다.

이는 자신이 받은 선물을 지구 어머니에게 돌려주는 것으로 무의식이라는 여성성의 바다로 되돌려주는 물리적이면서도 상징적인 행위였다. 그러면서도 이 여인은 자신이 하는 행위는 너무 보잘것없어서 이런 훌륭한 꿈을 존중하는 의미로는 뭔가 좀 거대한 것을 해야 하는 게 아닌가 의구심을 가졌다. 그럼에도 이 여인이 생각해낼 수 있는 행위란 이게 전부여서 일단 행동으로 옮겼다. 여인은 꿈한테 감사했고 이 의례는 신과 내면의 여성성에 대한 감사 행위였다.

의식을 마친 여인은 바다를 뒤로 하고 조용히 집으로 차를 몰았다. 집에 오니 한 친구가 기다리고 있었다. 그렇게 자주 보는 친구는 아니었는데 집에 와 있어서 둘이 잠깐 동네 드라이브를 나갔다. 그러는 동안 우연처럼 보이는 몇 가지 일들이 연달아 일어났는데, 이 일들을 결코 우연이라고만은 말할 수 없을 것이다.

먼저 드라이브를 하면서 자기 집에서 얼마 떨어지지 않은 곳에 수도원이 있다는 것을 알게 되었다. 그 사실을 발견하고 너무 놀랐는데 어떻게 보면 이 여인은 내면적으로는 밤새 수도원 안에 있었기 때문이다. 마침 함께 있던 친구가 그 수도원 안으로 들어가는 게 허용된 소수의 평신도 그룹에 속했다. 정문 열쇠도 가지고 있었다! 친구가 예배당에 들러 수녀님들께 인사나 드리고 가자고 했다.

수도원 안 예배당으로 걸어 들어가면서 이 여인은 꿈속으로 들어가는 느낌이었다. 한 번도 본적이 없었던 이 예배당은 꿈속 예배당과 똑같았다. 아주 세세한 부분까지 같았다. 여인은 예배당에 혼자 앉아 명상을 했다. 꿈을 체험하는 동안에 느꼈던 의미나 느낌, 깊은 평화가 되돌아왔다.

며칠이 지나지 않아 이 여인도 정기적으로 수도원을 방문해서 명상도 하고 조용한 시간을 보내면서 자기 내면에 수도 생활을 갈망하는 부분을 충족해도 된다는 허락을 받았다. 수도원 꿈이 꿈 세계에서 본 내면의 현실로만 존재한 것이 아니라 외적이고 물리적인 현실이 된 것이다. 내면의 에너지 장과 바깥의 에너지 장이 나란히 펼쳐지게 된 것이다.

이 과정을 살펴보면, 여인은 외적으로 어떤 형태의 '소속'이나 기성 종교를 포기하려는 시점이었다. 그런데 진짜 수도원과 물리적인 예배당에 들어갈 수 있게 되었고 수녀님들을 만나 일주일에 몇 시간씩 함께 시간을 보내게 되었다. 그런 점에서 이 모든 게 역설적이다. 그렇지만 이런 것들이 또 꿈에 등장했던 내면의 수도원 이미지와 모순되지는 않는다. 이는 여인의 내면의 영성생활이 외적이고 집단적인 종교의 틀을 넘어선다는 뜻이다.

보다시피 이 여인이 했던 꿈의례는 스스로 판단하기에는 그렇게 극적이지 않았다. 그렇지만 이 여인이 '꽃으로 한 의례'는 꿈이 전한 단순하고 강력한 상징들에 잘 부합하는 것이었다. 이 의례를 했기 때문에 꿈이라는 내면세계와 바깥의 물리적 세계가 연결되었다. 그리고 동시성을 연출하는 사건들이 줄줄이 일어났다. 이 여인이 살고 있는 안과 밖의 두 세계가 하나로 엮어진 것이다.

이렇게 사는 방법을 배우고 나면 꿈은 언제나 내면과 외면 세계 둘 다에 의미가 있다는 걸 이해하게 된다. 우리가 이 미세한 고리를 의식하지 못하는 이유는 이 연결점을 모른 채 살아가고 있기 때문이다. 의례와 의식儀式은 내면세계와 물리적인 세계가 만나는 지점이 어디인지, 그리고 또 안팎의 평행한 두 에너지 장이 서로서로를 비추어주는 지점이 어디인지를 볼 수 있게 도와준다.

뭘 해야 하는지 아무 생각도 나지 않을 때

꿈과 직접 관련된 어떤 의례를 생각해내지는 못해도 단순한 물리적인 행위는 할 수 있다. 꿈을 존중하기 위해 그저 집밖으로 나가 동네를 한 바퀴 돌 수도 있고, 생각나는 게 그것뿐이라면 촛불을 켜든가, 뭐든지 해라. 어떤 행위라도 꿈을 중시하기 위해서 이시저으로 행한다면, 무의식에 새겨질 것이다.

아주 멋있는 내담자 하나가 떠오른다. 수사였는데 꿈 분석을 하러 오곤 했다. 이 사람이 현실 세계와 가장 근접하게 관계하는 차원이란 토마스 아퀴나스 정도였다. 너무나 지적인 사람이라 이 사람의 세계에는 영성적·이론적·추상적인 것만 존재했다. 꿈에 대해 이 사람이 하던 것이란 그저 공상이거나 이론적이고 비현실적인 상상이 전부였다. 꿈이 그의 정서 생활이나 실질적인 삶, 즉 주변의 사람들이나 세상과 관계를 맺는 데는 별로 도움이 되지 않는 듯했다.

그는 꿈작업의 처음 세 단계까지는 잘 진행을 했지만 네 번째 단계에만 오면 화를 내곤 했다. 꿈으로 뭔가를 해야만 하는 이유를 도대체 납득하지 못했고 머리로 이론을 이해하는 것만으로 충분하다고 생각했다.

어느 날 꿈작업을 하다가 그는 여느 때처럼 내게 화를 내면서 "그래서 이 꿈으로 내가 뭘 하기를 바라십니까?" 하고 소리쳤다. 내 무의식에서 말도 안 되는 대답이 튀어나왔다. "이 꿈을 기리는 의미에서 밖에 나가 나무 열 그루의 껍질을 관찰하세요."

그는 놀라서 나를 쳐다보더니 일어나 뭔가를 중얼거리며 밖으로 나갔다. 나도 좀 당혹스러웠다. 꿈 어느 곳에도 나무나 나무껍질이 등장하지 않았는데 내 입에서 그런 말이 튀어나간 것이다. 실은 나도 그 사람만큼이나 놀랐다.

한 세 시간쯤 뒤에 수사가 흥분을 해서 돌아와 문을 두드렸다. 그가 말했다. "로버트! 나무껍질이 얼마나 흥미로운지 모를 거예요. 어떤 건 거무스름하고 어떤 건 회색빛이에요. 어떤 건 부드럽고 어떤 건 주름이 져 있어요. 조그만 생명체들이 나무 안에 살고 있고 북쪽 면과 남쪽 면의 색깔이 달라요. 이끼도 자라고……. 나무껍질이 얼마나 아름다운지 당신은 믿을 수 없을 거요!"

그 세 시간 동안 이 사람은 난생 처음으로 몸과 물리적인 세상에 눈을 뜨게 되었다. 물질세계 안에서 영이 있다는 걸 체험한 것이다. 마치 "열 그루 나무껍질은 무엇인가?"라는 선불교의 '공안'이라도 민들어낸 기분이었다.

공안公案은 전통적으로 선사들이 수도승에게 주는 암호 같은 주제나 짤막한 글귀인데 수도자들이 그에 대한 '답'을 찾아내야 한다. 그런데 공안은 너무 복합적이어서 보통 자아의 논리로는 답을 찾을 수가 없다. 수도승은 스스로 정진하여 전통적 범주나 한계를 넘어서 비이성적이고 직관적인 지혜의 세계로 들어가야 하는 것이다. 우리에게 잘 알려진 공안을 예로 들면 "한 손으로 박수를 쳐보라"이다.

모든 공안이 그렇듯이 '열 그루 나무껍질은 무엇인가?'라는 질문에 평범한 답은 없다. 하지만 이 수도승은 열 그루 나무껍질에서 온 우주를 발견했다!

상식을 따르라

상상력을 발휘한다면 꿈에 적합한 훌륭한 의례를 창안해낼 것이다. 그러자면 자신의 상상력에 질문을 해야 한다. 이미 언급했듯이 상상력과 꿈은 같은 자리에서 나오기에 서로 공명을 한다. 하지만 상상 속에서 일어난 일 모두를 바깥에서 행동으로 옮겨야 하는 것은 아니다. 머리를 써도 된다!

힌두의 성인 스리 오로빈도Sri Aurobindo는 "사람들이 세상을 버릴 때 왜 상식을 제일 먼저 버릴까?"라는 말을 했다. 꿈이라는 새롭고 신비한 세상을 만나면서 기존의 낡고 좁은 세계를 버리는 기분이 들지 모르겠다. 하지만 주변 사람들에 대한 예의나 존중하는 마음까지 버려서는 안 된다. 물리적 의례라는 꿈작업의 네 번째 단계는 건설적으로 이용하면 삶에 깊은 영향을 미칠 수 있는 강력한 도구가 된다. 하지만 어리석거나 무책임하게 다루면 스스로에게나 또 주변 사람들에게 큰 불행을 줄 수 있다. 뭔가 너무 극적인 일을 벌이기 전에, 특히 다른 사람이나 타인의 감정이 개입된 문제라면 행동으로 옮기기 전에 한 번 더 숙고를 해야 한다.

꿈에 대한 화답으로 어떤 걸 행동으로 옮길 때 불필요한 문제를 일으키는 것은 피해야 한다. 다른 사람과 파괴적으로 맞서서도 안 된다. 뭐든지 분출해도 되는 허가증처럼 꿈을 이용하지는 마라.

때로 꿈 덕택에 다른 사람과 갈등관계에 있다는 사실을 상기하는 경우가 있다. 혹은 사회의 제약이나 책임 등을 '다 벗어던지고' 싶은 내면의 욕구가 건드려지기도 한다. 이럴 때 너무 과하게 반응하지 않도록 조심해야 한다. 깊이 장고하지 않고 자신의 세계나 관계를 재정립하려 들어서는 안 된다. '설익은' 채로 갑자기 변화를 시작할 경우에는 큰 해를 입을 수도 있다.

대학원생 내담자가 있었는데 친한 친구이자 룸메이트에게 화가 나 있었다. 이유는 친구가 무책임하다는 것이었다. 어느 날 꿈에 룸메이트한테 화가 나서 설교를 하다 주먹다짐까지 하게 되었다.

깨어났을 때 친구에게 '니가 얼마나 형편없는 망나니인지 알아?'라고 한바탕 퍼붓고 싶었지만, 대신에 꿈작업을 했다. "내 안에 이 룸메이트 이미지로 나타난 부분은 무엇일까?"라고 자문했다. 그러자 정말 화가 나 있는 이유가 공부를 게을리 하고 있는 **자신의 무책임** 때문이었다는 걸 깨닫기 시작했다. 게으르고 무질서한 자신의 생활 습관이 그 친구 이미지로 표현되었던 것이다.

꿈작업의 네 번째 단계에 이르렀다. 이 꿈을 일상에서 구체화하려면 어떤 의례가 좋을지 스스로에게 물었다. 그냥 가서 친구랑 한판 하고 싶은 유혹이 여전했지만 참았다.

대신 책상에 앉아 자기 안에 성인으로 성장해야 하고 결단이 필요한 부분에게 긴 편지를 썼다. 책임감 있게 선택을 하고 선택에 따르는 희생을 감수하면서 계획한 대로 해나간다는 것이 어떤 것인지? 자기 안의 '룸메이트'가 알아야 할 것들을 몇 장에 걸쳐 써내려 갔다.

그런 다음 그 편지를 자기 집 주소를 쓴 봉투에 넣어 우체국에 가서 부쳤다. 다음날 편지가 도착했다. 봉투를 열었을 때 그는 전율했다. 마치 무의식의 목소리가 저 멀리에서 편지를 통해 자신에게 말을 하는 것 같았다. 이후 몇 주 동안 그는 며칠에 한 번씩 자기 앞으로 편지를 써서 부치곤 했다. 편지를 받을 때마다 꿈이 전해준 메시지와 숨겨진 뜻이 그의 의식에 더 깊이 새겨졌다. 이 일로 인해 삶에 대한 이 학생의 생각이 완전히 바뀌었다.

이 예를 통해 원칙을 확인할 수 있다. 꿈작업의 네 번째 단계에서, 화난 사람과 뭔가 극적인 대면을 하거나, 관계를 끝내버리거나, 파괴적인 어떤 걸 할 필요는 없다. 말을 많이 하면서 '일을 바로 잡아' 보려 애쓰는 것도 소용없다. 그렇게 해서는 아무것도 얻을 수 없다. 대신 꿈과 꿈이 제기한 문제들에 대한 책임이 자기 자신에게 있다는 사실을 확인하는 물리적 의례를 해야 한다.

실제 누군가와 마무리하지 못한 일이 있다면 꿈작업을 하고 혼자만의 의례를 치르고 그 혼란에서 자신의 몫에 대한 책임을 진 다음 투쟁적이지 않은 방식으로 접근할 수 있다.

의례는 법석을 떨기보다는 사소하나 섬세하게 하라. 또 긍정적이고 확실하게 하라. 이러한 의례로 최상의 효과를 얻을 것이다.

의례는 인간의 삶에서 상반되는 두 대극적인 요소를 통합하는 강력한 수단이자, 잃어버린 반쪽과 하나되는 예술이다. 원형적인 양의 에너지는 '바로 지금 이 자리'를 중시하는 음의 본성과 통합할 필요가 있다. 너무 추상적인 개념이나 이론에 정신이 팔린 남성성의 영spirit은 여성성의 대지에 닻을 내리고 여성성의 영혼soul을 직접적으로 체험할 필요가 있다. 여성적인 면의 실체를 통합하는 길은 확실한 것, 어머니와 연관되고 물질과 연관된 것, 땅과의 연결을 통해 가능하다. 물리적인 행동을 통해서 이 모두가 직접적으로 연관이 되는 것이다.

꿈으로 경험한 세계는 내면세계인데 이는 시공을 초월하는 세계이다. 이 내면세계의 에너지나 메시지의 일부는 '바로 지금 이 자리'라는 우리 일상의 삶으로 태어나야 한다. 우리는 이 에너지나 의미가 일상에 구체적으로 드러나는 길을 찾아내야 하는데 이유는 우리가 살아내지 않으면 내면의 진실은 사라져버리기 때문이다.

꿈작업의 실례: 불량배 넷

꿈작업의 네 번째 단계가 실제 어떻게 적용되는지 다른 예를 들며 설명을 붙일까 한다. 몇 년 전에 내가 꾼 짧은 꿈이다. 짧고 단순해 보이는 꿈이지만 꿈꾼 사람에게는 지축을 뒤흔드는 의미를 담고 있을 수 있다. 이 꿈이 내게는 그랬다. 꿈이 전하는 메시지를 찾아가는 과정에서 순전히 개인적인 연상과 더불어 원형들을 참고하였다. 이런 과정이 어떻게 도움이 되는지 함께 볼 수 있을 것이다.

불량배 네 명이 등장하는 꿈

나는 오리건 주 포틀랜드, 내 고향에 있다. 초등학교 때 지나다니던 윌리엄스 거리이다. 옛날 우리 동네인데 어릴 때 모습과 똑같다. 길모퉁이 일본인 식료품점을 지나간다. 가게들이 여전히 그 자리에 있다. 예전 동네에 다니러 온 모양인데 나이는 현재 나이이고 옛 동네로 돌아온 느낌이다.

텅 빈 공터를 지난다. 뭔가 숨어 있는 느낌인데 갑자기 직관적으로 내가 곧 도둑을 맞을 거란 느낌이 든다. 나는 멈춰 서서 바지 엉덩이 주머니에서 지갑을 꺼내 현금을 빼낸다. 40달러가 들어 있다. 현금을 가슴에 있는 셔츠 주머니에 넣고 지갑은 다시 바지 엉덩이 주머니에 넣는다.

불량배 넷이 수풀에서 뛰어나와 나를 에워싼다. 아까 직감적으로 느꼈던 그 강도들이라는 걸 안다. 도망치는 건 소용없어 보인다. 애들은 '거리의 사람들'이라 쉽게 나를 제압할 수 있다.

불량배들이 신발에서 시작해 위로 올라오며 내 몸을 철저하게 수색한다. 바지 주머니에서 지갑을 발견했지만 돈이 없자 계속 뒤진다. 왼쪽 가슴에 있는 셔츠 주머니에서 40불을 찾아낸다. 하지만 그때 즈음엔 나랑 보낸 시간이 긴 데다 내 몸을 많이 만진 터라 애들이 '나를 안다.' 우리는 안면을 트고 친구가 된 것 같다.

애들이 나를 친구 대하듯 한다. 돈은 가져가지 않는다. 이제 우리는 친구고 친구 돈은 훔치지 않는 법이다. 나는 터무니없게도 이 애들이랑 친구가 되어 기분이 좋다. 애네가 참 마음에 든다.

1단계: 연상하기

꿈을 살펴보는 동안 두 가지 형식을 사용할 예정이다. 이는 꿈에서 연상한 것들을 적는 법 두 가지를 소개하기 위해서이다. 첫 번째는 아주 간결하고 축약된 형식이다. 아래에서 보듯 왼쪽 여백에 상징을 적고 이 상징에 대해 떠오르는 것은 뭐든 가능한 한 짧게 적어나간다.

두 번째는 머릿속에 떠오른 것을 스스로와 대화하듯 적어가는 것이다. 내가 왜 이런 연상을 하게 되었는지 격식을 차리지 않고 설명할 때도 이 형식을 쓸 생각이다. 각자 자기만의 형식을 따르면 되는데, 앞에서 소개했던 '바퀴살' 방법을 쓸 수도 있다.

그 다음 쭉 읽어나가면서 각각의 이미지에 대해 내가 다양하게 연상을 하는 걸 보게 될 것이다. 그리고 최종 해석을 할 때 "아! 그래" 하고 들어맞는 내용이 얼마 되지 않는다는 것도 보게 될 것이다. 나중에 쓰지도 않을 연상들을 여러 장에 두서없이 적은 걸 보면 조급증이 날 수도 있겠다.

그렇지만 다양하게 올라오는 연상들을 살펴보면서 '아! 이거지'라는 내용을 찾아내고 내면세계와 맞아떨어지는 부분들을 발견해서 마침내 모든 것이 하나의 해석에 맞도록 하자면, 그 전에 어떤 과정을 거치게 되는지 보여주려고 일부러 남겨두었다. 내가 이 꿈에서 떠오르는 연상들을 전부 적고 거기서 뭔가를 찾아내기까지 두 주일이 걸렸다. 결국 이 모든 시간과 노력이 가치가 있었다. 이 꿈 때문에 내가 누구인지에 대한 생각이 바뀌었다. 그로 인해 내 인생 행로도 바뀌었기 때문이다.

꿈 상징에 대한 나의 연상

윌리엄스 거리와 옛 동네

세상 갈등에 눈 뜨기 전의 어린 시절: '에덴 동산'. 길거리: 아이가 처음 사람들이 모이는 집단성을 경험한 장소. 집단적인 존재에 대한 시작과 향수.

윌리엄스 거리는 내 어릴 적 삶에 내재된 분열과 갈등을 알기 전, 즉 '깨어나기' 이전의 어린 시절을 나타낸다. 목조 가옥들이 있던 그 동네에서 보낸 어린 시절은 단순하고 행복했다. 윌리엄스 거리는 내게 길의 원형이기도 하다. 나는 이 거리에서 길이 사람들이 살고 모이고 장사를 하는 자리라는, 문명과 집단을 이루고 사는 인간들이 모인 작은 센터라는 느낌을 갖게 되었다. 나는 그 동네라는 '에덴 동산'에 있었다. 그때는 윤리적인 잘잘못에 대해, 세상의 배신과 증오에 대해 배우기 전이었다. 이 자리는 내게 소중한 에덴 동산이다.

식료품 가게 일본인

다른 문화권 사람. 의례와 격식과 우아함과 섬세함이 있는 문화. 기모노 입은 여성. 예의 바름. 라일락 바구니와 떡. 선불교. 인도. 감성과 관계성. 투사와 격식 없는 편안함, 감상을 넘어선 관계.

이들은 내가 처음으로 만나본 다른 문화권 사람들이고, 내가 이들에게 매료되었던 게 떠오른다. 처음으로 사람들이 다르다는 걸 알게 되었다. 의례적으로 우아하고 섬세하게 일을 처리하는 방식도 알게 되었다. 이분들 친척이 일본에서 기모노를 입고 도착했을 때가 기억난다. 이들이 절을 하고 예의 바르게 인사를 주고받는 걸 넋 놓고 바라봤었다. 일본 사람들이 잘 하는 어떻게 예의를 갖추어 존경을 표하는지, 그 예의 바른 아름다움에 반했었다. 이런 모습은 포틀랜드 중산층 백인들 사이에서는 절대 본적이 없었다.

이 일본인들 덕에 우리 집도 조금은 예의와 격식을 갖추게 되었다. 매년 할머니가 라일락 꽃바구니를 보냈고 다음날이면 섬세하게 만든 떡이 답례로 왔다.

이들 일본인들은 나중에 본능적으로 내가 넓혀가려 했던 어떤 비전을 보여주었다. 나중에 일본과 인도로 여행을 하도록, 그 충동이 시작된 자리이다. 선불교와 동양철학과 힌두 문화에 관심을 갖게 된 것도 이들과 연관이 있다. 이 일본인 가족은 내 안에서 내가 속한 문화권에서는 체험하지 못한 뭔가 높고 고귀하고 아름다운 것에 대한 감각을 열어주었다.

세월이 흘러 동양 사람들은 대다수가 미국인들처럼 진심으로 감정이나 관계를 맺는 대신 피상적이고 예의 없고 인위적이고 서로 등이나 치는 방식이 아니라, 따스함과 제대로 관계를 맺을 줄 아는 이들로 대변됨을 깨닫게 되었다. 그리고 일본 문화 특히 선 문화는 그 최상의 경지로 내면세계에 대한 종교적 체험이나 아름다움에 대한 진정한 존경을 뜻했다. 이 모든 연상들이 하나의 상징에서 나온 것이다.

공터

개발되지 않은 = 도심 한가운데 원시적인 야생의 공간으로 도로로 경계 지워진 = 한계, 경계, 형태, 구조. 하지만 공터에는 형체가 없다. 문명화되지 않은 곳. 치외 법권. 황무지. 매년 잡초를 제거해줘야 하고, 화재 위험. 무법자들의 은신처. 피정. 그림자 같은 장소. 의식적인 영역 한가운데 있는 무의식적인 장소?

내게 공터는 도시 한가운데 손타지 않은 원시적인 땅이다. 주변의 모든 것이 문명화되고 개발되고 인간의 이용을 위해 바뀌었지만 공터는 여전히 야생의 황무지다. 공터는 내게는 '문명'을 뜻하는 도로로 경계 지어지고 한정되기는 했지만 '문명화되지'는 않았다. 불량배들. 말 그대로 '무법자들'이 숨을 수 있는 '치외 법권'의 장소 같고 로빈 후드가 있던 셔우드 숲처럼 느껴진다. 내게 공터는 무의식이나 그림자와 연관된다. 내 안에 의식으로 둘러싸여 있지만 그림자 속, 즉 내 의식의 통제 바깥에 놓인 장소이다.

지갑

돈을, 자원을 보관하는 곳. 신용 카드, 신분증, 따라서 지갑 = 사람들과 어울리는 데 필요한 일종의 패스포트. 지갑은 대개 바지 엉덩이 주머니에 넣으니 돈을 '엉덩이' 수준에 보관. 지갑 = 쓸모 있지만 과시에 쓰일 수도, 잘난 체할 수도 있고 인위적인 든든함.

돈

40불 = 4. 숫자 4 = 온전함, 완전함, 전체성, 한 주기의 완성 또는 통합. 돈은 자원이다. 에너지, 힘, 심리적인 힘 또는 권력. 생명력. 뭔가에 투자하는 것. '엉덩이' 수준이나 가슴 수준에 갖고 있는 것. 어디에 투자되고 있지? 어디에 쓰이나?

 이 지점에서 원형적인 확충이 시작된다. 나는 꿈에서 숫자가 아주 중요하고, 4란 숫자가 전통적으로 완전함과 통일, 온전함, 전체성에 대한 상징임을 알고 있다. 대부분의 종교와 연금술, 고대 철학에서도 그렇다. 그리스 사람들은 땅, 공기, 불, 물이라는 4원소를 믿었다. 그리스도교 만다라에서 12사도는 그리스도 둘레의 4구역에 그려져 있다. 북미 인디언들 종교는 네 방향과 네 바람을 중심에 둔다. 이는 개인에게 주요 요소들을 하나의 온전한 의식으로 모으는 것을 나타낸다.

 돈은 자원, 아마도 신체적이거나 심리적인 에너지, 아니면 더 깊은 수준에서 생명력과 연관되는 것 같다. 돈은 우리가 투자하는 것이다. 그럼 내가 나의 생명력, 관심, 주요 에너지를 쏟는 곳은 어디인가? 자원은 개인적인 재능, 강점, 지능도 될 수 있다. 돈을 써서 뭔가 완성할 수도 있다. 따라서 뭔가를 달성하는 실용적인 일에 대한 역량. 돈은 우리의 노력으로 얻는 그 무엇이다. 우리의 일, 원칙, 전문 지식이 축적된 가치를 나타낸다.

엉덩이(힙) 주머니

[의식의 센터인] 차크라들 중 하나가 엉덩이 가까이에 있다. 개성의 본능적이고 정서적인 측면, 본능의 에너지를 다루는 센터. '힙'하다 = 아편 사용자. '히피'의 근원 = 원래, 아편에 빠져 있는. 힙 = '현장에' 있는, 유행에 '힙(밝은)'.

'힙하다 To be hip'는 말은 원래 아편 사용자들끼리 쓰던 말인데, 'on the hip'이라 하면 아편으로 환각에 빠져 있는 걸 가리킨다고 배웠다. 비트 세대 사이에 환각 약품이나 마리화나가 유행이었을 때 거기 빠져 있던 사람들이 '힙'했다. 거기서 '히피'라는 은어가 생겨났다. 내가 떠올리는 연상은? 내게 '히피'들은 대부분 '사랑'과 '영성'의 삶을 핑계로 실제로는 무책임하고 의존적인 사람들이다. 모성 콤플렉스의 부정적인 측면에 머무르는 한 가지 방법.

다른 연상: '충동적으로 생각하고 말하다 shooting from the hip'. 쿤달리니 요가에서는 엉덩이 부분에 차크라가 있다. 이 의식의 센터에서는 본능 에너지를 조절하는데, 요가 상징에서는 날것 그대로의 정서와 날짐승 같은 본능의 에너지를 의미한다. 여기를 개발하고 나면 몸에서 좀 더 높은 곳에 있는 차크라로 의식이 움직여가야 하는데 내 돈을 엉덩이에서 가슴으로 옮겼다는 것은 내 삶의 중심이 본능 또는

'엉덩이' 수준에서 멀어지고 있음을 의미할 수 있다.

내게 '아! 그렇지' 하는 또 다른 연상은 힙이 '함께 있는with it' 즉 '현장으로 들어가는into the scene'이란 의미이다. 내가 '현장의 일부'라고 느끼고 싶어서 사람들과 함께 있을 때 '안에' 혹은 연결되어 있으려 애쓰는 걸 생각해볼 수 있다.

가슴 위 왼쪽 셔츠 주머니

가슴 위. 심장 수준. 가슴의 가치들 = 감정 가치. 감정 기능. 쿤달리니에서 아나하타 차크라. 에너지를 심장 수준에 투자. 사람들에 대한 감정적인 관계.

이 꿈은 서서히 펼쳐지는 미스터리 같았다. 처음엔 왼쪽 셔츠 주머니에 대해 떠오르는 게 아무것도 없었다. 40불을 옮긴 게 꿈에서 아주 중요한 부분이고, 꿈에서 일어난 다른 사건들은 모두 그 때문이라는 느낌은 있었다. 하지만 정말 '아! 그렇지' 하는 연상을 찾을 수가 없었다.

내가 얼마나 오래 별의별 이상한 연상을 다 해봤는지 모른다. 며칠인지 몇 주인지 모를 정도로. 그러다 주머니가 가슴 위에, 즉 심장 수준에 있다는 생각이 들었다. 바지에 붙은 주머니를 '엉덩이' 주머니라 한다면, 셔츠 주머니는 '가슴' 주머니라 부를 수 있지 않을까. 그렇게 생각하고 나니 여러 생각들이 물밀 듯이 밀려왔다. 가슴의 가치들은 감정 가치들이다. 가슴 수준은 감정 수준이고.

융의 모델에서 감정 기능은 사람들이 가정하는 것처럼 정서와 연결된 것이 아니다. 정신에서 감정과 정서는 별개의 에너지 체계인데, 무언가를 느낄 때 사실은 가치를 부여하게 된다. 사랑의 감정을 느낄 때 상대에게 최상의 가치를 부여하고 그 사람의 값어치, 가치를 확인한다. 무엇인가가 아름답다고 느낄 때 그것에 가치를 부여하거나 그 가치를 인식하는 것이다.

따라서 감정 기능은 가치판단 기능이라 하는 게 더 낫다. 사람이나 사물, 아이디어에 있는 가치를 알아차리고 어느 것이 가치가 높고 낮은지를 분별하는 게 바로 이 기능이 하는 일이다. 어떤 사람이 느낌상 좋은지, '자양분이 되는지' 아니면 독이 되는 사람인지를 결정하는 것이 바로 이 감정 기능이다. 감정 기능이 의식적으로 작동하면 뭐가 당신에게 맞고 무엇이 파괴적인지 알려준다.

일단 셔츠 주머니가 가슴 수준에 상응한다는 걸 알게 되자, 쿤달리니 요가와 관련된 다른 것들이 연상이 되었다. 아나하타 차크라가 가슴 수준에 있다. 이 의식의 센터는 사랑의 힘, 감정적인 문제를 보다 미묘하게 분별하고, 아름다움을 감상하고, 영성적인 느낌, 이타적인 사랑, 다른 사람과의 관계와 같은 좀 더 정제된 감정들을 만들어내고 조절한다. 이 차크라는 무엇이 좋고 진실되고 고귀하고 아름다운지에 대한 감정을 만들어낸다. 쿤달리니에서도 감정과 정서를 구분하는데, '감정적'이거나 변덕이 죽 끓는 날것의 원시적인 정서들을 낮은 차크라와 연관 짓고, 반면 좀 더 정제되고 '이성적인' 감정들은 아나하타 차크라에서 일어나는 것으로 본다.

불량배들

무법자들. '법' 바깥의 사람들 = 의식 또는 내 자아 세계의 기존 '질서' 바깥에 있는 무언가. 사회가 법으로 정해온 것 바깥. 그림자. 사보타주하는 사람들. 왜냐하면 내 돈 즉 내 에너지와 힘과 자원을 훔치니까. 불량배 네 명 = 40불의 4와 유사. 4 = 완전함, 통일, 온전함. 온전함이 내 정신의 '불량배' 같은 면을 통해 온다? 내가 에너지를 가슴 수준에 놓지 않으면 이들이 가져간다? 갱Gang = '덮치다gang up on me'.

보다시피 나는 벌써 꿈작업 두 번째 단계로 넘어가고 있다. 자동적으로 내면의 어떤 부분이 이들 불량배와 같은지 생각하고 있다. 나는 이들을 그림자와 연결짓는다. 이들이 자아의 일반적인 '의식의 장', 즉 문명화된 마을에 살고 있는 것처럼 보이지만, 실은 내 의식이나 통제 바깥에 그늘지고 무의식적인 공터에 살고 있다. 이들은 의식의 자아와 융화 또는 통합하려는 무의식적인, 분명 억압된 내 남성성의 일부이다.

이들이 '무법자들'이라는 건 내 자아가 만들어놓은 세계, 내가 만들어놓은 태도나 자아상, 자아 개념의 바깥에 있다는 걸 의미한다.

불량배가 넷인 건 이들이 불량배이고 강도이긴 하지만 역설적으로 온전함을 나타낸다. 그건 내가 자기self를 완성하고 온전한 개인이 되기 위해서는 이들을 내 의식적인 삶으로 데려와야만 한다는 의미이다.

나는 도둑질을 기본적으로 심리적인 원칙과 관련짓는데 우리가 자신의 일부를 억압하면 도둑으로 변해 신경증을 만들어내서 우리들 시간과 에너지를 '훔쳐가기' 시작한다. 이렇게 강제로 우리 삶 속으로 비집고 들어오는 것이 이들 방식이다. '강도질'은 신체 증상이나 질병, 신경증, 불안, 심지어는 이 꿈에서 불량배들이 그랬던 것처럼 당신을 '덮치는' '불행'의 형태를 띠고 나타날 수도 있다.

꿈에서 내 자아가 압도당하는 건 무의식의 원형들이 일반적으로 자아보다 더 강력하다는 것과 상관이 있다. 만약 내 자아가 무의식의 내용물과 통합하는 것을 거부하면 무의식은 내 자아의 삶을 멈추게 할 힘이 있다. 꿈에서 나는 강제로 멈춘다. 그리고 상황이 긍정적으로 전환되지 않으면 나중에 내 실제 삶이 '멈추는 걸' 경험하게 될 것이다.

돈 찾기

꿈에서 신체 접촉은 정신의 부분 부분들 사이에서 일어나는 대화를 의미한다. 대극적인 것들 사이의 대화. 의식-무의식, 자아-'불량배', 자아-그림자. 통합은 갈등으로 시작해서 우정으로 끝이 난다. 자원 찾기. 돈을 찾는 게 어디다 돈을 뒀나를 아는 것보다 덜 중요하다.

친구, 친구되기

갈등 끝내기, 힘 합치기, 대립 쌍의 결합, 원시적인 불량배들을 존중하는 자아, 다른 부분의 자신과 통합, 그림자 통합, 그림자의 견해 보기. 갈등, 훔치기에서 대화가 시작된다. 통합 내지 동지애로 끝난다. 불량배에게서 배우기. 삶에 불법적인 면 허용하기. 돈/에너지가 적절한 수준으로 투자될 때 우정이 가능하다.

꿈속에서 등장인물들이 상호작용하는 것은 온전한 자기의 다양한 측면들 사이에서 일어나는 대화가 다양하게 표현된 것이다. 싸움이나 전쟁, 사랑, 증오, 우정, 적 등 모든 대립항들인 우리 내면에 존재하는 서로 다른 에너지들이 접촉하고 '익숙해지는' 방식이다.

그래서 돈을 찾는 것이 신기하게도 내 자아가 불량배들, 그림자 같은 내 일부와 대화하는 형태이다. 정신에서 대화의 대부분은 갈등으로 시작한다. 인격의 무의식적인 부분들은 지배적인 태도와 의식의 권력 체제에 대항해 '같은 시간'을 얻기 위해, 어떤 식으로든 존재를 인정받기 위해 싸워야 한다. 하지만 싸움, 강도질 등 어떤 종류의 갈등이든 아무런 접촉이 없는 것보다는 낫다. 만약 이런 갈등에서 자아가 그림자 측면의 관점과 가치에 스스로를 열면 갈등은 서서히 우정과 통합으로 진화해간다.

2단계: 꿈 이미지를 나와 내 내면의 역학에 대입하기

윌리엄스 거리와 옛 동네

이제 나는 내 안의 어떤 부분이 윌리엄스 가로 대변되는지, 내 안에서 실제 일어나고 있는 역학이 무엇인지 찾아야 한다.

여기서 한 가지 '아! 그렇지' 한 연상은 에덴 동산이다. 바꾸어 말하면 세상과 내가 분리되지 않은 발달 초기의 상태이다. 어린 시절에는 부모님이나 가족 그리고 주변 세상과 완전하게 하나로 느낀다. 이 상태에서는 다뤄야 할 불협화음 즉 문제도 갈등도 없다.

왜 이 거리가 꿈에 나타났을까? 내 내면에서 진행되는 어떤 일이 지금 이 거리와 맞아떨어진 것일까? 어린 시절이 배경일 때, 이런 꿈은 삶의 전반에 관한 그림 즉 어린 시절부터 지금까지 계속돼온 과정이나 발달 단계에 대해 이야기하는 것일 수 있다. 그래서 나는 여기서 성장 과정에서 발달의 한 단계에서 다른 단계로 넘어가는 통과 절차를 생각해볼 수 있다.

여기서 실마리는 식료품 가게를 하는 일본인이다. 일본인 가정과 윌리엄스 거리에 있는 다른 집들은 어떻게 대비되나? 내가 이 거리에 살 때 나에게 미친 영향을 생각하니 명쾌해진다. 윌리엄스 거리는 중산층 백인 가정들이 지닌 외향적이고 감각-지향적인 태도를 뜻하는데 어린 내가 세상에 대한 기본적인 자세를 형성하게 된 방향이 바로 이런 것이었다.

내가 자라난 백인 세계와 내 안의 다른 측면이 갈등을 일으킬 수밖에 없는 요소가 바로 길모퉁이 일본인 가족으로 대변된다. 내향적이고 감정적인 측면과 내 안의 가슴 언어들, 이는 내가 자란 백인 문화와는 일련의 다른 가치들이다.

꿈은 네 가지 발달 단계를 이야기한다. 꿈이 완결되려면 이 요소들이 전부 존재해야 한다.

1. 극적 페르소나(사람과 장소)
2. 문제의 등장
3. 꿈 안에서 문제에 대한 대응(발달)
4. 해소(즉, 결실이나 해결책)

꿈의 배경인 윌리엄스 거리는 내가 살던 외향적이고 실용적인 중산층 백인들의 사회이다. 여기서 식료품 가게를 하는 일본인들을 보았을 때 문제가 발생했다. 이 문제는 어린 시절에 이미 시작되었는데, 서로 대비가 되는 다른 가치를 대변하는 새로운 문화를 만난 것이다. 이 새로운 문화는 전혀 생소한 것이 아니다. 왜냐하면 내 안에 깨어나길 기다리며 잠복하고 있던 것이기 때문이고 내 안에 짐자고 있던 대극적인 가치들을 깨어나게 했다. 이는 평생 지속되는 그림자와의 만남이고 자기the self를 완성해가는 움직임의 출발점이다.

이 문제 즉 이 주제에 대한 발달은 나중에 40달러를 가슴 위치로 옮기는 것과 불량배 네 명이 강도로 나타난 곳에서도 드러난다.

좀 더 구체적으로 들어가기 위해 '내 안의 어떤 부분이 윌리엄스 거리를 나타내는가?' 질문을 해보니, 내 현재 자아 구조를 나타내는 씨앗으로 후에 나의 지배적인 태도나 삶에 대한 주요한 가치가 결정되는 가치체계가 확립되기 시작한 자리이다. 이 꿈에서 중요한 점은 이 지배적인 태도로 인해 감정과 정서는 찍소리 못 하게 침묵을 해야 한다. 감정을 부끄럽게 여겨 감정의 흐름이나 정서 본위의 태도를 지나친 감상주의와 동일시하면서 이를 수치스럽게 여기는 태도가 문제인 것이다. 우리 문화가 바로 이러한데 대개 피상적인 감상주의를 진정한 감정이나 정서의 대치물처럼 이용한다.

식료품점 일본인

오래된 일본의 선불교 문화처럼 내 안에는 작은 다른 '문명권'이 있는 것 같다. 내 안에 있는 '문명'이 관심을 갖는 것은 내면의 것들, 영혼적인 삶, 신의 이미지와 원형들에 대해 성찰, 내적 조화나 의식 확장 같은 것이다. 기모노나 심미적인 세계, 섬세하고 격식과 예의를 차리는 관계나 존경을 드러내며 뭔가를 하는 우아한 방식들 같은, 내가 일본에 대해 좋아하는 것도 전부 누구든 추구해야 할 내면세계의 조화가 겉으로 드러나는 상징들이다. 이들 또한 내게는 신성한 세계를 뜻하는데, '내면의 은총이 겉으로 드러나는 표시'라는 점에서 놀랍다.

내가 태어난 윌리엄스 거리에서 나는 외적인 것들에 신경 쓰라고 배웠다. 어느 정도 격을 갖춘 수준에 이르고 제때 공과금을 내고 맡은 일을 끝마치고 집 짓고 정원을 꾸미고 이웃과는 사이좋게 지내고 사람들 눈에 부끄럽지 않게 하라고 한다. 이런 특질들도 삶 속에 나름의 가치가 있다. 하지만 여기에는 내면세계에 대한 여지가 거의 없다.

중세와 원형적인 그리스도교에 관심이 있고 선불교와 힌두교와 다른 위대한 신화들을 좋아하는 것은 내 안에 있는 '일본'적인 부분이다. 다른 문화와 종교들에서 높고 숭고하고 아름다운 특질을 발견하는 것도 나의 이런 부분이다.

하지만 꿈 연상은 주로 내 안에 있는 내향적인 것과 감정 기능에 관한 것이다. 이는 꿈의 후반부에 나온 '심장' 수준과 상응하는 것이기도 하다. 흔히들 가볍게 그리고 인위적으로 감상주의에 빠지거나 개인적인 차원에 함몰되는 게 아니라, 숭고한 가치인 관계를 맺는 능력에 관한 것이다. 이는 순간에만 진실한 감정이나 달콤한 미사여구 같은 말이 아니라 내실 있고 진지한 관계를 뜻한다.

공터

내 정신 안에 있는 자아의 구조물이나 의식적인 마음(도시의 거리)으로 둘러싸여 있는 자리이다. 그렇지만 자아가 봉제할 수 없는 곳인데, 자그마한 무의식의 땅이자 야성의 자리 같다. 이곳에 자연은 자기만의 법칙이 있고 그림자가 숨을 수 있는 곳이기도 하다.

구체적으로 내 삶의 어떤 부분이 이 자리와 상응할까? 내 안에 웃기는 '자리들'이 있어서 이곳에서는 아무 경고도 없이 갑자기 숲이나 정글로 되돌아간 듯이 원시 자연 그대로의 모습이 된다는 걸 알고 있다. 이 때문에 당혹스럽고, 조절을 해보려 애써도 별 효과가 없었다.

하지만 때로는 이 자리가 어디보다도 자발성, 생명, 감정, 자연스러운 인간다움이 있는 곳이라는 것도 배워왔다. 이 '공터'를 엄하게 통제하고 젊잖게 만듦으로 내 안에 있는 최상의 부분이나 가장 자연스러운 부분을 억눌러왔다.

화재 위험을 낮추려고 소방서에서 말라 죽은 잡초를 제거하는 것과 비슷하게 주기적으로 내 안에 있는 이 부분에 약간이라도 의식이나 문명을 주입해보려 애썼다. 이런 노력을 기울이지 않을 때는 물론 잡초와 야생화들이 무제한으로 자라도록 방치했다.

나에게 이런 면은 특히 감정과 연관되는 것 같다. 나는 갑자기 사람한테 열정적이 될 때가 있어서 즉각적으로 누가 좋아서 그 사람을 위해 뭘 하거나 함께 시간을 보내고 싶어한다. 예의와 절제를 갖춘 '문명화된' 영국 신사 같은 평소의 페르소나에서 벗어나서 쏟아지는 열정으로 상대에게 사랑이나 감사를 퍼붓는다. 이런 일로 창피한 상황이 될까 두렵다. 다른 사람들을 당혹스럽게 하거나 상황이 '통제 불가'일 정도로 불편하게 만드는 게 아닌지 두렵다. 하지만 간혹 이런 면 때문에 우정이 싹트기도 한다. 덕분에 나는 세계의 다양한 문화권에 있는 사람들과 깊고 충만한 우정을 나누게 되었다.

내 안에 있는 '공터'를 어떻게 해야 할지 모르겠다. 어떤 때는 청소를 하고 개발을 해서 통제하고 싶어진다. 그러다가는 또 자연이 하는 대로 내버려두는 게 낫다는 생각을 한다. 사랑과 감정의 영역에서는 때로 잘 다듬어진 정원보다 잡초와 야생화가 더 낫다.

지갑과 돈

내가 연상한 것들을 보면 나는 돈을 내적 자원으로, 나의 주 에너지이자 생명력으로 생각한다. 꿈은 이 에너지를 어디에다 집중할 것이냐라고 질문을 던지고 있다. 돈은 어딘가에 투자를 하는 것이다. 그렇다면 내가 주로 내 감정과 자원 그리고 내 삶의 목표와 의미를 두는 곳은 어디인가? 흔히 쓰는 말로 내가 말하는 대로 투자를 하는가?(put my money where my mouth is)

돈에서 숫자 '4'라는 특질이 보인다. 이는 사소한 문제가 아니라는 뜻이다. 바로 내 삶의 주 에너지와 원동력, 방향, 헌신에 관한 것이다. 꿈에서 돈을 넣는 자리가 상징적으로 내 전부를 그리고 내 최고의 역량을 두는 곳이다. 나는 어떤 가치, 삶의 어떤 측면에 이 모두를 거는가?

엉덩이 주머니

이 이미지에서 내면에 있는 몇 가지 중첩되는 것들이 떠오른다. 집단적 태도나 믿고 있는 것 그리고 사물을 바라보는 시각으로 무의식적이고 당연하다고 가정하는 것들이다. 이런 것들로 우선, 어떤 단체들에 끼고 싶어서 그런 자리에 머무적거리거나 그 사람들의 일원이 되고 싶어한다. 이는 일치하고 싶어한다는 영어 단어의 '힙'하고 맞아떨어진다. 또 다른 연상은 힙과 연관이 되는 '히피'들이 실제로 하는 감상적인 말 이면에는 다른 의도들이 숨어 있는데도 '평화'나 '사랑'을 운운하는 것 같은 것이다. 이 모두 흉내 내는 것에 지나지 않는데 그럼에도 사람들은 정말로 유행에 맞추려 애를 쓴다. 따라서 돈을 엉덩이에서 가슴으로 옮기는 의미가 집단적인 정서나 감상을 따라 하는 대신 정말 나한테 의미가 있는 사람이나 사물과 제대로 된 정서적인 관계를 맺는 데 투자해야 한다는 걸 말해준다.

가슴 위 왼쪽 셔츠 주머니
첫 번째 단계에서 두 가지 연상이 강하게 와닿았다. 하나는 가슴 즉 심장의 가치이고 다른 하나는 쿤달리니 요가에서 말하는 아나하타 차크라였다. 어느 쪽이든 내 안의 감정 기능과 감정적인 삶과 연결이 된다.

첫 번째 단계에서 이미 감정 기능에 대해 그리고 정서와 감정의 차이에 대해 설명을 했다. 왼쪽 셔츠 주머니와 나의 감정 기능을 연결하기까지 한참을 생각했다. 나는 내 스스로가 감정 유형이라고 단 한 번도 생각해본 적이 없었는데, 이유는 정말 감정적인 사람들을 '감정 유형'이라고 이해하고 있었기 때문이었다. 나는 별로 감정에 휩싸이는 편이 아니고 오히려 감상적인 걸 못 참는 편이다. 그래서 나는 사고나 직관이 지배적인 유형이라 스스로 생각해왔다.

이 연상을 하면서 나는 융이 감정feeling 유형이나 감정 기능을 이야기할 때 '정서적인emotional' 것을 의미하는 게 아니라는 사실을 더 잘 이해하게 되었다. 이 상징 덕에 스스로를 더 가까이 들여다보게 되었는데, 내 삶에서 정말로 동기를 부여하는 것은 감정 측면이라는 사실을 깨닫기 시작했다. 누구에게 마음이 끌리고, 사람에게 어떤 특질을 내가 감지하는지, 내가 헌신하고 진지하게 생각하는 가치들은 어떤 것인지를 알게 되었다. 내 삶에 에너지를 주고 중심을 잡게 해주는 것은 사람 안에 있는 가치를 느끼고 소중히 여기는 그런 감정 기능이었던 것이다. 삶에서 나를 감동시키고 제일 깊이 영감을 주는 것은 아름다움과 숭고함 그리고 만나는 사람들 안에서 우러나오는 특질이었다.

이 꿈을 꾸기 전까지 나는 늘 내 안에 있는 이런 에너지의 흐름을 억누르면서 경시하거나 숨기려 들었다. 내가 자란 가족과 문화에서는 감정을 잘 드러내지 않았다. 이런 행동은 창피하고 믿을 만하지 않으며 비현실적인 것으로 여겼다. 교향곡을 듣고 깊이 감동을 받으면 좀 이상한 사람 취급을 당했다. 애정을 너무 많이 드러내면 사람들이 불편해했다. 냉정한 실용을 택하지 않고 가슴의 소리에 따라 결정을 내리는 사람은 믿을 수 없다고 여겼다. 느끼고, 열정적으로 사랑하고, 사람이나 자연의 아름다움이나 가치에 취하는 사람은 점잖은 사회에는 어울리지도 않을 뿐 아니라 오히려 부적절하다고 여겼다.

이 꿈의 여파로, 그리고 이 상징과의 상호작용으로 인해서 내 성격 유형과 내 유형의 기질들을 알게 되었다. 내가 내향적이고 감정 유형이라 내 삶의 주요한 동기가 기존에 생각했던 것과는 다르다는 걸 이해하게 되었다. 그래서 내 안에서 이 상징과 일치하는 부분들을 꿈을 통해 확인하게 되었고, 내면에서 특별한 일군의 동력을 발견했으며, 이런 부분이 작동하고 있다는 것도 알게 되었다. 가슴 주머니로 돈을 옮기는 것은 에너지와 역량, 삶 자체를 감정 기능에 새롭게 투자하는 것으로 보이는데, 이는 가슴과 아나하타 차크라에 상응하는 새로운 의식의 센터에 투자한다는 걸 나타낸다고 느꼈다.

불량배들

작업의 첫 단계에서 나는 불량배들로부터 그림자를 연상했다. 이는 여전히 무의식에 있어서 자아의 견해와 통합을 해야 하는 측면이다. 그래서 이 그림자가 내 삶에서 구체적으로 작용하고 있는 면을 찾아야만 했다.

이 꿈을 일련의 발달 단계적인 관점에서 바라보면, 뭔가 분명해지는 게 있다. 윌리엄스 거리 배경에서 나왔던 식료품점 일본인들이 불량배들 이미지로 재등장하는 것 같다. 문제는 내 안의 내향적이고 감정 기능에 속하는 면들이 내가 성장한 백인 문화나 교육과 심한 갈등을 일으키기 시작한 것이다. 이런 특질이 먼저는 일본인 가족 이미지로 등장했고 이후 이 갈등이 불량배 기질로 더 발전한 것이다.

나의 내향적이고 감정 기능에 속하는 면들은 내 자아가 살고 있는 세계에서는 제대로 대접을 받지 못했다. 그래서 내 의식의 장 안에 있는 조그만 무의식의 섬인 공터로 밀린 것이다. 자아는 이들을 '불량배'로 보지만 불량배들이 나한테 중요한 부분이고 내가 온전해지려면 불량배 부분이 필요하다고 꿈이 말해주는 것이다. 이들의 중요성은 숫자 4에서 더욱 분명해진다.

이 그림자 영역이 '불량배'로 등장하게 된 다른 이유는 이들이 자아와 자아의 가치가 지배적인 세상에 살아남으려면 소위 '범죄자로 살' 수밖에 없기 때문이다. 예를 들어 감정 유형의 사람이 자기 내면에 있는 이런 면을 삶에서 표현하지 못한다면, 그림자가 이 에너지를 훔쳐서는 감정 측면에 투자를 하게 되는데, 이 경우 이런 에너지는 대개 충동적으로 터져 나온다. 예를 하나 들자면, 간혹 의지와 전혀 상관없이 사랑에 빠지는 경우 같은 것이다. 갑자기 가슴이 미쳐서 날뛰면 침착하고 차분한 마음은 아연실색을 하고 질서나 위엄을 찾으려 애써보지만 대개 별 소용이 없다.

이런 불량배-감정들은 우울이나 다른 무드에 빠뜨린다. 그러면 삶에서 에너지를 빼앗아가고 몸을 아프게도 한다. 우울이나 무드나 병의 형태는 감정 기능이 별로 양질로 표현되는 모습은 아니지만 무의식은 이나마도 없는 것보다는 낫다고 느끼는 것 같다. 꿈에서 내면의 불량배는 대단히 중요한 역할을 한다. 그 기능은 마치 로빈 후드처럼 부자한테서 훔쳐내서 가난한 이들에게 나누어주는 것과 같다. 실제 자아의 제국에서 넘쳐나는 에너지를 훔쳐내서는 제대로 자양분을 받지 못하는 감정 기능한테 분배를 해준다.

나는 이 부분이 다른 방식으로 작동하는 것도 볼 수 있었다. 꿈은 나와 나의 그림자인 불량배 사이에 일어나는 갈등이 마침내 우리가 친구가 될 때까지 계속된다는 점을 보여주었다. 그렇지만 마지막에 돈을 빼앗기지는 않는데 그 결정적 이유가 바로 돈을 다른 자리 즉 심장 수준으로 옮겼기 때문이다. 나는 살아가면서 내 본래의 내향적이고 감정적인 기능과 오랫동안 갈등관계에 있었다. 그래서 충동적인 행동이나 우울 또는 심인적인 질환들을 겪었다. 사실 이런 식으로 내 삶의 에너지를 빼앗기고 있었던 것이다. 마침내 돈을 가슴 수준에 놓는다는 것은, 나의 진정한 본성인 감정 측면을 인정하고 불량배들하고 친구가 될 수 있는 가능성을 보여준다.

해석 한 가지

알아차렸을지 모르겠는데 내가 신이 나서, 꿈작업의 두 번째 단계에서 이미 해석을 많이 해버렸다. 사실 꿈 전체를 개관하고 꿈이 전개되는 단계들을 살펴보고 꿈의 요소들을 하나로 묶어내는 작업은 실제 해석 단계에서 하는 일이다. 그런데 때로는 이렇게 첫 번째나 두 번째 단계를 하는 동안, 뭔가 내 안에서 반짝 하는 게 있어서 꿈 전체를 묶어내는 작업을 하기도 한다. 어느 단계에서 전체 해석이 이루어지는가는 그렇게 중요하지 않다.

어쨌든, 이래서 내 해석은 좀 짧게 요점만 얘기할 수 있게 되었다. 본론으로 바로 가보자. "이 꿈이 나와 내 삶 전체에 대해 이야기하는 주된 의미는 무엇인가?"

먼저 이 꿈은 기존에 알고 있던 나 자신과 내 본성은 좀 다르다는 걸 말해준다. 그리고 진정으로 나는 누구인지? 내 본성에 맞추어 살아야 할 의무가 있을 뿐 아니라 권리가 있다는 점을 알려준다. 이 꿈 덕분에 나는 내가 내향적이고 감정형임을 알게 되었다. 내 삶의 주요한 초점을 감정 가치들 그리고 내 주변 사람들이나 세계와 깊은 가치를 공유하는 관계를 맺어야 한다.

그렇다면 이 내용이 실질적인 내 삶에는 어떻게 적용되는가? 나는 용기를 내어서 의식적이고 의도적으로 감정 기능에 헌신할 수 있게 된다. 내 시간과 에너지의 많은 부분을 우정을 키우고 사람들과 관계를 맺는 데 쓸 수 있다. 질과 깊이가 있고 심오한 의미가 있는 활동이나 주제에 시간을 쏟을 수 있다. 가장 중요한 점은 죄책감 없이도 뭔가 '유용하고 생산적인' 일을 해야 할 시간에 내면의 '불량배'에게 굴복해서 무의식적인 충동으로 행하는 게 아니라 의식적으로 누군가와 온정적인 나눔을 즐길 수 있게 되었다.

이 꿈에서 핵심은 에너지를 재배치하는 데 있다. 삶의 에너지를 '가슴' 즉 감정 차원으로 옮기고, 논리적으로 사고하면서 지적이려고 애쓸 필요가 없는 것이다.

　이 꿈은 전반적인 내 삶을 통시적으로 보여준다. 태어나서부터 이 꿈을 꾼 시점까지 서서히 진화가 이루어졌다. 이 진화는 어린 시절 '에덴 동산'에서부터 일어났는데, 그곳은 백인 중산층 가정과 그 이웃이라는 하나의 관점만 있다고 생각했던 곳이다. 이것이 나의 지배적인 태도가 되어 이후 수년 동안 내 삶을 좌지우지했고 나의 사회적인 성격이나 자아상을 결정하게 되었다.

　이 과정에 '문제'가 발생했다. 성장을 하려면 삶 속에 들어와야만 하는 것이었는데 그 첫 번째 문제가 일본인 가족이었다. 내게 이들은 가족이나 내가 속하는 문화와 대비가 되는 내향적이고 감정 기능을 중시하는 문화를 뜻했다. 내 영혼의 은밀한 자리에서 부지불식간에 공명이 일어난 것이다. 비-감정형 주류 문화 안에서 감정형으로 살아야 할 부분은 무의식 안으로 들어가 공터에 숨어 사는 '불량배'가 되었다.

　이 꿈의 해결책 즉 갈등을 해소하고 분열된 정신을 치유하는 법은 상징적으로 돈을 가슴 수준으로 옮기는 것에 집약되어 있다. 에너지를 재배치하는 것이다. 이는 내가 감정형 인간으로 사는 것 즉 삶을 감정 가치 위주로 재정의할 수 있고 또 그래야만 한다는 걸 의미한다. 그래서 불량배들이 내가 자발적으로 에너지를 재배치했다는 걸 알자, 더 이상 싸울 이유가 없어진 것이다.

마무리

불량배 넷이 등장한 이 꿈으로 해석까지 마친 다음, 네 번째 단계인 의례로 무엇을 해야 할지 막연했다. 꿈의 의미를 깨닫는 데도 한참이 걸렸다. 이 꿈으로 인해 삶의 주안점 자체가 완전히 바뀌고 감정 가치를 중시하며 사람들과 만나는 게 최우선 순위가 되리라는 걸 아직은 미처 깨닫지 못했다. 하지만 뭔가 해야 한다는 건 알고 있었다. 그래서 나는 차를 몰아 공터를 찾아서는 차에서 내려 그 주변을 두 바퀴 걸었다. 이런 행동이 꿈과 물리적으로 연결하는 데 도움이 될 것이다. 그리고 한동안 이 꿈은 덮어두었다.

몇 달 뒤 정말 우연히도 여행 중에 포틀랜드를 지나게 되었는데 이 꿈이 기억났다. 옛 동네로 돌아가 꿈에 나온 장소를 실제 걸어보면 다시 꿈하고 만나는 강력한 의례를 할 수도 있겠구나 싶었다. 그래서 나는 내 어린 시절과 나의 감정 측면과 운명적인 만남의 장소로 되돌아갔다.

윌리엄스 거리는 변해 있었다. 예전에 살던 집 쪽에서부터 꿈에서 걸었던 길을 따라 걷기 시작했다. 일본인 식료품점을 지나쳤다. 건물은 거기 그대로 있는데 지금은 맥줏집으로 변했다. 계속 걷다가 공터를 보았다. 긴 세월이 지났는데도 여전히 공터가 거기 있는 걸 보고 깜짝 놀랐다. 관목들과 수풀이 웃자라 있었다. 어처구니없게도 나는 겁을 먹었다. 더 이상 외부 세계에 있는 게 아니라 꿈속에 들어와 있었던 것이다.

천천히 공터를 지나는데 갑자기 청년 하나가 수풀에서 나와 내 쪽으로 다가왔다. 속으로 '때가 왔구나' 싶었다. 꿈에서처럼 강도를 당하겠구나 짐작했다. 그는 꿈에 나온 불량배들처럼 거리 사정에 밝아 보였다. 나를 넘겨다보더니 내가 뭔가를 원한다는 걸, 무언가 찾고 있는 걸 눈치 챘다. 물론 내가 꿈에 담긴 깊은 의미를 찾느라 꿈속을 걷고 있다는 건 알 리 만무했다.

청년이 물었다. "마리화나 찾수? 아니. 그럼, 코카인은 어때요? 아니면 여자? 아니. 헤로인?" 더 이상 물을 게 없어지자 마침내 물었다. "그럼 대체 뭘 원하는 거요?"

오랜 세월 전에 거기 남겨두었던 나의 일부와 만나기 위해서 꿈에 나왔던 불량배들과 얘기하고 싶고 일본인 식료품 가게와 공터를 걷고 싶었다는 이야기를 이 청년에게 할 수도 있겠다는 생각이 스쳤다. 내가 꿈속을 걷고 있는데 그가 걸어 들어와 합류한 거라는 얘기를 할 수도 있었다. 이 청년이 이해하지 않을까? 하지만 그렇게 하지 않았다. 그 순간 꿈 세계와 물리 세계 사이의 상호작용이 너무 강해서 감당할 수가 없었다. 그냥 재빨리 걸어서 차를 타고 '현장에서 도망쳤다.'

이 의례를 치르게 될 즈음에 가능한 모든 방식으로 꿈에 접근을 해보았다. 꿈이 마음속에서 끝없이 되풀이되는 생생한 체험이 되었다. 상징과 의미가 서서히 명확해졌고, 그렇게 꿈이 부각시킨 새로운 자아상에 일치하도록 조금씩 내 삶을 바꿔나갔다.

새로운 자아상이란? 꿈으로 인해 내 삶에서 가장 중요한 게 우정과 사람들과 감정을 나누는 체험이라는 것을 깨닫게 되었다. 아는 사람이 많을 필요는 없겠지만 생각을 교환하는 것이든 함께하는 기쁨을 나누는 것이든 깊이 교류할 수 있는 좋은 친구들이 필요했다.

그 꿈에 대한 응답으로 나는 아직도 종족과 부족이라는 오랜 연줄이 서로를 묶어주고 따뜻함이나 감정과 인간적인 교류가 논리나 질서나 생산력보다 더 존중되는 고대 문화권인 인도로 갈 마음을 먹었다. 여러 번 인도와 동양을 방문하면서 성장과정에 나한테 자연스럽게 형성된 사고방식 외에 새로운 기준도 얻게 되었다. 사랑과 감정과 인간적인 교류를 그 무엇보다 더 가치 있게 여기는 사람들 사이에서 살아가는 삶이 어떤 것인지 구체적으로 알게 되었다. 그 여행지들이 진짜 집에 온 듯 편안하게 느껴졌다.

미국에 돌아와서도 이 꿈은 계속해서 영향을 미쳤다. 나는 목표를 세우고 과도한 일정표에 맞춰 끊임없이 마감일과 스트레스에 짓눌리면서 돈을 벌고 사람들에게 좋은 인상을 주려 애써야 하는 미국인들의 표준적인 삶의 방식에서 졸업하기 시작했다. 이 과정은 아주 서서히 진행되었다. 수년이 지난 지금의 내 생활은 불량배 꿈을 꾸던 당시와는 크게 대비가 된다는 점은 분명히 말할 수 있다. 느긋하고, 친구들을 찾아가고, 마당에 화초를 심고, 음악을 듣고, 적극적 명상을 하는 시간을 갖는다. 이런 일이 가능해진 것은 이 꿈과 함께 시작된 일련의 변화나 내 안에서 진화한 새로운 삶의 태도 덕분이다. 꿈에 등장한 상징들을 체험하면서 '참으로 나는 누구인가?'라는 방향으로 점차 발전해가기 시작했다.

* * *

    꿈작업의 네 단계와 소개한 사례들이 각자가 꿈으로 작업하는 데 도움이 되고 또 꿈의 지혜를 발견하는 데 도움이 되었으면 한다. 명심할 것은 무의식이 계속해서 스스로를 표현하고 또 꿈을 이해하는 데 필요한 연상이나 참고 내용들을 자발적으로 만들어낸다는 점이다. 근본적으로 필요한 건 직접 작업을 해보는 것이다. 앞에 열거한 것처럼 각 단계들을 따르며 기꺼이 시작을 해보라.

    이 책 외에 꿈의 본질이나 상징 그리고 융의 사상에 대해 더 알고 싶어할지 모르겠다. 그런 이들에게는 참고 문헌에 실린 책들이 도움이 될 것이다. 하지만 곧 파악하게 되리라 생각하는데, 기본적으로 꿈을 이해하는 데 필요한 것은 꿈 이미지를 적고 마음에 떠오르는 연상들을 기록하는 것뿐이다. 그 첫 번째 결정적인 시도, 즉 마음을 쏟고 손을 놀리면 마법같이 놀라운 내면의 신비가 펼쳐질 것이다. 무의식이 완성하려고 미리 준비해서 기다리는 신비가 드러나게 될 것이다.

3
적극적 명상

적극적 명상에 대한 정의와 접근

이 장에서는 적극적 명상이라는 기술을 탐색하고 이에 필요한 4단계 절차를 익히게 될 것이다. 들어가기 전에 먼저 주의사항부터 언급하려 한다. 적극적 명상을 하는 동안에 나타난 내용이 너무 압도적이어서 명상을 멈추지 못하는 경우가 생길 수 있다. 이런 때를 대비해서 전화를 걸거나 찾아가서 이야기할 수 있는 사람을 반드시 정해놓고 시작하기를 권한다.

이 경우는 대다수 사람들에게는 문제가 되지 않는다. 적극적 명상에 관해 대부분 사람들이 어렵다고 호소하는 대목은, 명상을 시작하기가 쉽지 않다는 것이다. 그런데 비록 극소수의 경우라 할지라도, 강렬한 적극적 명상이 시작되면 이미지의 흐름에 완전히 사로잡혀서 빠져나오지 못하는 경우가 있다. 환상의 세계에서 정신을 잃고

'지금 이 자리'라는 일상으로 되돌아오는 길을 찾지 못하는 것이다. 그래서 필요하다면 현실로 돌아올 수 있는 장치, 즉 이야기를 나눌 수 있는 전문가나 이 방식에 익숙한 사람을 미리 지정해놓으라고 권한다.

간혹 아침에 적극적 명상을 하고 나서 출근을 했는데, 이미 일과가 시작되었는데도 불구하고 상상하던 내용이 되돌아와서 의식을 지배하는 경우가 있다. 아침에 멈춘 지점에서 다시 대화를 계속하려 드는데, 이러면 일이 손에 잡히지 않는다. 이럴 때는 심리치료사나 친구에게 전화를 걸어서 명상에서 빠져나올 수 있도록 도움을 받는 것이 최선이다.

만일 자신을 환상에 빠지면 그 세계에서 빠져나오는 데 어려움을 겪는 사람이라 여긴다면, 적극적 명상보다는 오히려 훨씬 냉정하게 내면세계와 관계를 맺는 방법을 찾는 게 나을 수 있다.

이 방법에 대해 의문이 든다면 시도하기 전에 먼저 분석가와 상의하는 것이 바람직하다.

그렇다고 내면작업을 하지 말라는 뜻이 아니다. 무의식의 힘이 강력하기 때문에 이에 접근할 때는 무의식을 존중하고 주의를 기울이는 것이 필요하다는 뜻이다. 바른 자세로 무의식에 접근을 한다면 때로 압도당할 것 같은 무의식의 힘으로부터 스스로를 보호하면서도 내면작업이 주는 풍요로운 혜택을 누릴 수 있다.

적극적 명상과 수동적 망상 구분하기

적극적 명상은 지난 세기 초 융이 발전시킨 방법인데 특별한 방식으로 상상력의 힘을 이용하는 것이다. 이미 여러 사람들이 이 기법을 사용했고 탁월한 가치가 있다는 입증이 되기도 했지만, 융 학파 주변 사람들을 제외하고는 그리 널리 알려진 방식은 아니다. 이에 대해 들어본 사람들조차도 실행에 옮길 만치 충분히 잘 알지는 못한다고 느낀다.

여기서 적극적 명상의 기본 개념을 탐색하고, 몇 가지 사례들을 소개하려 한다. 그런 다음 직접 적극적 명상을 시도하려 할 때 따라갈 수 있는 단계별 접근법을 배우게 될 것이다.

적극적 명상이란 본질적으로 무의식에 살고 있는 자신의 다른 부분들과 대화를 하는 것이다. 어떻게 보면 꿈을 꾸는 것과도 비슷한데 차이점을 들자면 꿈하고는 달리 적극적 명상은 진행하는 동안에 의식이 완전히 깨어 있다는 점이다. 사실 적극적 명상의 특질이 바로 이 점인데, 꿈을 꾸는 것과 달리 깨어 있는 동안에 상상의 세계로 들어가는 것이다. 시작 단계에 무의식으로부터 이미지들이 나타나도록 하면 실제 이미지가 떠오르는데, 이는 잠자는 동안에 꿈 이미지가 등장하는 것과 유사하다.

그러면 상상으로 이 이미지들에게 말을 걸고 서로 화답을 한다. 그러다 보면 이 이미지들이 주는 답이 의식 상태에서 주고받는 것과는 완전히 달라서 놀라게 될 것이다. 이 답들은 의식으로 인식하지 못했던 점을 말해주고 또 의식에서 생각해본 적도 없는 생각들을 드러내어주기 때문이다.

대개 적극적 명상은 말로 이루어진다. 내면의 인물들과 생각을 나누고, 반대되는 의견들 사이에 중간 지점을 찾거나, 심지어는 무의식에 살고 있는 현자들에게 조언을 구하기도 한다. 그렇다고 대화가 반드시 말로만 이루어지는 것은 아니다.

아마도 현대적 방식으로 적극적 명상을 시행해서 그 기록들을 남긴 것은 융이 했던 비전 체험이 처음이었을 터이다. 그런데 이 체험을 살펴보면 말은 한 마디도 오가지 않는다. 그렇지만 융의 의식과 무의식에서 떠오른 이미지들 사이에 심오한 상호작용이 일어난다는 것을 확인할 수 있다. 이 체험을 통해 융은 의식적으로 자신의 환상이나 비전 속으로 들어가 참여를 하고 의식과 무의식의 에너지 시스템들이 활발하게 상호 교류하게 할 수 있다는 사실을 알게 되었다.

한번 더 책상 앞에 앉아 나의 두려움에 대해 숙고한다. 그런 다음 마음껏 내면으로 추락하도록 저항하지 않는다. 갑자기 마치 말 그대로 디디고 있던 발아래 바닥으로 길이 나듯이 어두운 심연으로 떨어진다. 돌연한 공포에 대해 아무것도 할 수 없다. 그때 홀연히 너무 깊지 않은 깊이에서 부드럽고 끈적끈적한 뭔가에 내 발이 닿는다. 비록 완전한 어둠 속에 있기는 하지만 엄청난 안도감이 든다. 시간이 지남에 따라 내 눈이 어두움에 익숙해지자 어두움은 오히려 짙은 황혼녘 같다. 내 앞에는 어두운 동굴로 난 입구가 있고 거기에 딱딱하고 질긴 피부를 지닌 난장이가 마치 미이라가 된 듯이 서 있다. 나는 좁은 입구로 몸을 끼워 난장이를 지나쳐 무릎 깊이 정도의 얼음물을 힘겹게 헤치면서 동굴 반대편 끝으로 나아간다. 그 끝에 돌출된 바위가 있는데 붉은 빛을 발하는 크리스털이 보인다. 내가 그 크리스털을 집어 들자 그 아래 구멍이 나타난다. 처음에 나는 아무것도 이해할 수 없었는데 그 뒤, 물이 흐르고 있는 것을 알게 된다. 물에 시체가 하나 떠 있다. 머리에 상처를 입은 금발의 청년이다. 그 뒤로 거대한 검은 풍뎅이가 있고 이어 빨갛게 갓 태어난 태양이 깊은 심연의 물 위로 떠오르고 있다.(융, *MDR*, 139쪽)

    적극적 명상 과정에 상상으로 떠오른 이미지들은 상징이다. 이 상징이 내면 깊은 곳에 있는 우리 자신의 일부라는 것이 점차 명확해진다. 꿈 이미지와 마찬가지로 이 이미지들은 무의식의 산물들이다. 이들 내면의 존재들은 '나름의 의식을' 가지고 있기 때문에 자아의 입장에서는 놀라운 것들을 말해준다. 그 내용은 대체로 뭔가를 깨닫게 해주지만 간혹 유쾌하지 않은 새로운 것들도 있다.

    융은 꿈을 아주 높이 평가했지만 적극적 명상을 무의식에 도달하는 훨씬 효과적인 길이라 간주했다. 꿈을 꿀 때는 무의식에서 오는 신호들을 수용하기는 하지만 참여하지는 못한다. 깨어나서 꿈을 기억하고 그 의미에 대해 생각할 수는 있지만 꿈을 꾸는 동안에 능동적인 참여는 가능하지 않다. 이와 대조적으로 적극적 명상을 할 때는 의식이 깨어 있는 상태라 일어나는 사건에 의식적으로 참여할 수가 있다.

꿈에서 벌어지는 사건들은 완전히 무의식의 차원에서 일어난다. 그렇지만 적극적 명상을 통해 벌어지는 사건들은 상상의 차원에서 일어나기 때문에 이 차원은 의식적이지도 무의식적이지도 않고 이 둘이 서로 만나 양쪽 요소들이 함께 합쳐져서 체험을 만들어낸다. 그러기에 이는 의식과 무의식 공통의 자리이자, 이 둘이 만나는 장소이기도 하다. 두 개의 강줄기가 만나 하나의 힘찬 흐름을 만드는 것처럼, 상상의 장에서 의식과 무의식이 만나 하나로 흘러들어 서로를 보상하며 함께 작업을 한다. 그 자체로 전체성을 띠기 때문에 작업의 결과, 통합이 이루어지기 시작하고 의식과 무의식의 대화로 결국 초월적인 기능 transcendent function을 접하게 된다.

신기한 점은 적극적 명상을 할 때는 꿈이 극적으로 줄어든다는 사실이다. 이는 이 기법을 진지하게 받아들일 때, 무의식에 있는 원질들이 꿈이란 형태로 올라올 필요가 생기기도 이전에 미리 소화가 되기 때문에 꿈으로 등장할 문제를 적극적 명상을 통해 직면하고 해결하기에 그렇다.

꿈과 적극적 명상 사이의 이런 관계 때문에 융은 꿈을 자주 꾸는 사람들 즉 밤마다 꿈을 너무 많이 꾸어서 꿈작업으로는 따라잡을 수가 없는 사람들에게 적극적 명상을 처방해주곤 했다. 규칙적으로 적극적 명상을 하면 꿈의 수가 현저히 줄어든다. 좀 더 집중적으로 응집이 되어서 되풀이가 덜 되기 때문이다. 적극적 명상으로 문제를 다루기 때문에 같은 내용을 거듭 꿈으로 꿀 필요성이 줄어드는 것이다.

적극적 명상의 핵심은 의식적으로 상상의 체험에 참여한다는 데 있다. 이런 유의 상상은 적극적이다. 자아가 실제로 내면세계로 들어가 거기서 찾은 사람과 함께 걸으면서 말을 걸고 언쟁도 하고 친구가 되거나 싸움도 한다. 의식적으로 상상 속의 드라마에 참여하는 것이다. 다른 배우들과 대화를 하면서 생각을 교류하고 함께 모험을 하면서 결국에는 서로가 상대에게서 뭔가를 배우게 된다.

바로 이런 특질로 인해서 적극적 명상과 소위 말해 수동적인 환상 passive fantasy은 다르다. 수동적 환상은 백일몽에 지나지 않는다. 마치 영화를 보듯이 마음 한편에 오가는 환상의 흐름을 가만히 지켜보는 것이라 수동적 환상에서는 의식적 참여가 이루어지지 않는다. 무슨 일이 일어나고 있는지 반추해보지도 않고 진행 중인 일에 대해 어떤 독립적이고 윤리적인 자세도 취하지 않는다.

수동적 환상을 경험할 때도 무의식에서 오는 이미지들이 제시되기는 한다. 하지만 의식적으로 그 안에 들어갈 수가 없기 때문에 대개는 시간 낭비, 에너지 낭비일 뿐이다. 환상에서 떠오르는 이슈나 문제들이 해결되는 것이 아니라 이런 환상들이 사라지거나 아니면 우리가 소진될 때까지 그저 마음 한자리에 되풀이해서 등장할 뿐이다. 이 경우 진화는 일어나지 않는다. 자아가 의식적이면서 독립된 힘으로 환상이 제시하는 상황을 직면하지 않을 뿐 아니라 개입하지도 못하기 때문이다.

예를 들어보면 우리가 늘 하는 근심걱정이 바로 그런데, 걱정은 소극적인 환상의 한 형태이다. 그런데 우리 대다수는 밤낮으로 걱정하는 주제가 있다. 하는 일마다 잘 풀리고 승리나 성공을 거두는 환상이 마음속을 오간다. 그러다 그 반대편에 있는 환상 즉 걱정이 시작되면 일마다 되는 게 없고 실패와 좌절감을 맛본다. 그런데 가만히 앉아서 걱정이라는 수동적인 환상에 사로잡혀 있는 동안에는 아무것도 해결되지 않는다. 이와 대조적인 적극적 명상을 한다면 걱정거리로 다가가서 능동적으로 직면을 하고 대화를 시작하게 된다. 우리 안에서 갈등을 일으키는 사람이나 사물을 직접 찾아내서 뭔가 말 걸기를 시도해볼 수 있는 것이다.

이 과정이 어떻게 진행되는지는 앞으로 소개할 적극적 명상의 사례들이 참조가 될 것이다. 이 사례들에서 명상은 언제나 1인칭으로 전개된다는 점을 어렵잖게 파악할 것이다. '나'는 항상 거기에 있다. '나'는 어떤 장소에 간다. '내'가 그 이미지를 본다. '나'는 이미지와 서로 영향을 주고받는다. '나'라는 존재는 다른 인물들과 서로 영향을 주고받으며 거기 있어야만 한다. 그렇지 않으면 자아가 참여하지를 못한다.

만일 펼쳐지는 드라마에 감정과 정서가 일어나지 않는다면 적극적인 것이 아니다. '나'는 일어난 일 때문에 행복하거나, 흥미를 느끼거나, 슬프거나, 화가 나는 등으로 감정적으로 반응을 하게 된다. '내'가 외부에서 물리적으로 체험하는 것과 마찬가지로 강렬하게 상상의 행위로 몰입해서 상징을 체험하는 것이다. 상상 속이지만 진짜 감정이 개입되기 때문에 결국 진짜 경험이 되는 것이다.

이렇게 적극적으로 참여를 하기에 무의식적이고 수동적인 환상으로 머물러 있을 수 있는 것을 고도로 의식적이고 강력한 상상의 행위로 전환을 시킨다. 적극적 명상을 제대로 하면 내면의 다른 부분들 즉 파편화되어 있거나 갈등을 일으키던 요소들을 서로 끌어당긴다. 이런 점이 내면의 목소리들을 깨어나도록 도와준다. 그리고 서로 싸우고 있던 자아와 무의식 사이에 평화와 협력을 이루게 된다.

이 기법의 주된 목적은 평상시에는 차단되어 있는 무의식과 자아가 서로 소통을 하게 만드는 것이다. 적극적 명상을 할 때는 정신에서 어떤 변화가 일어난다. 자아와 무의식 사이의 관계가 변하는 것이다. 자아의 태도와 무의식이 지닌 가치 사이에 신경증적인 불균형이 있다면 그 간극이 좁혀지고 서로 보완이 되는 대극들을 함께 통합할 수 있다. 내면의 자기와 소통하는 법을 배우기 때문에 전일성으로 향하는 길을 확립하는 것이다.

적극적 명상의 예: 내면의 예술가와 대화하기

지금까지 했던 말이 도대체 무슨 의미인지는 구체적인 사례를 접하면 더욱 선명해질 것이다. 다음에 소개하는 내용은 어떤 여인이 했던 적극적 명상과 그 기록이다. 이 책에서 다양한 사례들을 더 접하게 될 것인데, 이 사례들을 통해 우리가 적극적 명상을 하려고 앉았을 때 실제 경험하게 되는 세계가 어떤 것인지 윤곽이 잡힐 것이다. 어떻게 접근을 하고, 내용은 어떻게 기록하는지 그리고 내면작업들 중에서 적극적 명상은 어떤 목적에 더 잘 부합하는지 좀 더 정확하게 판단하게 될 것이다.

먼저 분명하게 짚어둘 점이 있다. 상상한 내용을 치장하거나 뭔가 적절하고 문법에 맞도록 세련되게 만들어서는 안 된다. 이 작업을 하는 목적이 무의식에서 흘러나오는 내용이 무엇이든지 정직하게 날 것 그대로 체험하고 기록하는 데 있다. 이는 다른 사람들을 위해서 하는 창작이 아니다. 자신과 무의식 그리고 자신과 신들 사이에 일어나는 사적인 문제인 것이다. 그러니 무의식에서 저절로 흘러나오는 대로 아름다우면 아름다운 대로, 거칠고 조악하고 일관성이 없으면 없는 그대로, 설혹 당혹스럽고 사악하게 느껴지더라도 그저 그대로 두라. 이렇게 한 결과가 더 정직하고 더 진실하다.

지금 소개하는 사례는 어느 날 밤 쉽게 잠을 이룰 수 없었던 어떤 여인이 적극적 명상을 했던 내용이다. 이 여인은 집을 새로 칠하는 문제로 온갖 생각들이 꼬리에 꼬리를 물고 일어나서 잠자리에 들었는데도 눈은 점점 말똥말똥해져갔다. 색을 고르고 페인트를 사고 일을 하느라 몸은 녹초가 되었지만, 색을 어떻게 배합해야 할지, 디자인은 어떻게 해야 할지, 수만 가지 방법과 재질과 가구 배치에 대한 환상이 멈추지를 않았다.

그녀는 이전에 적극적 명상을 해본 경험이 있는 사람이어서, 상상 속으로 들어가 이렇게 집착을 보이는 이미지를 한번 찾아보자는 데 생각이 미쳤다. 도대체 내면세계에서 누가 이토록 집착을 하는지 찾아내서 대화를 하고 싶었던 것이다.

적극적 명상을 참 적절하게 사용하는 경우이다. 보이지 않는 무의식의 내용들에 인격을 부여하고 이미지의 형태로 표면으로 데려와서 서로 대화를 통해 상황을 다루어보려는 의도인 것이다.

모호하고 손에 잡히지 않지만 뭔가 계속 신경이 쓰이는 일들이 누구나 있다. 표면 바로 아래 무의식에서 일어나고 있는 갈등을 느낄 수는 있지만 도대체 무슨 일이 벌어지고 있는지 볼 수는 없다. 무언가 뚜렷하고 구체적인 것과 연관을 시킬 수도 없다. 그 영향은 느끼지만 모호하고 형체가 없어서 '그게 무엇인지 해결'할 수가 없는 것이다. 어떨 때는 설명할 수 없어서 막연히 화가 나기도 한다. 그런데 왜 화가 나는지? 무엇에 화가 나는지? 느낌은 있는데 말로는 표현이 안 된다. 무드 우울 팽창 집착 근심, 이 모두가 이런 범주에 속하는 것들이다.

이럴 때 상상을 통해 무의식으로 들어가 보이지 않는 느낌들에게 의인화된 모습으로 나타나달라고 청할 수 있다. 적극적 명상을 다음의 질문들로 시작할 수 있다. "이 집착은 어디에 있는 거지? 이렇게 집착하는 존재가 누구일까? 이런 감정은 어디서 오는 거야? 내 안의 누가 이렇게 느끼는 걸까? 그 사람 이미지는 어떤 걸까? 그 사람은 어떻게 생겼을까?"

이렇게 하다 보면 결국 이미지가 하나 떠오를 것이다. 이 이미지는 집착 자체를 의인화한 것일 수도 있고, 아니면 그런 영향을 만들어내는 자신의 일부일 수도 있다. 그러니까 집착을 하거나 우울해 하거나 무드에 사로잡혀 있거나 화가 나 있는 자기 자신의 일부일 수 있는 것이다.

이 여성이 한밤중에 시도한 적극적 명상으로 돌아가보자. 이 여인은 상상 후에 짤막한 설명들을 덧붙였는데 설명한 부분은 괄호 안에 표시했다. 이 부분을 제외하고는 그날 밤 상상에서 흘러나온 내용을 그대로 받아 적은 것이다.

(집 내부를 다시 칠하면서 색상이나 디자인, 질감과 균형에 대해 점점 더 흥미진진해졌다. 공사가 시작되자 '관심'을 넘어 완전히 이 일에 사로잡혔다. 다양한 색깔 배합이나 디자인들이 끝없이 떠올라서 잠을 잘 수가 없었다. 재미있게 시작을 했는데 이제는 집착으로 변했다.

이 과정 자체가 나름의 생명력을 지니게 되어서 에너지가 소진되었고 의식적으로는 통제가 불가능한 상태였다. 엄청난 에너지가 뿜어져 나왔다. 남편은 이런 나의 열의를 이해하지 못했고 더 이상 참을 수 없는지 쉽게 화를 낸다.

스스로를 통제하려 애쓰면서 내면에서 나오는 이 엄청난 에너지는 '부정적인 아니무스'나 '애착'이라고 꼬리표를 붙이는 걸로는 뭔가 충분치 않을 것 같다. 이 집착이 '부정적인' 힘으로 느껴지기는 하지만 그냥 부정적이라기보다 뭔가 걸맞지 않게 부풀려진 느낌이 들었다. 아직 건드려지지 않은 새로운 활력의 원천이 있는 듯했다. 뭔가를 해가지고 이를 통제하려 들면, 이 새로운 자원을 억압해서 다시 그림자로 되돌리게 될 것 같았다. 그러면 이 자원에 접근할 수 있는 통로를 잃게 될 것이다. 그래서 스스로한테 물었다. "갑자기 뭐에 사로잡힌 걸까?" 한밤중에 나는 '이 인물이 누구인지', '원하는 게 무엇인지'를 알아내기 위해 내 안에 있는 이 '에너지'와 대화를 시작했다.)

적극적 명상

(공책에 적을 때 E는 '자아' 즉 말을 하는 나를 의미하고 JA는 한참 뒤에 일본인 예술가로 밝혀질 목소리를 나타낸다. 처음에는 내가 대화하는 상대가 누군지 알 수 없었다.)

E   무슨 일이 벌어지고 있는 거야? 전혀 모르는 어떤 힘에 사로잡

혔어. 색깔들이 눈앞에 어른거려서 잠을 잘 수가 없다. 너 뭐 하는 거니? 원하는 게 뭐야? 넌 누구야?

목소리 (내 상상 속에서는 여자 목소리 같았다.) 색이 너무 예쁘지 않니? 색깔이 서로 어우러지는 걸 봐. 다양한 모습의 자연을 어떻게 상기시키는지 봐. 특히 이 색은 책장의 나무 색이랑 너무 잘 어울리잖아.

E 잠깐만, 응, 정말 예쁜데 나 지금 너무 피곤해. 신경 써야 할 일이 얼마나 많은지 알아? 이 일만 있는 게 아니야. 다른 일들도 해야 하는데 네가 나를 완전히 차지해버렸어.

(이즈음에서 나는 내 안에 있는 이 여성의 목소리가 색에 집착한다기보다 정말로 신바람이 나서 흥분했다는 사실을 깨닫기 시작했다.)

목소리 나는 여기 뭐를 만들지 분명하게 알겠어. 여기 맞는 것들을 찾으려는 거야. 실제 만들려면 맞는 재질을 찾아서 디자인을 하고 칠을 해야 돼.

E 다 좋은데 그걸 꼭 밤새도록 해야겠어?

목소리 아. 그래. 무슨 말인지 알겠다.

(이 인물이 점점 더 뚜렷해진다. 일본 사람이다. 처음에는 남자처럼 보였는데 지금 보니 남자도 여자도 아닌 양성적인 느낌이다. 예술가

적극적 명상

고 선 불교도처럼 긴 장삼을 입고 있는 게 느껴진다. 감정이 상한 것처럼 말없이 가만 있다. 어느새 나는 이 존재의 인격을 '추적'하고 있다. 그리고 나는 이 존재가 굉장히 섬세하고 자연을 찬찬히 감상하는 데서 오는 비전을 갖고 있다는 걸 '안다.' 이 존재를 놓치고 싶지 않다. 내가 느낀 짜증과 화가 사라지는 느낌이다. 이 존재가 대단히 흥미롭다.)

E   제발 달아나지 마. 화난 게 아니야. 우리 둘 다 잘 성장할 수 있도록 뭔가 합의를 할 수 있지 않을까? 왜 날 그렇게 심하게 몰아치니?

JA   난 두려워.

E   뭐가 두려워?

JA   다시 갇히게 될까 봐.

E   갇힌다고?

JA   날 표현할 기회가 거의 없었잖아. 문이 열려 있는 동안 정말 빨리 집중해서 일을 해야만 해. 곧 끝이 날 텐데 그러면 나는 다시 갇히게 될 거잖아.

E   무슨 말인지 알 것 같아. 내 삶에 정말로 너를 위한 배출구가 없었어. 너무 없어서 나는 네가 있는지조차 몰랐어. 내가 사는 문화에 너를 위한 장소는 별로 없어. 그리고 너를 위한 자리를 마련해주지 못한 건 내 문제이기도 해.

JA 그래. 오래 배가 고팠던 느낌이야. 이게 내가 가진 유일한 기회일지 모르잖아.

E 꼭 그럴 필요는 없어. 내가 너를 위해 다른 수단을, 네가 널 표현할 수 있는 다른 길을 마련해주면 네가 좀 덜 절박하게 느낄까? 네 그 열정을 조금은 줄일 수 있겠어?

JA 응.

(한동안 대화가 멈췄다. 그러다 이 존재가 아주 부드럽게 말했다.)

너 아니? 그게 무슨 말인지 알고나 하는 거야?

E (조금 염려가 됐다. 어쩌면 되돌릴 수 없는 어떤 걸 떠맡을지도 모른다.)

그런 것 같아. 내가 스스로 물리적이고 감각적인 세계에서 순수한 창작을 하도록 허용하는 게 쉽지 않았다는 걸 아니까. 늘 뭔가 실용적인 게 끼어들도록 내버려뒀어. 항상 일하고 책임을 져야 되는 것들 때문에 부담스러워.

JA 널 통해 날 표현하려 해봤지만 대개 '실용적인' 문제들이 이기더라. 창작하는 순수한 즐거움, 물리적인 면을 살아내는 깃은 그 자체로 온전한 거야. 결과에 대한 기대나 실용적인 이득 같은 것은 없어.

E 그건 맞아. 그리고 내 환경이나 지배적인 태도를 돌아보니 내 관

심을 끌려면 네가 나를 불편하게 만들어야만 했다는 걸 알겠어. 내 삶을 지배하는 생산성이란 가치에서 벗어나야 한다는 게 보여. 생산성에 집착해서 다른 것은 설 자리가 없는 남성적인 사고방식을 다뤄야만 해. 실패에 대한 두려움, 잘해내야 한다는 내 불안감을 이용하는 거지. 그리고 걷잡을 수 없게 되어버린, 뭔가 생산해내고 일에서 성공하려는 욕망을 직면해야만 해. 내가 가진 예술, 실제 삶에서 예술적인 표현이나 연관된 가치들을 자세히 살펴보고, 널 위한 자리를 마련해야만 해. 보다 직접적으로는 널 위해 뭔가 즉각적인 수단을 마련해야겠어. 넌 뭐 제안할 것 없니?

JA 도예나 수채화 같은 거. 꽃을 심어. 꽃꽂이를 해봐. 아니면 뭔가 형식을 덜 갖춰도 되는 거. 난 그저 우리가 형태나 색, 그리고 손에 잡히는 뭔가로 작업하며 놀았으면 좋겠어.

E 좋아. 네 도움도 필요해. 나를 지배하는 편견에 맞서도록 네가 가진 감각 세계의 가치에 대한 깨달음이 필요해.

JA 넌 그저 나를 부르기만 하면 돼. 그럼 내가 대답할게. 너한테 되돌아올게.

이 적극적 명상 기록에는 감정 반응뿐 아니라 이 여성이 명상을 통해 알게 된 의미를 흥미롭게 각주처럼 달아놓았다.

나는 여기 적극적인 명상에서 나온 단어들에 저항감이 들었다. '창의성'이니 도예나 수채화 같은 상투적 표현들이 진부해보였다. 하지만 진부한 표현이나 흔히 사람들이 유행이라 부르는 것을 쫓아다니는 듯한 느낌을 줄지언정, 내가 가진 신체적이고 감각적인 면에 자양분이 되는 뭔가를 해야 한다는 것을 이해하게 되었다. 내가 아니라 내 안에 이 부분이 원하는 대로 해주고 내 이성적인 범위 안에서 이 부분이 요구하는 바를 따르려 한다.

일본인 예술가라는 이 인물로 인해서 나는 내가 살고 있는 문화가 아름다움을 존중하는 데 어느 정도나 장애로 작용하는지 알게 되었다. 주류 문화가 관심 있는 것은 생산성과 결과물이다. 끝없이 뭔가를 하도록 만들고 그냥 가만히 존재 자체를 느끼는 데는 아무 가치도 부여하지 않는다. 뭔가 실용적인 것을 생산하느라 존재 자체의 아름다움에는 아무런 가치도 부여하지 않는다. 새로 발견한 내 안의 동맹자와의 대화를 통해서 나는 나를 둘러싸고 있는 환경과 문화적인 편견을 이해하는 지난한 작업을 시작하게 되었다. 이 작업은 집단이 요구하는 것과 내가 본래 타고난 본성을 구별해내는 데 도움이 되었다. 다른 말로 하자면 나의 개성화 과정이 진행되는 것이다.

적극적 명상의 여파로 이 여성에게 새로운 세계가 열렸다. 그녀는 정기적으로 내면의 일본인 예술가에게 말을 걸었다. 도예 교실에도 나가기 시작했고 매주 일정 시간 정원이나 도예 공방 아니면 아름다움에 대한 감각을 일깨우는 자연과 연관되는 여성적인 가치와 맞닥뜨리는 몸적이고 예술적인 활동을 뭔가 했다.

명상한 내용을 통해 파악했겠지만 이 여인은 사고, 분석, 생산성이라는 정신적인 작업에만 매여 있었다. 자연히 그녀의 삶에는 내면의 선승禪僧을 행복하게 만들 자연의 아름다움이나 땅이나 식물, 색깔이나 촉각 혹은 물리적인 세계와 연결되어 있다는 감각을 위한 여지가 없었다.

그래서 이전에 굶주리게 만들었던 자신 안의 이러한 측면을 살찌운다는 데 엄청난 충족감을 느꼈다. 그리고 자신이 누구인지에 대한 감각도 확장되었다. 기존에 알던 것보다 자신 안에 훨씬 더 많은 것들이 있다는 걸 인식한 것이다.

우리 각자 안에 있는 특질들과도 이 여인이 했듯이 의인화된 이미지로 등장시켜 상호 대화를 나눌 수 있다. 만약 자신이 뭔가 실체보다 더 과장된 에너지에 잡힌 듯 느낀다면 상상의 세계로 들어가 팽창된 부분에게 이미지를 통해 의인화하라고 요청할 수 있다. 모호하게 어떤 무드에 휘둘리는 느낌이 들 때도 마찬가지로 해볼 수 있다. 시작할 수 있는 지점은 바로 이미지이다. 그러고 나면 대화에 들어가 서로 영향을 주고받을 수 있고 어떤 이해를 할 수 있는 방향으로 나아갈 수 있다.

위의 사례에는 적극적 명상을 효과적으로 하는 데 필요한 기본적인 요소가 다 들어 있다. 이 경험 전체가 수동적인 환상 같은 것에서 시작되었음을 주목하기 바란다. 침대에 누웠을 때 눈앞에 색깔들과 이미지들이 떠다녔는데 이 순간 그녀는 환상에 사로잡힌 관객에 불과했다.

그녀는 환상을 적극적 명상으로 전환시켰다. 처음에 그녀의 의식은 환상의 세계 바깥에 환상과 상관없이 독립적으로 존재했는데 정확히 여기가 출발점이다. 자아가 활발하게 역할을 하기 시작한 것이다. 그녀는 대답을 들을 것이라 예상하면서 몇 가지 질문을 던지는 걸로 시작했다. 잠을 못 이룰 정도로 환상이 일어나는 이 모든 것 뒤에 있는 존재가 누구인지, 누가 이 환상의 흐름을 만들어내는지 찾아보았다. 그 결과로 이미지가 나타났고 대화를 시작할 수 있었다.

벌어지는 일에 정서적으로 개입을 했다는 점도 이것이 진정한 적극적 명상임을 나타낸다. 전개되는 상황이 당혹스럽기도 했지만 자기 내면에서 강하게 무시하고 억압했던 부분이 있다는 것을 발견하자 관심을 보이고 감동을 받기도 한다. 자기 안에서 새로 만난 면을 존중하고 높이 평가하며, 그에 대해 감정을 드러내기도 한다. 이는 이 여인이 한 말에서뿐 아니라 이 작업에서 알게 된 사실을 존중하기 위해 이 이후에 실제 뭔가를 하는 것에서도 드러난다.

다른 중요한 요소 하나를 더 말하자면, 이 여인은 무의식에서 등장한 사람의 말을 기꺼이 들으려 한다. 내면의 목소리를 억눌러버리거나 다른 걸로 덮어씌우려 하지 않고 할 말을 하도록 기꺼이 내버려둘

뿐 아니라 거기서 뭔가를 배우려 한다.

앞으로 적극적 명상에 관한 개념들을 살펴볼 것이다. 그 전에 이미 여기서 제대로 된 적극적 명상을 하기 위해 필요한 기본 원칙들을 볼 수 있었다. 이 원칙들을 마음에 꼭 품고 있다면 이미 이 고급 기법을 이해하고 사용하는 길로 들어섰다.

자신이 뭔가 지어낸다는 생각이 들 때

새로운 내담자가 나를 찾아왔다. 지적인 남자였는데 첫날 이 사람이 걸어 들어오는 순간 사기꾼이라는 느낌이 들었다. 그 사람 눈빛에서 뭔가를 읽을 수 있었다.

처음 몇 회기 동안에는 아무 일도 일어나지 않았다. 꿈을 기억하지 못해서 중요한 이야기는 오가지 않았다. 이 사람이 왜 분석에 관심을 가지게 됐는지조차 궁금할 지경이었다. 그래서 나는 이 사람 무의식의 빗장을 열어서 내면에 무슨 일이 벌어지고 있는지 알아낼 수 있는 방법이 되겠다 싶어 적극적 명상을 가르쳤다.

처음에는 어떤 일도 일어나지 않았다. 아무런 적극적 명상도 없었다. 나는 네 단계를 설명하고 나서 말했다. "가서 상상 속에서 뭔가, 뭐든지 좀 해봐요. 일기장에 내용을 적기만 하면 돼요. 거기서부터 시작합시다."

다음 주 그가 왔을 때 그 사람 눈에서 맨 첫날 봤던 그 눈빛을 보았다. 뭔가를 꾸미고 있다는 걸 알 수 있었다. 그는 적어온 적극적 명상 두어 쪽을 내려놨다. 머리가 쭈뼛쭈뼛 서는 내용이었다. 완전히 멜로드라마로, 〈폴린의 진주The Pearls of Pauline〉와 〈페이튼 플레이스Peyton Place〉를 하나로 섞어놓은 것이었다.

그 후로 매주 그는 적극적 명상을 한 내용이라며 적은 것을 가지고 왔다. 사건들은 더 심하고 더 절박해져갔다. 빛에 저항하는 어둠의 거대한 전투들, 악당과 희생자, 영웅적인 여자들이 처형되고 치사하기 짝이 없는 음모와 배신으로 가득했다. 불쌍한 여자아이가 아기를 안고 바짝 뒤쫓아 오는 악당을 피해 강을 건너려고 얼음에서 얼음으로 건너뛰고 있었다.

한 주가 가고 또 한 주가 가도 이런 이야기는 계속되었고, 나는 거의 아무 말도 하지 않았다. 나는 이 모든 내면의 드라마가 어디로 가는지, 여기서 뭐가 나올지 지켜보고 있었다.

어느 날 그가 들어와서는 마지막 적극적 명상 기록을 연극을 하듯이 집어던졌다. 거기서 내가 읽은 것은 끔찍하게도 지금까지 내내 전개되어온 줄거리를 다 폐기하는 내용이었다. 다 읽고 나자 그가 말했다. "자, 이 멍청한 양반 같으니라고! 내가 내내 당신을 속이고 있었어. 그거 전부 내가 당신을 속이려고 지어낸 것일 뿐이란 말이야. 진실이라곤 한 마디도 담겨 있지 않다고!"

나는 아무 말도 하지는 않았지만 속으로 생각했다. "글쎄, 누군가 나를 바보로 만드는 게 처음은 아니지." 그리고 난 그저 앉아 그를 쳐다보며 기다렸다. 그 남자 얼굴빛이 변하던 모습은 절대 잊지 못할 것 같다. 의기양양하던 표정이 서서히 공포로 질려갔다. 눈에는 눈물이 차올랐다. "망할, 이런 망할, 이런 망할 양반 같으니라고! 당신이 날 속였어. 이건 다 진실이었던 거야. 나만 그걸 몰랐던 거고." 그러고 나서 그는 무너져 내렸다.

보다시피 그가 나를 속이고 분석 과정 전체를 웃음거리로 만들려고 '가짜' 이야기를 지어냈을지라도 그 '가짜' 이야기 속에는 자신의 심리적 속살이 드러난다. 스스로는 뭔가를 꾸며낸다고 생각하지만 실은 그동안 자기 내면에 있는 은밀한 내용들을 쏟아낸다.

이야기에 나오는 그 끔찍한 악당은 다른 사람이 아니라 바로 눈에 야비한 기운이 도는 사기꾼이었다. 이 사기꾼이 숨어서 이토록 이 사람을 통제하고 있었던 것이다. 이런 사기꾼이 자신이 분석을 받는 목적은 분석가를 비웃어주기 위한 것이라 스스로 믿도록 만들기도 했다. 처형당한 영웅적인 여성들은 다른 누구도 아닌 그 자신의 내면에 있는 여성적인 면이었다. 강에 떠 있는 얼음 조각에 내맡겨진 건 그의 내면생활과 정서 생활이었던 것이다. 그 모든 음모와 무고한 희생자들, 비극과 모험들은 이 사람 영혼 안에서 휘몰아치는 끔찍한 갈등을 본의 아니게 드러내주는 것이었다.

이 사람은 나를 속이려 들었다. 예기치는 못했지만 그런 동안에도 이 사람은 적극적 명상을 했고 무의식에서 나온 상징들을 경험했다.

마침내 적극적 명상으로 인해 내면의 자기와 얼굴을 맞대게 되었고, 그는 완전히 다른 사람이 되었다.

내담자에게 적극적 명상을 시킬 때마다 나는 일련의 질문을 받는다. "하지만 내가 그 모든 걸 그냥 지어내는 게 아니란 걸 어떻게 알죠?" "상상에서 나온 허구의 인물과 제가 어떻게 대화를 해요?" 경험상 나는 상상 속에서 탄생하는 것이 무의식에 있는 뭔가를 진정으로 묘사하지 않는 것을 만들어내기란 거의 불가능하다고 확신한다. 상상의 기능은 무의식에서 재료를 끌어올려, 이미지로 옷을 입히고, 의식으로 보내는 것이다. 상상으로 올라오는 것이 무엇이든 간에 상상을 통해 이미지 형태를 띠기 전에 무의식 어느 지점에 살고 있었던 것임에 틀림이 없다.

누군가 어리석게도 뭔가를 의도적으로 꾸며내서 우스꽝스럽고 어리석은 뭔가를 지어내어 순전히 소설을 쓴다 하더라도 상상을 통해 올라온 재료는 여전히 그 개인의 숨겨진 어떤 부분을 나타낸다. 근거가 없이 허공에서 뭔가가 나올 수는 없다. 이미지들을 만들어내는 사람의 내면 어디에선가 와야만 하는 것이다.

이미지가 진짜냐 아니냐가 아니라, '이 이미지들을 가지고 내가 뭘 할 것이냐'가 참으로 중요한 질문이다. 하지만 내부분 사람들은 이미지가 진짜인지 가짜인지 의심하는 데 사로잡혀서 무의식에서 알게 된 것으로 무엇을 할 것이냐는 진짜 질문에는 근처에도 못 간다.

언젠가 강의를 마치고 나자 어떤 남자가 내게 물었다. "하지만 내가 그저 나의 초자아와 얘기하는 게 아니란 걸 어떻게 알 수 있을까요?" 때로 자신의 초자아, 아니면 초자아라 불릴 수 있는 부분과 이야기를 나눈다. 초자아의 범주에서는 법을 준수하고 부모님이 가르쳐주신 옳고 그름에 관한 생각이나 문화가 가진 관습적인 생각에 순응하라 말한다. 아마도 의식 성장의 과정에서 이런 것들에 의문을 제기하고 스스로 생각해봐야겠다는 대답을 할지도 모른다. 중요한 점은 각자가 **자신**의 일부와 이야기를 하고 있다는 점이다. 목적은 바로 자기와의 대화인 것이다.

다른 내담자가 말했다. "하지만 그냥 혼자 대화하는 느낌인 걸요." 이 경우 내 대답은 "좋아요. 자기 안의 다양한 **자신**들과 이야기를 나누고 있는 거예요. 바로 그렇게 하는 겁니다."

혼잣말을 하고 있는 느낌이 들어도 좋다! 내 교활한 내담자가 그랬던 것처럼 '지어내는' 느낌이 든다면 그것도 괜찮다. 지어내더라도 그게 뭐든 무의식에서 오는 것이라 내면의 인격들 중 하나가 말을 하는 것이다. 궁극적으로 필요한 것은 자아가 하고 싶은 말을 받아 적고, 내면의 사람이 하는 말도 받아 적고, 둘이 함께하는 것을 받아 적는 것이다. 진짜 상상이 무엇인지를 제대로 보기 시작할 때, 그것이 잘 닦여진 거울처럼 내면의 무의식을 충실하게 반영한다는 걸 깨닫게 될 것이다.

적극적 명상을 통한 신화적 여정

　다음에 소개할 내용은 지금까지 보았던 적극적 명상 내용하고는 판이하게 다를 것이다. 적극적 명상을 처음 시도할 때는 당사자의 개인적인 삶과 직접 연관이 없는 내용이 등장하는 경우가 허다하다. 아래 소개한 사례를 통해 접하게 되겠지만 이런 체험은 신화 속에나 나오는 모험 같다. 마치 원형의 세계로 들어가는 여정처럼 느껴지는데 그 자리가 아더 왕의 궁정일 수도 있고 고대 그리스일 수도 있다. 신들이 사람들과 함께 숲 속을 거니는 그런 자리가 등장할 수도 있다.
　그런데 이런 모험이 무의식에서 펼쳐지는 어떤 커다란 주제를 상징적으로 체험하는 것이라는 사실을 이해하지 못한다면 엄청난 오해를 할 수도 있다. 그저 흥밋거리에 불과하다거나 마치 작가가 재미있으라고 꾸며낸 이야기에 불과하다고 생각할지 모른다. 곧 접하게 될 사례가 그런 인상을 주는데 마치 위대한 신화의 도입부처럼 여겨진다. 순결한 여왕을 도우려고 악이 창궐한 곳으로 들어가서 상처 입고 신음하는 이들을 위해서 치유의 땅으로 가는데 이 과정은 전형적인 신화 속 영웅의 여정처럼 보인다.

하지만 심오하게 말하자면 이 이야기는 꾸며낸 것이 아니다. 상상을 통해 세부사항 하나하나를 살아보는 사람에게는 정말 진실한 체험이 되기 때문이다. 위대한 소설들 가운데는 적극적 명상으로 시작된 것도 있다. 그런데 작가의 내면에서 이야기가 태어나는 순간, 이는 이미 꾸며낸 것이 아니다. 무의식 깊은 곳의 역동을 진실하게 묘사하는 것인데 작가는 상상을 통해 상징적 표현을 하고 있는 것이다.

만일에 적극적 명상을 하는 과정에 내면의 안내자를 따라서 신화적인 모험을 한다고 하면, 이는 분명히 당사자가 일상의 물리적인 삶에서는 살아낼 수 없는 부분이다. 그런데 이런 부분을 가장 적법하면서도 최고로 우수하게 살아보는 방식이 바로 적극적 명상이라는 점을 이해한다면 도움이 될 것이다. 이런 신화적인 여정이 통과 의례일 수도 있다. 비록 인식하지는 못하고 살아간다 할지라도 우리는 일생을 통해 매번 한 단계에서 다음 단계로 성숙할 때마다 아주 깊은 층위에서 해결해야 하는 갈등이 있다. 직면해야만 하는 위대한 원형적인 주제가 있는 것이다.

우리 각자의 내면세계에 이런 위대한 원형적 주제들이 전부 숨겨져 있다. 영웅적인 탐색의 씨앗을 각자의 내면에 간직하고 있는 것이다. 누구든지 언젠가는 어떤 차원에서라도 영웅의 탐색을 해야만 한다. 각자 정신의 구조 속에는 이미 프시케의 여정이나 힘든 시련 또 에로스와 아프로디테와의 만남 같은 씨앗이 뿌려져 있다. 그 누구도 이런 원형적인 주제들을 회피할 수가 없다. 그리고 이런 주제를 각자의 삶으로 드러내고 체험을 해야만 한다.

　이런 것을 체험으로 살아내는 최선의 그리고 또 가장 적법한 방법이 적극적인 명상이다. 아마존 정글로 떠나거나, 혁명에 가담하거나, 종군 기자가 되거나, 아니면 세상에서 어떤 식으로든 영웅적인 여정을 살아낼 수 있는 사람은 소수에 불과하다. 우리 대다수는 관계나 언약, 가족 같은 대단히 정상적이고 실질적인 한계 상황들에 매여 있다. 이런 한계성들이 각자의 내면에 있는 원시적이고 위대한 에너지 체계를 바깥의 삶으로 살아내는 데에 장애가 된다. 그렇다면 도대체 어떻게 해야 하나?

　다음 사례의 주인공은 전문직에 종사하며 개인 사무실이 있고 대단히 바쁜 일정을 소화하며 사는 사람이다. 의존하는 가족이 있고 달려 있는 식솔들이 많다. 이런 사람이 만사를 내팽개치고 순수한 여왕을 찾으러 봉건 영지로 달려가지는 않을 것이다. 그리고 그렇게 해서도 안 된다. 그렇지만 이 사람의 영혼에는 르네상스 시대 영웅이나 치료사가 있다. 이 사람 내면세계에서는 원형적인 전투가 벌어지고 있는 것이다. 빛과 어두움, 남성적인 권력 의지와 여성적인 영혼, 바깥 세계의 실용적인 면과 내면세계의 신비주의적인 비전 사이에서 싸움이 일어난다. 이들 위대한 주제들이 이 사람 무의식에 존재하고 있고, 실은 이 무의식 안의 주제가 이 사람의 지엽적이고 개인적인 일상에서 펼쳐지는 어떤 것보다 더 강력하다. 이런 원형적인 주제들은 대단히 중요한 신화적 모험을 나타내는데 이는 모두 이 사람 상상에서 쏟아져 나온 것들이다.

이 사람은 이 주제로 오랫동안 일련의 기나긴 적극적 명상을 했다. 다음에 소개하는 내용은 그중에서 한 번 했던 명상 내용이다. 이 사람은 시간이 날 때마다 적극적 명상으로 되돌아가서 전에 멈추었던 지점에서 계속 이어나갔다. 자기 안에서 나오는 무용담을 계속 실행한 것이다. 적극적 명상을 하다 보면 이런 경우가 많이 있다. 정말 엄청난 모험을 하거나 아니면 내면의 인물과 아주 진지한 대화를 나눈다. 그런 다음에 같은 자리로 되돌아가 거듭거듭 먼젓번에 멈추었던 지점으로 가서 대화를 이어간다. 이런 시리즈의 적극적 명상은 며칠이 갈 수도 있고 몇 주 아니면 몇 달간 지속되기도 한다.

시작하기 전에 알아둬야 할 몇 가지가 있다. 우선, 이 남자가 적극적 명상을 시작하는 방식을 눈여겨보기 바란다. 그는 르네상스 시대 유럽 같은 느낌의 장소에 있다. 그곳 다리에서 '깃털 모자를 쓴 남자'를 만나는데 이 사람은 르네상스 시대 남자로 스승이자 안내자이다. (영적인 세계를 자유롭게 넘나드는 안내자이기에 이런 사람을 영매 psychopomp라 부른다.) 주인공은 매번 이 사람을 만나서 직접적이고 신속하게 적극적 명상을 시작할 수 있다.

둘째, 이 남자가 꿈/상상의 내면세계와 인간의 삶이라는 외부 세계 사이를 오가는 방편으로 특별한 의례를 하는데 이에 주목하기 바란다. 적극적 명상에서 내면세계로 들어갈 준비가 되면 이 사람은 상상 속에서 파란색 수도자 모자를 쓴다. 이 행위는 내면세계와 종교적인 체험으로 들어가려는 이 사람의 의도를 상징한다. 상상의 세계를 떠나서 일상의 세상으로 돌아올 준비가 되면, 이 사람은 책상에서 일어나 아내가 준 격자무늬 플란넬 셔츠를 입는다. 그 셔츠를 입음으로써 그는 아내에게, 가족에게, 지상에 묶인 몸을 가진 인간으로서의 일상이라는 자신에게 주어진 다른 의무들을 재확인한다.

다음은 이 사람이 기록한 적극적 명상의 내용이다.

(깃털 모자를 쓴 남자인 스승이자 안내자 역할을 하는 르네상스 시대 사람이 반긴다. 그는 다리에서 나를 만나는데, 지팡이를 짚고 있다. 나는 랜턴과 배낭을 가져왔다.)

남자 반갑소! 여정을 떠나기에 오늘 밤 날씨가 아주 좋구려. 그런데 우리 당장 시작해야겠소. 이 세계에선 일이 아주 빨리 바뀔 수 있으니 말이오. 아직 에너지가 있을 때 시작하도록 합시다.

나 저는 이 여정을 기꺼이 하려 합니다. 끝까지 버틸 생각이에요. 제가 하는 행동들이 운명에 순응하고 충족하기에 충분하리라는 믿음을 가지고 시작합니다. 그리고 운명이 저를 가혹하게 다루지 않을 거라 믿습니다.

남자 그럼 시작합시다. 하찮게 보이는 노력조차도 가치가 있다는 걸 기억 하세요. …… 중요한 점은 우리가 끈기 있게 끝까지 가는 겁니다. 제가 여기 있는 이유는 당신을 돕기 위해서입니다. 첫 발을 함께 내딛기로 하지요. 기억하세요. 세상적인 것이 여기서는 중요하지 않습니다.

나 저는 물리적인 세계에 살고 있어요. 하지만 여기서 저는 단지 방문자에 불과해요. 그리고 제게는 바깥에서 책임질 것들이 있어서 바깥 세계로 불려나가게 될지 모릅니다. 제가 할 수 있는 것은 그 점은 인정하고 이 여정을 하는 것입니다. 돌아가는 의례는 아내가 준 격자무늬 플란넬 셔츠를 입는 것입니다. 그러면 바깥 세계로 떠날 겁니다. 그런데 당신의 세계에 들어가기 위해 저는 푸른색 수도사 고깔모자를 쓸 겁니다. 그게 저의 의례입니다. 바깥 세상에서의 관계나 책임들을 회피하지 않는다면 가능한 한 자주 이 세계로 오겠습니다.

남자 동의합니다. 그거 좋은 의례군요. 그리고 저나 제가 모시는 여왕님께 결례가 되지도 않고요. 여왕님께서 당신을 데려오라 저를 보내셨습니다.

나 왜 저를 데려오라 하시죠?

남자 당신의 도움이 필요하십니다. 왕국에 문제가 좀 있어요. 지금은 힘든 시기입니다. 악이 움직이고 있어요. 가능한 한 당신의 도움이 필요합니다.

나 제가 할 수 있는 최선을 다하겠습니다.

남자 여왕님께서 고마워하십니다. …… 그리고 그런 당신을 아끼십니다. 저는 그분께 충성을 맹세한 지 꽤 여러 해 되었습니다.

나 그분을 어떻게 알게 되셨죠?

남자 최근에 돌아가신 제가 모시던 왕을 통해서요. 이십오 년 전 처음 왕을 섬기게 되었을 때 왕은 혼자셨습니다. 일 년 뒤에 여왕님과 결혼하셨지요. 이웃의 군주가 베풀어준 작은 호의에 감사하는 마음으로 사냥에 초대하셨지요. 군주께서 오시면서 왕보다 열다섯 살이 어린 따님을 데리고 오셨어요. 왕이 그 따님과 사랑에 빠져 그분들이 머무는 두 주 동안 구애하고 결혼을 하셨습니다. 저는 왕을 모시는 동안 왕비님과도 가까워졌습니다. 돌아가시기 전 이 년 동안 왕의 건강이 좋지 않았고, 당연히 적들은 그런 상황을 이용해 이득을 보려 했지요. 왕의 군대와 귀족들이 충성스럽게 뭉쳤지만, 악이 미묘하게 움직이고 있어요. 여왕님께서 그런 기미를 눈치 채셨지요.

나 제게 도움을 청하시는 이유가 뭐지요?

남자 밤에 동쪽 하늘에 4각 별이 나타났기 때문이지요. 그런 별을 전에는 본 적이 없어요. 여왕께서 그런 문제를 상의하는 현자가 계신데, 현자께서 저희에게 별이 처음 나타난 그곳에서 기다리라 하셨습니다. 제가 당신을 처음 만난 다리가 바로 그 장소예요. 저희가 당신을 부르자, 당신이 나타났습니다. 저희가 꿈에서 당신을 불렀지요.

(이 순간 나는 잠깐 산책을 멈춰야 했다. 바깥세상의 일을 처리하려고 격자무늬 플란넬 셔츠를 입었다.)

(나중에 다시 돌아왔다. 내면세계에 다시 들어가기 위해 푸른색 수도사 모자를 쓰고 깃털 모자 쓴 남자를 찾았다.)

나 돌아왔습니다.

남자 여정을 다시 시작하도록 하죠. 그래서 제가 알고 모시게 된 여왕과, 왕이 죽은 후 떠도는 악에 관한 짧은 이야기를 하려 합니다.

나 어떤 종류의 악이지요?

남자 아주 사악한 악이에요! 반드시 근절되어야 할 악이지요. 작은 마을이 약탈당했어요. 남자들을 살해하고, 칼로 찌르고, 남자아이들은 죽이고, 여자들을 욕보이고 죽이고, 어린 여자아이들도 마찬가지였어요. 아기들은 죽도록 내버려뒀어요. 전부 서른 명이 끔찍하게 살해당했어요. 그리고 더 나쁜 것은 살인자들이 왕의 군대로 변장을 했다는 거예요. 여왕이 마을을 차지하고 가진 것을 다 뺏으려는 마녀라는 소문이 마을을 떠돌고 있어요. 여왕은 좋은 분이세요. 그런 일은 그분의 천성에 맞지 않는 일이에요. 여왕님께도 열여덟 살 난 딸이 있으신 걸요. 온화하신 분이세요.

여왕님이 수색대를 내보내 악당들을 찾고 있지만, 아직은 운이 없습니다.

나 그게 전부입니까?

남자 아뇨! 불길한 질병이 돌고 있어요. 어린아이 둘이 죽었는데 입에서 달콤한 냄새가 나더니 죽어버렸어요. 아무도 그런 걸 본 적이 없어요. 바로 앞에 있는 이 마을에도 어린 여자아이가 죽음의 문턱에 있는 것 같아요. 발이 붓고 열이……. 쇠약해지고 있소.

(우리는 마을 외곽에 다다랐다. 불이 켜진 초가집이 하나 있었다. 남자가 문을 두드리고 우리는 안으로 들어갔다. 아이 어머니가 심란해하며 지쳐서 울고 있었다. 자랑거리라고는 이 어린 딸 하나밖에 없는 세파에 찌들어 거칠어진 아이의 아버지도 마찬가지였다. 아이는 여덟 살이나 되었을까, 금발에 아프지 않았으면 아주 아름다웠을 생김새다. 아이는 아주 거뭇거뭇하게 보이고 숨 쉬는 게 힘겨워 보인다. 열에 들뜨고 오한으로 떨고 있다. 아이는 사흘 동안 아팠고 부모는 무슨 병인지조차 모른다. 아이의 왼발이 부어 있다. 남자가 나를 도와주러 온 치유자로 소개한다. 부모가 간청하는 눈빛으로 나를 본다.

우리가 아이의 옷을 벗긴다. 몸을 살펴보니 왼발 바닥을 제외하고는 다 정상이다. 고름이 있다. 나는 사람들에게 아이를 잡고 있으라고 부탁한다. 내가 칼을 꺼내 드는 걸 보고 아이 어머니가 기절을 한다. 하지만 아버지와 남자는 내가 아이 발을 절개하는 동안 아이를 잡아준다. 부싯돌로 만들어진 검고 끈적끈적한 액이 묻은 화살촉이 살에 박혀 있다. 나는 화살촉을 조심스럽게 싸서 보관한다.

　찬물로 아이 몸을 닦으면서 가족에게 상처를 닦을 물을 끓이라고 한다. 상처를 닦고 난 다음 부모에게 붕대를 소독하라 한다. 삶아서 햇볕에 말린 다음 아이의 발을 닦아내고 고기국물을 좀 먹이라고 알려준다. 지금 나는 내 세계로 돌아가야 하지만 나중에 다시 돌아오겠다고 말한다. 그들에게 아이가 살 것이라는 말도 한다. 격자무늬 플란넬 셔츠를 입고 내면세계를 떠난다.)

　이 기록을 통해 적극적 명상을 완전히 다른 목적, 다른 방식으로 이용할 수 있다는 걸 알 수 있다. 이 예를 보면 명상의 목적이 개인적인 차원에서 당면한 문제나 갈등을 해결하기 위한 것만은 아니라는 사실을 알 수 있다. 개인의 차원을 넘어서는 위대한 원형적 주제들이 스스로 풀어낼 장을 개인의 삶 속에 마련하는 것이다.

　이런 유의 적극적 명상으로 우리는 무의식 차원에서 영원히 진행되고 있는, 보편적인 원형들이 시간을 초월해서 추는 춤과 연결될 수 있다. 이들 인류 보편의 에너지 시스템들이 어떻게 우리 개인을 통해서 작용하는지? 그리고 어떻게 각자의 인격이라는 용기 안에서 고유하고 특별하게 스스로를 개별화하고 표현하는지? 이런 것을 발견할 수 있는 한 가지 길이 적극적 명상이다. 이 원형들은 아득히 거리감이 있고 초개인적인 듯 보인다. 그래서 우리 각자가 당면한 삶과는 아무 상관도 없어 보인다. 그렇지만 이들은 우리의 인격과 삶의 경험을 구성하는 근본 초석들이다. 이들이 우리를 형성하는 요소들인 것이다.

적극적 명상으로 들어감으로 원형적인 주제들이 상징의 형태를 띠도록 한다. 그래서 그 전개되는 드라마에 참여함으로써 우리는 상황을 변화시킨다. 원형의 힘들은 더 이상 무대 바깥, 즉 보이지 않는 집단 무의식 차원에서 그 자체로 작동하는 것이 아니라 상상력을 통해 의식의 차원으로 올라온다. 따라서 자아의 상태로 원형의 드라마에 참여해서 실질적으로 드라마의 결말에 영향을 미치게 되는 것이다. 원형들과의 상징적인 상호작용은 가장 심오하게는, 우리 각자가 운명에 따르는 삶을 살 수 있게 되는 놀라운 위치를 점유하게 만든다.

이 남자의 정신 구조 어디에서 순수한 여왕이 남성성의 권력 의지에 공격을 받고 있는지는 선뜻 말할 수 없다. 독화살을 맞고 신음하는 어린 여자아이가 어디에 있는지도 알 수 없다. 이런 측면을 분석하는 것은 별반 도움이 되지 않는다. 적극적 명상의 요점은 **체험을** 하는 데 있기 때문이다. 상징들을 분석하고 거기서 의미를 끌어내는 것은 꿈작업에서는 대단히 중요하다. 그러나 꿈작업과는 달리 적극적 명상에서는 등장하는 상징들이 심리학적으로 어떤 뜻인지 생각을 하느라고 산만해지면 오히려 비생산적이 될 수 있다. 적극적 명상의 마법은 체험 그 자체로부터 나온다. 일련의 적극적 명상이 결말에 도달하고 나면, 거기에서 의미를 끌어내고 그 상징들이 전체적으로 어떤 의미로 요약되는지 이해하려 시도하는 것은 무방하다. 그런데 적극적 명상이 진행되는 동안에는 분석적인 사고로 인해 체험을 하는 데 장애가 되어서는 안 된다.

우리 각자의 내면에도 똑 같은 원형적 여왕과 생존을 위해 다투는 병든 소녀가 끝없이 벌어지는 중대한 권력 투쟁에 사로 잡혀 있다. 이 전투는 보이지 않는 곳 그리고 시간을 초월한 곳, 즉 개인의 심리와 집단 무의식 사이의 변경을 따라 그 경계에서 쉼 없이 일어난다.

이 전투를 저 너머의 세상 즉 우주의 가장자리에 있는 경계 불분명한 영역에서 일어나도록 내버려두는 한, 우리는 이 역학을 해결하는 데 아무런 기여도 할 수 없다. 그렇지만 빛과 어두움, 여성성과 남성성, 여왕과 악당 사이에 벌어지고 있는 이 우주적인 충돌에 상징적인 형태를 부여함으로써, 이 충돌을 의식의 표면으로 끌어올린다면 이런 엄청난 힘들의 작용을 의식적으로 깨달을 수 있다. 결국 이 우주적인 드라마에 참여할 수 있고 또 어떤 역할도 할 수 있다. 할 말도 하고 원대한 드라마의 결실에 실질적인 영향을 미칠 수가 있는 것이다. 보지도 이해하지도 못하는 힘들이 결정하는 대로 그저 침묵하며 무기력하게 앉아 있기보다, 의식적으로 그리고 자발적으로 우리를 둘러싸고 있는 원형들의 삶 속으로 들어가는 것이 가능하다.

처음에는 이것이 뭔가 비전적인 느낌이 나고 '실생활'과는 전혀 무관하게 보일지 모른다. 하지만 아픈 아이를 치료하고 순수한 여왕을 도우러 간 행위 즉 이 위대한 원형적인 서사에 참여했기에 이 사람의 삶은 변화될 것이다. 이런 특질의 상징적인 행위에 대한 응답으로 내면 깊은 곳에서 뭔가 구체적이고 실재적인 치유가 이루어졌다.

　이 행위는 이 사람의 장기적인 삶의 여정을 그리고 그의 성격을 심오하게 바꾸어놓았다. 적극적 명상을 계속한다면 이 사람은 궁극적으로 삶의 중심을 지금까지와는 다른 데에 두고 살아가게 될 것이다. 이 사람을 구성하고 이 사람의 에너지를 투자하는 힘들 사이에서 새로운 균형을 만들게 될 것이다. 삶의 태도가 변하고 이 사람이 하는 선택도 달라질 것이다. 지금까지와는 전혀 다른 사람이 되는 것이다.

적극적 명상을 위한 4단계 접근법

이제 적극적 명상으로 들어가보자. 지금부터 적극적 명상을 하는데 적용할 수 있는 단계별 접근법을 소개하려 한다. 이 장에서 전반적인 접근법과 아울러 적극적 명상을 위한 자리를 마련하기 위해서 필요한 것들을 소개하려 한다. 예를 들자면, 어디서 명상을 할 건지 결정하고, 사적인 공간 확보가 필요하다. 그리고 명상한 내용을 기록할 방법을 결정해야 한다.

네 단계는 다음과 같다.

1단계 무의식 초대하기
2단계 대화와 체험
3단계 윤리적인 가치 더하기

4단계 물리적인 의례로 구체화하기

마리아 루이제 폰 프란츠Maria Louise Von Franz 박사는 적극적 명상이 자연스럽게 네 단계로 나눠진다는 걸 보여주었다.* 사람마다 각각의 단계를 조금씩 다르게 체험하게 된다. 그럼에도 정해진 규칙에 따라 적극적 명상에 별 두려움 없이 접근할 수 있도록 하기 위해서 이 네 단계를 공식화하려 한다.

꿈작업과 마찬가지로 정해진 절차가 주어지면 명상을 하는 동안에 대면할 수 있는 장애나 혼란 그리고 주저함을 극복할 수 있고 순서에 따라 처음부터 끝까지 진행하는 데 도움이 되리라 생각한다.

상상한 것을 기록할 방법 결정하기

적극적 명상에 들어가기 전에 준비 절차가 필요하다. 명상 과정에 요구되는 사항들을 꼼꼼히 챙기는 것이 중요한데, 우선 명상할 장소를 결정하고 적극적 명상을 통해 체험하게 될 내용을 어떻게 기록할지 미리 정해두어야 한다.

---

* 폰 프란츠 박사가 나열한 4단계는 (1) 자아-마음 비우기, (2) 무의식이 그 빈자리로 쓰며들게 하기, (3) 윤리적인 요소, (4) 적극적 명상 내용을 일상으로 통합하기이다(잘 알려지지 않은 1979년 파나리안Panarian 학회 강의에서).

이렇게 하나하나 자세히 챙기는 것은 대단히 중요하다. 상상이 시작되어 뭔가 등장하는데도 그 내용을 손쉽게 기록할 방법을 못 찾아서 시작도 하기 전에 포기하는 사람들 수가 제법 많기 때문이다.

내면작업의 결과물을 기록으로 남기는 것에 대한 중요성은 이미 언급했다. 그런데 적극적 명상의 경우 그 중요성이 한층 더하다. 내면의 대화는 적어두거나 컴퓨터에 기록으로 남겨야 한다. 이를 늘 일어나는 또 다른 망상 정도로 취급하는 것을 막기 위해서도 기록이 필요하다. 이렇게 하면 무작위로 백일몽에 빠져드는 대신 적극적 명상에 집중하는 데도 도움이 된다. 대화를 통해서나 행동으로 체험한 것을 정리할 수 있도록 해서, 나중에 그 내용을 기억하고 소화하는 것에 도움이 된다.

그렇다고 글로 기록하는 것이 유일한 방식은 아니다. 나중에 다른 방식도 소개하겠지만 대체로 쓰는 것이 가장 손쉽고 제일 효과적이다.

어떻게 적을까?

지금까지 이 책에서 소개한 적극적 명상의 기록들을 살펴보면 전부 상상에 떠오른 내용을 그대로 받아 적은 것들이다. 맨 먼저 예를 들었던 여성은 공책에 기록을 했다. 말하는 사람이 누구인지는 공책

여백에 줄여서 표시를 했다. 자아는 E로 자아와 대화를 한 일본인 예술가는 JA로 나타내었다.

개인적으로 나는 타자기를 이용한다. 타자를 치는 데 능숙한 사람에게는 이 방법이 많은 도움이 된다. 떠오르는 대로 빠르게 기록을 할 수 있고 손으로 적을 때만큼 빨리 피곤해지지도 않는다. 어쨌건 대다수 사람들은 손으로 쓰는 것을 선호하는데 융 박사도 손으로 기록했다. 이들 중 어떤 사람들은 펜을 사용하는 게 더 '자연스럽다'고 하는데, 아름다운 서체로 기록하면 뭔지 모르게 의례적이고 고태적인 느낌이 들 수도 있다.

내가 하는 방법은 특히 명상을 시작하는 데 어려움을 겪는 사람들에게도 유용하리라 생각한다. 명상 중에 내가 말하는 내용은 소문자로 쓰고 상상 속에 등장한 다른 사람이 응답한 내용은 대문자로 쓴다.* 이렇게 하면 화자가 바뀔 때마다 들여쓰기나 문단을 바꾸지 않아도 된다. 이 방식은 전환이 단순해서 상상이 흘러나오는 속도에 맞추어 기록도 빠르게 해나갈 수 있다.

두 번째 적극적 명상에 나왔던 신화적인 여정을 내 방식으로 쓴다면 아래 모양새를 띨 것이다.

---

* 영어로 기록하면 소문자 대문자 구분이 유용하다. 그런데 한글의 경우 컴퓨터 자판을 쓴다고 하면, 다른 서체를 사용하거나 밑줄을 긋거나 색깔을 다르게 하는 것도 도움이 될 듯하다. 원서는 대소문자 변화로 구분을 했지만 번역본에는 역자가 임의로 서체 변화를 주었다. - 옮긴이

(깃털 모자를 쓴 남자인 스승이자 안내자 역할을 하는 르네상스 시대 사람이 반긴다. 그는 다리에서 나를 만나는데, 지팡이를 짚고 있다. 나는 랜턴과 배낭을 가져왔다.)

반갑소! 여정을 떠나기에 오늘 밤 날씨가 아주 좋구려. 그런데 우리 당장 시작해야겠소. 이 세계에선 일이 아주 빨리 바뀔 수 있으니 말이오. 아직 에너지가 있을 때 시작하도록 합시다. 저는 이 여정을 기꺼이 하려 합니다. 끝까지 버틸 생각이에요. 제가 하는 행동들이 운명에 순응하고 충족하기에 충분하리라는 믿음을 가지고 시작합니다. 그리고 운명이 저를 가혹하게 다루지 않을 거라 믿습니다. 그럼 시작합시다. 하찮게 보이는 노력조차도 가치가 있다는 걸 기억하세요. …… 중요한 점은 우리가 끈기 있게 끝까지 가는 겁니다. 제가 여기 있는 이유는 당신을 돕기 위해섭니다. 첫발을 함께 내딛기로 하지요. 기억하세요. 세상적인 것이 여기서는 중요하지 않습니다. 저는 물리적인 세계에 살고 있어요. 하지만 여기서 저는 단지 방문자에 불과해요. 그리고 제게는 바깥에서 책임질 것들이 있어서 바깥 세계로 불려나가게 될지 모릅니다. 제가 할 수 있는 것은 그 점은 인정하고 이 여정을 하는 것입니다. 돌아가는 의례는 아내가 준 격자무늬 플란넬 셔츠를 입는 것입니다. ……

보다시피 글을 쓴 사람이 한 말과 르네상스 남자가 한 말을 다른 서체를 이용해 구분했다. 이 방법을 이용하면 누구 말인지 나타내려고 여백에 계속해서 '나' 혹은 '남자'라고 번갈아 표식을 할 필요가 없고, 들여쓰기나 문단나누기나 인용부호 등을 고려하지 않아도 된다. 이 방법을 취하면 손쉽고 흐름을 놓치지 않으면서도 재빨리 기록을 하면서 명상을 계속할 수 있다.

하다가 중간에 틀린 것을 고치려고 멈출 필요는 없다. 본인을 제외하고 이 기록을 볼 사람은 없기 때문이다.

이 방식이 본인에게 맞으면 사용하고 그렇지 않으면 앞에 소개한 사람들의 기록 방식을 따르라. 그도 저도 아니면 자신에게 맞는 방식을 개발해도 된다. 중요한 것은 적극적 명상을 하는 동안에 일어나는 사건들과 대화를 기록할 간단하고 손쉬운 자신만의 방법이 있어야 한다는 점이다. 인용부호와 문장구조, 마침표, 철자법 등으로 고심을 하게 되면 시작도 하기 전에 벌써 좌절하게 될 것이다. 너무 거추장스럽다고 느껴지면 지속적으로 명상을 하기가 힘들기 때문에 직접적이고 단순한 자기만의 방법을 개발하는 것이 좋다.

적극적 명상 내용을 기재하는 다른 방법

그 수가 많지는 않지만 적극적 명상을 특별한 방식으로 표현하는 사람들이 있다. 내면에서 떠오른 이미지들로 춤을 추거나, 음악을 연주하거나, 스케치나 그림이나 조각으로, 또 대화 내용을 소리 내어 말하는 식으로 표현하기도 한다.

무용가인 내담자가 있었는데 이 사람은 상상 속에서 일어난 사건이나 대화를 춤으로만 표현할 수 있었다. 처음 그녀가 춤을 시작했을 때 나는 긴장을 해서 아무런 말도 하지 못했다. 그녀는 내면세계에서 일어나고 있는 그 모든 날것의 감정과 아름다움과 드라마와 갈등과 비극을 춤으로 풀어내었다. 인물 하나하나를 몸짓으로 묘사했고 역할 하나하나를 연기했으며, 동물들을 표현하며 으르렁대고 툴툴거리고 소리를 지르면서 싸우고 울었다.

회기가 끝날 무렵 의자 뒤에 웅크리고 있던 나에게 이 여인은 쾌활하게 말했다. "괜찮아요, 로버트. 이제 나와도 돼요."

춤이 끝나고 나면 상상 속에서 보고 느낀 것을, 그게 자신에게 어떤 의미인지를 말로 표현했다. 내게는 춤이 외국어 같아서 그 과정을 이해하는 데 도움이 되었고 그녀에게는 말로 표현하는 과정이 의식화하는 데 도움이 되었다.

상상한 내용을 행동으로 풀어내거나 춤이나 그림 아니면 모래놀이와 같은 다른 방식을 사용한다 할지라도 어느 정도 메모를 남기는 것은 도움이 된다. 쓰는 것은 언제나 집중을 하고 의식화하는 데 도움이 되기 때문이다. 또 대다수 사람들에게 글로 쓰는 것이 최선이자 가장 용이한 방법이기도 하다.

물리적인 환경

이제 상상한 내용을 기록할 방법을 결정했으니, 한동안 바깥세상과 차단을 하고 혼자 조용히 머물 수 있는 공간을 마련해야 한다. 초인종이나 전화기가 5분마다 울려대고, 애들이 이방 저방 뛰어다니고, 애완견이 밥을 달라고 조르고 쓰다듬어 달라 엉겨 붙고, 책상 위에 세금 고지서가 잔뜩 쌓여 있는 어지러운 환경에서 내면의 자기와 대화를 하는 것은 불가능하다.

누구든 자기만을 위한 공간과 시간을 마련할 수 있을 정도의 자기주장은 할 수 있어야 한다. 집 안에 있는 다른 사람들에게 핵전쟁이 발발하거나 그리스도가 재림하는 경우가 아니라면 절대 방해하지 말라고 선언을 한다. 당신은 이만큼의 자유나 혼자만의 시간과 안정감을 누릴 자격이 있을 뿐 아니라 이는 내면세계로 여정을 떠나는 데 꼭 필요한 조건들이다.

그리고 철저하게 혼자일 필요가 있다. 아무리 친한 사람이라 하더라도 주변에 어슬렁거리다 어깨 너머로 쓰는 걸 넘겨다본다면, 무의식 깊은 곳에 은밀하게 숨어 있는 내용이 흘러나오는 데 방해가 된다. 방안을 왔다 갔다 하거나, 욕을 하거나, 내면의 인물에게 소리 내어 말을 하거나, 울고 싶어지면, 타인을 의식할 필요 없이 이런 날것의 감정과 정서를 편안하고 자연스럽게 표현할 수 있어야 한다.

혹시 다른 사람이 적은 내용을 읽게 될까 봐 적극적 명상 내용을 매끈하고 감동적으로 다듬고 싶은 유혹이 생길지도 모른다. 그런데 기록한 내용은 자신 외에는 세상 누구도 읽지 않을 것이라는 사실을 분명히 할 필요가 있다. 그렇게 하지 않으면 진솔하게 기록하기가 쉽지 않을 것이다.

자, 이제 무대가 마련되었다. 혼자 있을 공간을 찾아 문을 닫아걸고 적극적 명상으로 나오는 내용들을 어떻게 기록할지 결정을 했으니 모든 준비가 완료되었다.

첫 번째 단계: 초대

In mezzo del camin di nostra vita

Mi ritrovai per una selva oscura

Che la diritta via era smarrita

E quanto a dir qualera e cosa dura

Questa selva selvaggia······

삶이라는 이 여정의 한중간에서

어두운 숲을 지나다

빠져나갈 바른 길은 사라졌다는 걸 알게 되었다.

그 잔인한 숲에 대해

말하는 게 얼마나 힘든 일인지……

– 단테, 《신곡 *Divine Comedy*》

적극적 명상의 첫 번째 단계는 무의식에 있는 인물들이 의식의 표면으로 올라와 우리에게 접촉을 하도록 만드는 것이다. 결국 내면세계에 사는 이들을 불러 대화를 하자고 **초대**를 하는 것이다.

그런데 이런 초대를 어떻게 하는가? 바깥세상을 향하고 있는 마음을 차단하고 상상에 집중하는 것이 기본이다. 내면으로 눈을 돌려 그 안에서 누가 나타나는지 가만히 기다린다.

위에 인용한 《신곡》의 내용을 보면 단테가 어떻게 이 초대를 시작했는지 알 수 있다. 상상의 세계로 들어간 단테는 자신이 어두워진 숲 속에 있다는 걸 알게 된다. 집단의 길은 모두 지워졌다. '빠져나갈 바른 길은 사라진' 것이다. 그는 뒤얽힌 덤불을 헤치고 자신만의 길을 발견해야만 했다.

문학 작품들 중에서도 적극적 명상을 잘 활용했던 경우들이 있다. 단테의 《신곡》이 그중 하나인데, 단테는 어두운 숲 속을 떠돌다가 바닥에 난 구멍을 통해 아래로 떨어진다. 그 후 자신이 내면세계에 있다는 걸 알게 되는데 하데스 세계의 문턱에 서 있다. 거기서 시인 버질을 만난다. 아름다운 베아트리체가 단테를 맞이하기 위해 시인 버질을 보냈다는 사실도 알게 된다. 버질은 지옥의 여러 곳을 여행하는 동안 단테의 안내자가 되고 여정 중에 둘은 서로 많은 이야기를 주고받는다.

　이 작품은 적극적 명상을 어떻게 시작하는지 보여주는 고전적인 예이다. 어떤 자리로 가서 그곳에 자리를 잡을 수 있도록 생생하고 자세하게 묘사를 하고 거기서 누구를 만날지 기다린다. 단테의 경우 버질을 만나 여정에 오르고 도정에 다양한 사람들을 만나는데, 이 사람들 중 일부는 역사상의 인물들이고 다른 일부는 이들이 살아생전에 단테가 알고 있었던 이들이다. 단테는 만나는 사람 하나하나와 의견을 나누거나 가치관이 충돌하는 것을 체험한다.

　어느 시점에 이르자 버질은 자기보다 더 위대한 이가 남은 여정을 안내할 것이라면서 퇴장을 한다. 그때 서양 문학 전체를 통틀어서 가장 위대한 아니마의 상징인 베아트리체가 등장한다. 그녀가 단테를 연옥과 천국으로 안내한다.

　《신곡》은 적극적 명상을 제대로 해서 태어난 결실이다. 단테는 자신의 이야기를 1인칭으로 전한다. 그의 자아는 모든 체험을 관통하면서 살아남는데, 사건들에 참여를 하고 어떤 반응을 보이며 상상 속에서 만난 내면의 사람들과 대화를 나눈다. 이들은 단테 자신의 무의식에서 저절로 흘러나온 존재들인데 단테의 상상을 통해서 우리에게까지 전해지는 것이다. 단테는 집단 무의식에서 올라오는 충성과 배신, 선과 악, 천국과 지옥, 삶과 죽음이라는 위대한 원형적 주제들을 탐색했다. 이는 인류 누구에게나 해당되는 공통된 주제들인데, 단테의 버전으로 이 원형적 주제를 다룬 것이 《신곡》이다. 이 작품은 인류 보편적 중심 주제들에 대한 단테 개인의 체험을 기록한 것이다. 이는 단테가 자기만의 방식으로 체험한 의식 진화의 기록이기에 우리 모두도 반드시 저마다의 방식으로 살아내야 하는 진화의 주제들이다.

그렇다고 모든 사람이 다 이렇게 위대한 문학 작품을 쓸 필요는 없다. 사실 타인의 눈을 의식하면서 글을 쓴다면 마음이 흐트러져서 내면에서 일어나는 모험을 정직하게 체험할 수가 없다. 하지만 우리 각자는 인류 보편의《신곡》에, 삶을 통해 나름의 고유한 각자의 장을 써야 한다. 집단 무의식에 있는 특별한 자리에서 저절로 흘러나오는 것들을 기록해야만 하는 것이다.

처음 적극적 명상을 할 때 무의식을 초대하는 이 단계를 어려워하는 사람들이 많이 있다. 컴퓨터 앞에 앉거나 손에 펜을 들고 앉으면 마음이 멍해져버리는 것이다.

이럴 때 필요한 것은 어느 정도의 인내심뿐이다. 그냥 기다리는 마음으로 상상에 집중하면 대개는 얼마 가지 않아 이미지들이 떠오르기 시작한다. 그래도 떠오르지 않는 경우라면 아래에 소개하는 구체적인 기법이 도움이 될 것이다.

때로 상상이 일어나도록 하는 과정이 힘들 때가 있다. 내면의 사람들이 하는 말들을 듣지 않으려고 면전에서 문을 닫아버린 적이 하도

많아서 마침내 돌아서서 문을 열러 갔다고 해서 그 사람들이 반갑게 달려 나오지는 않는다. 쫓아 나오더라도 화가 나서 이렇게 나올 확률이 크다. "이봐요, 그동안 날 무시하고 내 면전에서 문을 쾅하고 닫아 버리곤 했죠. 이제 내 말을 듣겠다니 나도 할 말이 좀 있기는 하네요!" 이렇게 나오더라도 초대를 했으니 열린 자세로 맞이해야 한다.

그렇지만 초대를 했다고 해서 **조종**당할 것까지는 없다. 이 기법을 시작할 때 사람들은 내면세계에 있을 사람이 누구이며 내면의 인물들이 어떤 말을 할 것인지 등등 여러 가지 예상을 한다. 위대한 어머니 원형에게서 고상한 말을 듣고 싶어하고 내면의 스승에게서 심오한 지혜의 말씀을 듣기를 기대한다. 기대대로 될 때가 있기는 하다. 그런데 우리가 대면을 거부했던 우울이나 외로움, 공허함이나 도망치고 싶었던 열등감을 만나게 되는 일도 빈번히 발생한다.

초대를 했는데 예기치 않게 등장한 내용이 대면하고 싶지 않는 것이라 할지라도 그대로 받아들여라. 이런 부정적인 면도 온전한 우리라는 실체의 일부분이다. 이 순간 대면하기를 거부한다면 나중에라도 반드시 직면해서 대화를 해야 한다. 융은 가장 두렵고 제일 아픈 자리, 바로 여기가 개인적으로 성장을 할 수 있는 엄청난 기회의 자리라 했다.

이제 이런 기본 원칙들을 염두에 두고 내면의 인물들을 초대해보자. 우선 초대하는 데 도움이 될 구체적인 방법들부터 살펴보자.

경각심을 가지고 기다리기

가장 순수한 형태의 적극적 명상이라면 아마 마음을 비우고 상상의 세계로 들어가 등장하는 인물이 누구든 그냥 기다리는 것이다. 이런 접근법을 폰 프란츠는 '자아ego-mind 비워내기'라 했다. 깨어 있는 상태로 바깥세상의 생각들을 다 비워낸 다음 누군가 혹은 뭔가가 나타나도록 마냥 기다린다.

때로는 이 과정이 엄청난 인내와 집중을 요할 수도 있다. 시작했는데 한동안 아무것도 나타나지 않을 수도 있기 때문이다. 나타난다 하더라도 자아의 관점에서 볼 때 하찮게 여겨지거나 별 가치가 없이 느껴져 숙고해보지도 않고 거부해버리기도 한다. 그래도 충분히 오래 마음을 집중하면 무대로 뛰어올라와 주의를 끌 준비를 하고 있던 어떤 이미지가 나타난다는 것을 알게 된다. 이런 인물이 등장할 때 편견의 눈으로 바라보거나 비판적으로 보거나 거부를 해서는 안 된다. '연관이 되는 누군가 혹은 무언가가 나한테 할 말이 있는 게지'라고 받아들이는 것이 최선이다.

지난 밤 꿈에 나왔던 인물이 등장해서 꿈이 끝난 지점에서 이야기를 계속 이어가고 싶어할 수도 있다. 아니면 이전에 한 번도 본 적이 없는 이미지가 나타날 수도 있다. 이런 때는 이 사람이 누군지? 왜 내 상상 속에 등장했는지 궁금해질 것이다. 그래서 그저 단순하게 나타나는 대로 맞이하는 것이 최선이다. 그런 다음 "누구세요?" "원하시는 게 뭔가요?" "무슨 말이 하고 싶은 거예요?" 이렇게 대화를 시작한다.

나는 이 방식이 가장 순수한 형태의 적극적 명상일 것이라 했다. 왜냐하면 누구하고 이야기를 나누게 될지, 상상 속에서 뭐가 떠오를지, 이는 자아가 선택하는 것이 아니기 때문이다. 아무 기대나 전제 조건 없이 전적으로 무조건 수용하려는 자세로 임하는 것이 최선이다.

시작하는 법

자신을 비우고 나오는 대로 순수하게 받아들이는 '자아 비우기'가 잘 맞지 않는 사람이 더러 있다. 그저 마음을 집중하고 기다리는 것만으로 상상을 유도하는 방식이 결코 쉬운 일은 아니다. 아주 오랜 시간을 그저 멍한 상태로 앉아만 있게 될지도 모른다.

이런 경우에는 '마중물을 넣어주는' 것이 옳다고 믿는다. 구체적이고 의도적으로 상상이 흘러나오도록 할 뭔가가 필요하다. 이제 적법하게 '마중물을 넣는' 방법 몇 가지를 살펴보자.

한 가지 주의할 점이 있다. 이미지를 찾아 일단 내면의 대화를 시작하면 그때부터 절대로 통제를 하려 들어서는 안 된다. 이미지를 초대하고 기다리다가 일단 등장을 하면, 상상이 이끄는 대로 따라가야지 어느 부분에 집중하라고 명령해서도 안 되고 원하는 방향을 강요해서도 안 된다.

1. 환상 이용하기

환상에 재갈을 물리는 방식인데 이렇게 하면 수동적 환상을 적극적 명상으로 전환할 수 있다. 가장 단순하게는 요즈음 마음을 사로잡고 있는 환상을 들여다보면서 이미지 하나를 택하거나 내면의 사람 혹은 상황을 선정한다. 그러고 나서는 그 장소나 그 사람에게 다가가 적극적 명상의 출발점으로 삼는다. 환상에 참여해 등장인물과 대화를 하면서 거기서 한 말과 행동을 기록한다면 마냥 수동적으로 흘러만 가던 환상을 적극적 명상으로 전환할 수 있다.

이 방법은 공상이나 망상을 많이 하는 사람에게 특히 도움이 된다. 적극적 명상을 하면 그 바탕에 있는 압력이 완화되기 때문에 환상의 빈도나 강도를 낮출 수가 있다. 온종일 마음을 사로잡는 환상이 있다면 이는 해결이 필요한 내면의 문제가 있다는 뜻이다. 환상/공상이 너무 많이 밀려들 때는 대개 무의식에 충분히 관심을 갖지 않고 있다는 뜻이다. 바깥세상으로만 향해 있는 불균형 상태를 보상하기 위해서 환상이 넘쳐나도록 만드는 상황이다. 이는 일종의 비자발적인 방식이기는 하지만 억지로라도 내면생활로 들어가게 만드는 것이다.

융은 이런 상황에 처해 있을 때 환상의 내용을 주제로 삼아서 그 이미지와 의식적인 대화를 시작할 수 있다고 했다. 마음에서 끝없이 일어나는 환상을 수동적으로 지켜만 보는 대신에 이를 적극적인 명상의 형태로 바꿀 수가 있다. 연관된 자신의 다른 부분들 사이에 대화를 해서 갈등의 해결책을 찾을 수도 있다. 이렇게 하면 결국 무의식적인 환상을 의식으로 전환할 수 있다.

환상이 뛰어난 점프대라는 사실을 반드시 기억하라. 오늘 마음 한편을 사로잡는 환상이 있다면 이는 자신의 심적 에너지가 집중되어 있는 자리이거나 아니면 주요한 갈등이나 동력 중 하나가 상징적 형태로 말을 걸고 있는 것이다. 이런 환상을 적극적 명상을 시작하는 시발점으로 삼는다면 즉각적이고 주요한 내면의 주제에 집중할 수 있다.

수동적인 환상을 적극적 명상으로 바꾸는 법을 배우면 특히 두 경우에 실질적인 도움을 받을 수 있다. 먼저 완전히 '메마른' 경우이다. 아무 이미지도 떠오르지 않고 도무지 상상을 펼쳐낼 수가 없는 상황일 때, 환상을 이용하면 상상을 초대하는 것이 용이하다. 다음으로, 압도하는 환상의 흐름에 사로잡혀 있을 때이다. 환상에 집중을 해서 스스로 자기 표현을 하도록 만드는 적극적 명상을 하면 환상을 일으키는 에너지를 의식적으로 '살아낼 수' 있다. 따라서 환상에 사로잡혀 소모적인 상태가 지속되도록 버려두거나, 아니면 공상을 그대로 행동으로 옮기는 대신에, 상상의 차원에서 이를 의식화할 수 있게 된다.

2. 상징적인 자리 방문하기

초대하기 중 비교적 간단한 방식인데, 상상 속의 **장소로** 가서 거기서 누구를 만날지 기다리는 것이다. 이렇게 하면 대개는 상상을 통해 내면의 장소로 인도되고 거기서 만나야 할 사람과 연결된다.

본인들이 의식하지 못할지는 모르지만 많은 사람들이 버릇처럼 상상 속의 장소로 돌아간다. 르네상스 시대의 기사와 모험을 떠나던 남자를 기억하는가? 그 남자는 상상 속에서 늘 똑같은 다리로 되돌아가는 습관이 있었다. 그 다리로 가면 언제나 기사가 와서 그를 내면세계로 인도한다.

꿈에 자주 등장하는 해변이 나에게는 마법의 장소이다. 적극적 명상을 어떻게 시작해야 할지 모를 때 나는 마음속의 그 해변으로 가서 걷는다. 그러면 틀림없이 무슨 일이 생기거나 누군가 나타나서 상상이 진행된다. 며칠 동안 걷고 또 걸었는데도 아무 일이 일어나지 않아서 걷는 데 넌더리가 났던 적도 있었다. 하지만 대개는 내면의 장소에 가서 찾으면 나를 기다리고 있는 누군가를 만나게 된다.

몇 년 전 적극적 명상을 시작하는 데 어려움이 많았던 내담자가 하나 있었다. 바깥 생활에서 특별한 일이라고는 거의 아무것도 일어나지 않는 듯 보이는 사람이었는데 그런 단조로운 느낌이 이 사람 상상의 세계도 지배하는 것 같았다. 이 사람은 상상에 관한 한 완전히 백지 상태여서, 내가 하듯이 바닷가를 걸어보라고 했다. 그리고 거기서 누구를 만나게 될지 주변을 잘 살피라고 권했다.

다음 주에 그 사람이 돌아와서 말했다. "예, 말씀하신 대로 해변을 따라 걸었어요. 그런데 나랑 얘기하고 싶은 사람은 아무도 없는가 봐요. 아무 일도 안 일어났어요."

나는 좀 당혹스러웠다. "뭔가 일어나야만 해요. 해변을 너무 오래 걷다 보면 발가락에 물집이 생길 수도 있지 않겠소. 그럼 병원에라도 가야 할게요. 거기서 간호사와 사랑에 빠져서 결혼을 하게 될 수도 있지 않겠소. 뭔가 일어날 테니 가서 해봐요!"

또 한 주가 지나 그 사람이 와서 진지하고 무표정한 얼굴로 나를 쳐다보면서 말했다. "간호사가 별로였어요. 그래서 결혼은 안 했어요." 그래도 최소한 시작은 한 것이다.

내면의 자리를 찾아보면, 그 자리가 정글 속 작은 숲이거나, 그늘에 목신이 숨어 있는 전원적인 초원이거나, 수도원 안에 있는 독방일 수 있다. 이렇게 내면에 에너지가 있는 장소를 찾고 그 자리로 되돌아가는 방법을 배울 수 있다. 이런 식으로 내면의 장소로 가는 것이 바로 저마다의 방식으로 내면세계를 초대하는 법이 된다.

3. 의인화하기

집을 새로 칠하는 데 집착했던 여성을 떠올려보자. 그녀가 집착하는 마음을 의인화해서 초대했던 걸 기억할 것이다. 내면세계를 사로잡고 있는 것을 나타낼 수 있는 이미지를 찾아본 것이다.

그런 다음 이렇게 자신을 사로잡는 것처럼 보이는 이에게 말 걸기를 시도했다. 처음에는 허공에다 대고 말하는 것 같았다. 그러다 상상 속에서 음성을 듣게 된다. 그 뒤 음성은 이 여인이 볼 수 있도록 이미지로 바뀌었다.

E   무슨 일이 일어나고 있는 거야? 알지 못하는 힘에 사로잡혔어. 눈앞에 색깔들이 마구 떠올라 잠을 잘 수가 없어. 너 뭐 하는 거니? 원하는 게 뭐야? 넌 누구야?

목소리 (내 상상 속에서는 여자 목소리 같았다.) 색깔이 너무 예쁘지 않니? 색깔들이 서로 어울리는 걸 봐. 어떻게 자연의 다른 면들을 일깨우는지 봐. 특히 이 색들은 책장의 나무 색이랑 너무 잘 어울리지 않니?

E   잠깐만, 응, 정말 예쁜데 나 지금 너무 피곤해. 신경 써야 할 일이 얼마나 많은지 알아? 이 일만 있는 게 아니야. 다른 일들도 해야 하는 데 네가 나를 완전히 차지해버렸어. ……

펌프에 마중물을 넣는 또 다른 방법이다. 마음을 사로잡아 주의를 빼앗고 발목을 잡는 뭔가가 있는데 이것이 결코 떨쳐버릴 수가 없는 어떤 무드 같은 것이라면, 이 상황은 어느 지점에서 무의식과 대화를 시작할지 힌트를 준다. 자기 안에서 집착하거나 우울하거나 아니면 무드에 사로잡히는 그 자리로 가라.

그리고 이렇게 물어라. "오늘 무엇 때문에 내가 이렇게 우울이 가득할까? 도대체 어디에 있니? 넌 어떻게 생겼어? 내가 볼 수 있는 형태를 좀 취해줄 수 있겠어? 나랑 얘기 좀 하자. 네가 누구인지, 원하는 게 뭔지 알고 싶어."

4. 꿈속의 인물과 대화하기

융은 초기에 꿈을 연장시키는 수단으로 적극적 명상을 활용했다. 꿈이 미해결인 채 남아 있거나 같은 꿈을 되풀이해서 꾼다면 상상을 통해 꿈을 계속 이어지게 해서 해결책을 찾을 수 있다. 이는 적법하게 상상을 이용하는 것으로 꿈과 상상이 같은 원천인 무의식에서 오기 때문에 가능하다.

따라서 이 방법이 적극적 명상의 첫 단계인 초대하기의 다른 예가 될 수 있다. 상상 속에서 꿈으로 되돌아가 꿈속의 인물들과 대화를 한다. 이럴 때 꿈에서 이야기할 필요가 있어 보이는 구체적인 인물을 선별할 수 있다. 특별히 꿈속의 인물과 이야기를 하거나 꿈속의 상황으로 돌아가 꿈이 끝났던 지점에서 상황을 이어갈 수 있다. 이렇게 적극적 명상을 통해서 효과적으로 꿈을 연장할 수 있기에 꿈과 명상이 상호 영향을 미칠 수 있다.

이 방식으로 적극적 명상과 꿈작업을 연결시킬 수 있다. 특히 꿈에서 마무리 짓지 못한 시점이나 상황이 해결되지 않은 자리로 돌아가서 꿈이 제시한 내면의 상황을 계속 발전시킬 수 있다. 이 방식을 적용하면 꿈이 진행되던 자리로 가서 꿈이 제시하는 문제 전체를 해결할 수 있다.

적극적 명상을 하고 싶은데 시작이 안 되거나 시작점을 찾을 수 없을 때는 최근에 꾼 꿈 하나를 떠올려본다. 적극적 명상을 펼쳐내는 데 도움이 될 뿐 아니라 꿈과의 관계, 또 내면의 인물과의 관계가 달라진다. 이는 의식적으로 꿈에 참여하는 부분이 더해지기 때문이다.

적극적 명상의 예

두 번째 단계로 넘어가기 전에 적극적 명상으로 꿈을 확장시키거나 꿈에 나온 사람과 대화를 진행한 사례들을 소개하겠다.

맨 먼저 융 박사의 경우인데, 적극적 명상을 이용한 최초의 사례 중 하나이다. 융 박사가 정신의 본질에 관해서 가장 심오하면서도 지대한 영향을 받았던 통찰의 씨앗을 발견한 것이 바로 꿈에 나왔던 필레몬이라는 내면의 인물과 적극적 명상을 하면서였다.

이 환상에 이어 무의식에서 다른 인물이 등장했다. 엘리야에서 발전한 이 인물을 나는 필레몬이라 불렀다. 필레몬은 이교도로 이집트와 헬레니스트 분위기가 나며 영지주의의 색채를 풍긴다. 처음 이 인물은 아래 소개하는 꿈에 등장을 했다.

마치 바다처럼 보이는 푸른 하늘이 있는데 구름으로 덮인 것이 아니라 평평한 갈색의 땅덩어리들로 가려 있다. 마치 땅이 조각조각 갈라져서 그 사이로 푸른 바다가 보이는 듯한데, 그럼에도 바다는 아니고 푸른 하늘이 배경이다. 갑자기 오른편에서 날개 달린 존재가 하늘을 가로지르며 나타난다. 황소 뿔이 달려 있는 노인이다. 이 사람이 열쇠 꾸러미를 들고 있는데 열쇠가 네 개 달렸다. 노인은 마치 자물쇠를 열려는 듯이 그중 하나를 잡고 있다. 이 노인한테는 눈에 띄는 색깔의 물총새 날개가 달려 있다.

…… 내 환상 속에 등장한 필로몬과 다른 인물들 덕에 나는 정신 속에 내가 만들어내지 않았지만 스스로 만들어져 나름의 생명을 갖는 존재들이 있다는 결정적인 통찰을 얻게 되었다. 필로몬은 나 자신이 아닌 어떤 힘을 나타낸다. 내 환상 속에서 나는 그와 대화를 나누고, 그는 내가 의식에서는 생각지 못했던 것들을 말한다. 그런 말을 한 사람이 내가 아니라 그라는 것을 나는 분명하게 관찰했다. 그는 내가 생각들을 스스로 만들어낸 것처럼 다루는데, 자기가 보기에 생각은 숲 속의 짐승들과 같다고 말했다. …… 정신의 실재인 객관적 정신 psychic objectivity에 대해 가르쳐준 것도 그이다. 그를 통해 나 자신과 내 생각의 대상 사이에 구분이 분명해졌다.

    심리적으로 볼 때 필로몬은 상위의 통찰superior insight을 나타낸다. 그는 내게 신비로운 인물이었다. 때로 그는 마치 살아 있는 사람

personality처럼 내게 너무나 실제적이었다.(융, *MRD*, 182-83쪽)

적극적 명상을 통해서 꿈에 나온 사람들과 무한히 다양한 관계를 맺을 수 있다. 그리고 그들과 나눈 대화나 체험을 통해서 자신이 내적으로 변화한다는 사실을 스스로 확인할 수 있다. 만일 꿈을 꾸는 동안 끔찍한 갈등을 겪은 상대가 있다고 치자. 여러 번 적극적 명상을 하는 동안, 그 사람과 함께 시간을 보내고 서로 노력을 해서 의견 차이를 좁히면 마침내 상호 이해에 이를 수 있다. 융처럼 꿈에서 예언의 힘을 가진 현자를 만난다면 주기적으로 꿈속 인물에게 돌아가서 지혜나 조언을 구할 수 있다.

오래전에 꾼 꿈이다. 서재에 앉아서 일을 하고 있는데, 갑자기 사자가 걸어 들어와서 깜짝 놀란다. 사자를 내보내려고 별 짓을 다해본다. 밀어도 보고, 명령도 하고, 애원도 하고, 큰소리도 내보지만 내 소리에 사자보다 내가 더 놀랄 지경이다. 사자 꼬리를 비틀어보다가 꿈이 끝난다. 나는 깨어나서도 여전히 겁에 질려 있었고 사자는 절대 떠나려 하지 않았다. 보다시피 만족할 만한 결말이 없는 꿈이다. 문제가 해결되지 않았다.

나는 이 꿈으로 적극적 명상을 했다. 꿈이 끝난 바로 그 장면에서 상상을 시작했는데 금방 겁에 질렸다. 목덜미의 털이 곤두서고 등줄기가 오싹했다. 이런 반응은 적극적 명상이 제대로 진행되고 있다는 걸 말해준다. 내 감정에 몰입했다. 나에게 이 장면은 상상 속에서 일어나는 것이 아니라 실제 내 서재에 사자가 있어서 금방이라도 내 머리를 물어뜯을 것 같이 느껴졌다. 심장이 벌렁거리고 몸은 떨리고 식은땀이 흘렀다.

이 꿈으로 적극적 명상을 4번이나 하고 나서야 사자가 나를 해치지 않았다는 데 생각이 미쳤다! 자기 안의 내면 존재에 대해서는 이 정도로 무지할 수 있다. 만일 다른 사람이 명상을 했다면 내가 "봐, 사자가 널 해치지 않잖아. 꼬리는 왜 비틀어? 사자가 무슨 할 말이 있나 봐. 네가 이해해야 하는 중요한 문제일지 몰라"라고 즉각적으로 조언을 했을 것이다. 그런데 나는 사자를 몰아내려고 적극적 명상을 네 번이나 했다. 그제야 나는 사자가 내 자신에 속한다는 데 생각이 닿았다. 그리고 내 삶에 통합할 필요가 있는 존재라는 생각이 떠올랐다.

그런데 상상이 너무 강렬해서 벗어날 수가 없었다. 일을 하려고 서재에 들어갈 때마다 상상이 다시 시작되곤 했다. 사자의 영이 내 서재 안에 어슬렁거리고 있었던 것이다. 책상에 앉아 일을 좀 하려고 하면 내게로 와서 핥거나 타자기에다 대고 코를 킁킁거리거나 창밖을 내다보면서 으르렁거려 마음을 흩트려놓았다.

나는 그제야 사자에게 말을 걸기 시작했다. "너는 누구야? 왜 여기 왔지? 네가 하는 짓을 좀 봐. 그렇게 내 목덜미에 대고 숨을 내쉬면 내가 일을 할 수가 없잖아. 꿈에 나왔을 때도 정말 무서웠어. 밖으로 나가 다른 사자를 찾아보면 어때? 사자는 사람 사는 집에는 맞지 않잖아. 내가 사는 이렇게 문명화된 일상에 속하는 존재는 아니잖아."

점차 나는 사자한테 익숙해져갔다. 하지만 스스로를 사자로 드러낸 내 내면에 있는 부분에 적응하는 데는 몇 주가 걸렸다. 사자는 대단히 강력하고 무섭기까지 한 나의 일부였다. 사자가 누구인지, 사자가 내 안의 어떤 부분인지에 대해 더 선명해질수록 사자가 암시하는 부분에 나는 더 겁을 먹었다. 내 내면의 이 부분을 직면하는 데는 많은 작업이 필요했다.

여러 차례 적극적 명상을 더 하고 난 어느 날 마침내 사자가 서재에 특정한 장소로 가더니 뒷다리로 앉았다. 그러고는 동상으로 변했다. 앞으로 내민 오른쪽 앞발에는 책이 한 권 놓여 있었는데 나는 그 책에서 어마어마한 내용을 읽었다.

사자는 그날 이후 내내 거기 머물러 있다. 가끔 나는 내면의 서재 그 자리에 여전히 사자가 있는지 보려고 상상 속으로 되돌아가본다. 아직도 사자는 그 자리에 있다. 책도 여전히 그 자리에 있는데 언제나 중요한 정보가 담긴 쪽이 펼쳐져 있다.

이 장에서 소개할 마지막 예는 어느 여성의 꿈이다. 남편하고 남동생이 나오는 짧은 꿈인데 꿈이 소위 말해 '걸어만 놓고' 끝이 나서 적극적 명상을 통해 꿈속에 등장한 사람들에게 가보기로 했다. 이 예에서 우리는 그녀가 상상 속에서 나눈 대화를 단어 하나하나까지 그대로 적어놓은 걸 볼 수 있다.

실은 이 꿈이 이 책에서 맨 먼저 살펴봤던 꿈이다. 꿈작업을 통해 그녀가 어떻게 의미를 끌어냈는지 이미 보았고, 이제 꿈을 이용해 적극적 명상을 하는 것을 살펴보자.

꿈

나는 차 열쇠를 찾고 있다. '남편이 갖고 있나'라는 생각이 뇌리를 스친다. 남동생이 내 차를 빌려갔는데 아직 가져오지 않았다는 사실이 떠오른다. 마침 두 사람 다 눈앞에 보여서 그들을 부른다. 그런데 내 말을 못 들은 것 같다. 그때 '부랑자'처럼 허름한 차림을 한 젊은 남자가 내 차에 올라타더니 차를 몰고 가버린다. 정말 화가 난다. 무기력하게도 느껴지고 버림받은 기분도 든다.

꿈꾼 사람이 남긴 기록

꿈에서 나온 문제가 해결되지 않고 끝났기 때문에 적극적 명상을 하기로 했다. 무의식이 상상으로 계속 작업을 하라는 초대라 생각했기 때문이다. 꿈은 내가 내 내면의 남성적인 면하고 관계를 원만하게 맺지 못하고 있다는 사실을 말해주는 것 같았다. 전에는 내면의 남성과 대화를 시도해본 적이 없었다. 꿈에서 내가 가진 집단적인 방식을 나타내는 차는 빼앗겼지만 문제에 대한 답이 없었다. 나는 꿈에 등장한 세 남자와 대화를 시작했다. 하지만 실제 남편이나 남동생하고 같은 사람이라는 착각을 하지 않으려고 남편과 남동생 이미지를 바꿨다.

나는 원형적인 '남편'과 일반적인 '남동생'과 대화를 나눴다.

나　나한테 왜 이러는 거야?

　　(남편과 남동생에게) 두 사람 다 약속을 어겼어.

(둘 다 침묵. 말을 하려 들지 않는다. 불량배는 나한테서 등을 돌린 채 서 있다.)

나　왜 이렇게 말을 안 해? 말 좀 붙여봐. 꿈에서 내 차는 왜 가져갔어? 왜 나를 혼자 버려뒀어? 도대체 무슨 일이야?

남편과 동생　(서로를 바라본다. '남편' 손에 열쇠가 들려 있는 게 보인다.)

나　지금은 나를 무시하고 있지만 내 관심을 끌려고 했던 것은 분명하잖아. 뭘 원하는 거야?

(긴 침묵)

나　제발 날 무시하지 마. 내 마음이 아파. 당신하고 얘기를 해야겠어.

남편　당신이 우리를 무시해온 거지. 거기다 당신한테 차 열쇠는 필요 없어.

나　열쇠 없이는 차를 몰 수가 없는데?

동생　누나는 차가 필요 없어.

나　이해가 안 돼.

남편　(열쇠를 동생에게 던져주고) 그렇게 줄곧 슈퍼우먼이나 된 듯이 행동할 거면 아예 목적지까지 날아가지 그래?

나　(그 말이 아프게 들린다. 남편 말이 무슨 뜻인지는 알겠다. 그간 지나치게 일을 많이 하려고 애쓰느라 팽창이 되어 있었다. 정말 바빠도 너무 바빴다. 그렇게 고군분투했는데 지금 왜 이렇게 슬픈지, 아니 공허하다는 말이 더 적절하다. 공허함이 느껴진다.)

남편　당신은 우리뿐 아니라 아무것도 필요하지 않은 사람처럼 행동했잖아. 그래서 우리가 이렇게 멀어진 거잖아.

나　내가 두 사람 모두에게서 소외되었던 게 이제는 보여. 최근에 그렇게 팽팽하게 긴장한 것도 놀랄 일은 아니지. 미안해. 너무 일에 짓눌리게 내버려둬서, 그리고 그에 대해 완전히 무의식적이었어.

(나는 '불량배'가 누구인지 감이 잡힌다. 그가 등을 돌려 나를 마주보고 선다.)

(불량배에게) 너는 내 안에서 뭐든 밀어붙이는 에너지야. 너는 생산적이거나 가치 있어 보이는 일에는 무조건 "예"라고 말하지. 그 가치란 것도 기준이 마음대로지. 하지만 그런 것은 원하던 바가 아니야. 이제는 보여. 너는 언제나 차를 모는 사람이야. 앞으로 돌진만 하는 네가 모든 걸 이렇게 만들었구나.

그런데 이런 방식은 내가 원하는 것도 아니고 나한테 맞는 것도 아니야. 나의 일상을 전반적으로 검토해보니 글쓰기 프로젝트는 지금 안 해도 되는 거고 일반 대학에서 가르치는 일도 더는 하고 싶지 않아. 다른 수업들은 괜찮아. 하나라도 줄이면 훨씬 내 삶을 사는 느낌일 것 같아.

불량배 글쓰기 프로젝트는 좋은 건데. 다른 사람들한테 중요한 의미가 될 수 있잖아. 게다가 넌 이미 관심 있다고 했어.

나 하지만 약속하지는 않았어. 넌 마치 기다리는 게 무슨 문제나 되는 것처럼 얘기하네. 그렇지 않아.

불량배 글쎄, 그 수업을 안 하면 학생들이 실망할 걸. 학생들이 현장에 나가는 데 도움을 받으려고 특별히 신청한 거잖아. 지금 물러서면 신용을 잃을 거야.

나 내게 의지하는 사람들이 많기는 하지만 내가 없다고 안 되는 것도 아니야. 다른 사람이 가르쳐도 되고, 나하고 다르게 생각하는 사람한테 배우는 게 학생들에게도 유익할 거야.

(나는 점점 균형이 잡히고 보다 더 나 자신이 되어가는 기분이다. 이런 요청을 거절할 때 불안한 느낌은 좋지 않지만, 내가 할 수 있는 것보다 더 많은 것을 하려 드는 것도 사실이다. 무의식적이고 뭔가 단절된 느낌인 채 자동적으로 하는 일이 '너무 많다'는 느낌은 참 싫다.)

나 이 봐, 내 일이 좋기는 하지만 네가 시키는 대로 하니까 점점 재미가 없어져. 뭐가 실용적이고 뭐가 의미 있는 일인지 그 차이도 구분이 안 돼. 나는 지금 물러서는 게 아니야. 오히려 깨어나고 있는 거라고. 선택을 하는 거야.

(창밖 아카시아 나무에서 찌르레기 울음소리가 들린다. 새소리가 선명하고 신선하다. 예전에는 알아차리지 못했다. 어떻게 이런 것을 놓칠 수 있었지? 나는 고요해져서 내 주의를 섬세하게 느끼게 해준 새들에게 고맙다는 인사를 한다. 시간이 좀 지난 후에 돌아보니 내 앞에 있었던 세 사람이 다 변해 있다. 한 사람은 예전에 꿈에 나왔던 사랑하는 사람이다. 우리는 침묵 속에 동조되어 한동안 그렇게 머물렀다.)

이는 미해결 상태로 끝이 난 꿈을 적극적 명상을 통해서 계속 연장하고 그러는 동안에 어떤 변화가 일어나는 걸 직접 관찰할 수 있도록 해준다. 얼마나 신속하고 직접적으로 꿈을 응용하는지 보라! 꿈에 등장했던 사람들 셋한테 가서 이야기 좀 하자고 요청을 하자 꿈이 끝났던 그 시점에서부터 상상이 이어진다. 이 순간부터 꿈꾼 이가 의식적으로 꿈에 참여를 하여 새로운 요소가 개입된다. 그저 지켜보기만 하는 대신에 꿈속으로 들어가서 의식 차원에서 어떤 역할을 하기 시작한 것이다.

이 여인은 이야기하고 싶은 사람이 누군지는 알고 있지만 무의식 안의 인물들을 초대하는 데는 다소 어려움을 겪는다. 꿈속 인물들이 말을 하고 싶어하지 않는 탓이다. 하지만 끈질기게 이들을 따라다니며 자기 이야기를 들을 준비가 되었다는 사실을 알린 후에야 뿌루퉁해 있던 이들을 끌어내서 대화를 시작할 수 있게 된다.

여러 사례들을 살펴보는 동안 용기를 얻어서, 자신의 꿈을 이용해 무의식을 초대하는 출발점으로 삼기를 바란다. 이 방법으로 꿈을 계속 연장해서 의식 성장의 계기가 되기를 희망한다.

두 번째 단계: 대화

　지금까지 무의식을 초대하는 방법을 다뤘다. 초대를 하면 상상 속에서 이미지가 떠오른다는 걸 알게 되었는데 다음 단계는 떠오른 이미지와 대화를 하는 것이다.
　이때 주요한 관건은 상상에 내맡기고 흘러가는 대로 가만히 따라가는 것이다. 이렇게 하기 위해 따를 수 있는 이런저런 방식들이 있지만 기본적으로 적극적 명상이 진행되도록 만드는 것은 내면의 인물들이 나름의 생명력을 갖도록 하는 것이다.
　윤리적으로 문제가 되지 않는 한 뭐가 떠오르든 간에 상황에 적절하세 말이나 행동으로 대응을 하면 된다. 예를 들어 어떤 인물이 떠올랐다고 치자. 별로 할 말이 없는 경우에는 상대에게 누구냐고 물으면서 말을 걸 수 있다. 상대가 원하는 것이 무엇인지, 하고 싶은 말이나 일이 있는지도 물을 수 있다. 이때 설교나 일방적 선언보다는 질문을 하는 것이 훨씬 유리하다. 기꺼이 들으려는 자세가 가장 중요하기 때문이다.

내면의 인물이 뭔가 행동을 취하면 기록을 하라. 그리고 그 행동에 대해서 반응하면 된다. 말도 좋고 행동도 괜찮다. 흔히 내면의 인물들은 어떤 활동으로 끌어들이거나, 어느 장소로 데려가거나, 아니면 어떤 탐색을 하게 만든다. 이런 것이 자신에게 맞는 것 같으면 그냥 따르면 된다. 그러면서 진행되어가는 상황을 기록하라. 만일 그 사람을 따라가는 게 잘못된 것 같이 느껴지거나, 그 사람이 제안하는 활동이나 개입이 싫으면, 그냥 그렇다고 말하면 된다. 거절을 하고는 왜 그렇게 했는지 이유를 말할 권리가 있다. 그런 다음에 내면의 사람이든 적극적 명상을 하는 사람이든 자신이 원하는 것을 서로 이야기할 수 있다. 원치 않거나 두렵거나 승인하기 어려운 이유나 갈등에 대해 토론도 할 수 있다. 이 모두 적극적 명상을 하는 데 좋은 소재이다. 이미 대화는 시작되었고 자기 자신의 다른 부분들에게서 뭔가를 배우고 있는 것이다.

만일 내면의 인격이 말을 하지 않으려 드는 경우는 '마중물'을 넣어주는 게 좋다. 수줍음이 많고 말이 별로 없는 손님과 함께 있을 때처럼, 먼저 말을 걸어볼 수 있다. 질문을 하고 느끼는 바를 말하라. 등장한 인물이 두려우면 그렇다고 말해보라. 그 사람이 실제 아는 누구와 비슷하거나 아니면 어떤 체험이나 꿈을 상기시킨다면 그렇다고 이야기하면 된다.

신속하고 깊이 있는 대화를 하기 위해서 감정을 드러내는 것보다 더 나은 길은 없을 것 같다. 자신의 감정을 표하면서 내면의 사람에게도 그렇게 하도록 초대를 한다면 대개는 직접적인 상호교류가 일어난다. 감정과 가치는 밀접하게 연관되기 때문이다. 무엇을 인정하고 누구를 사랑하는지, 또 무엇을 두려워하고 무엇을 부정직하거나 불법이라고 느끼는지, 스스로나 다른 사람을 위해서 원하는 것이 무엇인지. 인간 삶에서 가치는 대단히 중요한 삶의 동인이기 때문이다.

상상 속에서 일어나는 일이나 주고받은 말을 전부 받아 적는 것은 대단히 중요하다. 적는 일은 마음 언저리에 떠도는 수동적인 환상을 방지하는 데도 도움이 된다. 또 좀 더 집중하고 더 깊이 체험할 수 있게도 해준다. 손으로 적는 물리적인 행동은 체험한 내용을 보다 생생하게 의식으로 각인시키는 기능도 있다.

이미지 하나로 대화하기

적극적 명상을 제대로 하려면 시작한 이미지에 충실해야 한다. 상황이 어떤 식이든 해결될 때까지 그 이미지에 머무를 필요가 있다. 일단 특정한 이미지가 나왔거나 이미 대화를 시작했다면 거기에 계속 집중을 해서 상상 속으로 파고드는 다른 이미지나 환상에 마음을 빼앗기지 않는 것이 중요하다.

이미지에서 이미지로, 상황에서 상황으로 따라다니다 보면 의미 파악이 잘 안 된다. 그저 시작을 했다가는 멈추고 또 시작하고 마치고 이런 과정만 되풀이할 뿐이다. 자아가 내면의 인물들과 진정으로 상호작용을 하려면 원래의 인물을 지속적이고 일관되게 체험해야 한다. 마음이 이미지와 이미지 사이를 영화 장면처럼 떠다니는 동안에 그저 수동적으로 앉아 있기만 해서는 안 되는 것이다.

적극적 명상은 시작과 중간과 끝이 있는 완전한 체험이다. 꿈에서처럼 대개 문제가 무엇인지 제시되고, 문제와 상호작용을 하면서 서로 다른 의견을 제시하고, 그 상황이 끝나면 드디어 갈등이나 문제의 해결책에 도달한다. 한 번에 이 모든 과정이 다 일어나기도 하지만, 어떤 경우는 여러 번에 걸친 상상이 이어지는데 그 기간이 며칠일 수도 있고 몇 년이 걸릴 때도 있다.

앞에서 살펴본 예들을 다시 떠올려보자. 문제가 있고 각기 그 문제에 대한 시각을 얻는다. 먼저 첫 번째 예를 살펴보면, 자기 내면에 있는 예술가와 대화를 하는데 대화 초반부에 문제가 제기된다. 그 다음 긴 대화가 이어지고 대화 도중에 문제를 해결할 대안들이 떠오른다. 대화의 끝부분에 가서는 해결책이 등장한다. 이 대목이 일본인 예술가와 나눈 마지막 대화는 아니었다. 하지만 적극적 명상을 한 번 하고 문제를 해결할 수 있는 기본적인 해답이 나왔다.

곤궁에 처한 여왕을 도우려고 신화적인 여정을 떠나는 남성의 경우는 이 여인의 경우와는 사뭇 대조적이다. 여기서도 문제가 제시된다. 왕국에 악의 기운이 활발해져서 사람들이 피해를 입는데 그 모든 비극이 죄 없는 여왕의 탓이라고 믿도록 상황이 돌아간다. 이 남성은 안내자와 함께 여정을 하는데 아픈 여자아이를 치료하는 것으로 할 일을 시작한다. 하지만 이 남성의 모험은 이제 막 시작되었고 앞으로도 해야 할 일이 산적하다. 사실 이 적극적 명상은 몇 년 동안 진행되었는데 아직도 계속되고 있다.

감정이입이 된 참여

적극적 명상의 핵심은 온전히 참여하는 것이다. 여태 적극적 명상과 수동적 환상을 구별하는 것에 대해서는 충분히 설명했다. 이 구분이 이 대목에 특히 부각이 되는데, 적극적 명상으로 일어나는 상호작용에는 온전한 참여가 중요하다. 먼저 제안을 하고, 뭔가를 시작해서 질문을 하고 논쟁을 하고 반대를 하는 적극적 명상에서 참여는 '대등하게' 이루어진다.

여기서 대단히 중요한 점은 정심으로 임하고 감정적으로 몰입해야 한다는 것이다. 적극적 명상에서 벌어지는 일은 바깥 세계가 아니라 내면세계에서 일어난다. 이때 모든 체험이 진짜로 여겨지고 실제 일어나고 있다는 느낌이 들어야 한다. 만약 초연하거나 안전거리를 유지하면서 관찰하는 환상과 같으면 실제 아무것도 일어나지 않는다. 진정으로 감정 정서가 개제된 참여가 아니라면 이는 제대로 하는 적극적 명상이 아니다.

앞에 소개한 적극적 명상 사례 중에서 자신을 무시하는 남편과 남동생이 등장하는 꿈을 꾼 여성이 했던 명상이 감정이입이 되어 참여하는 좋은 예이다. 이 여성이 적극적 명상을 하면서 남자들에게 어떤 감정을 느꼈는지 되짚어보자. 화가 났고 기분이 상했는데 이런 감정들을 실제로 느꼈다. 내면의 인물 둘하고 대화하는 동안 그런 감정과 정서가 일어났는데, 결국 이들이 반응한 것도 바로 이 여인의 감정 때문이었다.

누군가 적극적 명상을 제대로 하고 있는지 없는지는 거기서 나오는 감정적인 반응을 보면 알 수 있다. 상상 속에서 벌어지는 상황에 사람들은 대개 분노나 두려움 아니면 커다란 기쁨을 만끽한다. 이러한 감정이 드러나지 않으면 나는 명상을 한 사람이 거리를 유지하면서 지켜만 보았기에 진정으로 적극적 명상에 참여하지 않은 것이라 간주한다.

적극적 명상은 온전히 참여해야 한다. 하지만 절대 넘어서는 안 되는 선은 있다. 참여가 아니라 **통제**를 하려 든다면 이는 잘못하는 것이다. 적극적 명상을 하면서 내면의 인물이나 벌어지고 있는 일에 대해서 통제를 하려 들어서는 안 된다. 무슨 일이 일어날 건지, 무슨 말이 나올지, 무엇을 할 것인지, 미리 정해서 그 방향으로 끌어가려 하지 말고 상상이 움직이는 대로 흐르도록 해야 한다. 체험이 저절로 자연스럽게 전개되도록 해야 하는 것이다.

때로 완전하게 참여하는 것과 통제하려는 것 사이의 차이를 구분하기 어려울 때가 있다. 이런 경우는 외부 세계에서 사람들과 대화할 때를 떠올려보면 알 수 있다. 예의를 갖추고 상대를 존중하면서 누구하고 이야기할 때 상대에게 '동등한 발언 시간'을 허용한다. 대화를 독차지하지 않을뿐더러 상대에게 기회도 주지 않고 내 의견만 쉴 새 없이 쏟아 붓지는 않는다. 내면세계 사람과 대화를 할 때도 이와 유사하게 예의와 절제와 존중이 필요하다.

때로 내면의 인물이 하는 말이 멍청하게 들리거나 시대착오적이거나 헛소리로 들릴 때가 있다. 아니면 너무 약을 올려서 엄청 화가 날 때도 있다. 그렇더라도 그 인물이 할 말을 하도록 놔둬야 한다. 통제하려는 습관을 잠시라도 멈추어보라. 자아의 기준으로 보아 내면의 인물들이 지적이고 상식을 따르는 것처럼 들리게 하려는 걸 멈추고, 그들이 누구든 무엇이든 그냥 둬보라.

통제를 포기한다는 의미는 어떤 일이 일어나야만 한다거나, 어떤 말을 해야 한다거나, 여기서 어떤 메시지나 의미가 나와야 한다는 식의 선입견을 버리는 것을 뜻한다. 사실 이 단계에서 지금 하고 있는 대화가 뭘 의미하는지에 대해서는 생각하지 말아야 한다. 뭔가를 도출하려 든다면, 적극적 명상을 통해 일어나는 체험에서 올바른 '메시지'를 얻으려고 '무대 감독'을 하려 들 것이기 때문이다. 자아의 기대를 내려놓아라. 이러저러해야만 한다는 사고방식을 버리고 대신, 의식의 표면 아래에서 진정으로 살아 있는 감정과 갈등과 인격들이 스스로 드러나도록 해야 한다.

잘 듣는 법

적극적 명상은 무엇보다 경청이 중요하다.

내면에 있는 사람들과 나누는 대화나 상호작용이 전부 말로만 이루어지는 것은 아니다. 체험이 순전히 행동으로만 이루어지거나 그저 지켜보기만 하는 경우도 있다. 이런 것도 대화에 속한다. 무언으로 하는 대화인 것이다. 하지만 대개는 말을 통해 이루어진다. 어느 경우든 잘 경청하는 법을 배워야 한다.

상상 속에서 우리 각자의 일부가 이미지로 등장할 때 흔히 나태하게 저항을 하거나, 신경증적이거나, 생산적이지 않은 나쁜 버릇이 있거나, 미성숙한 모습을 보이는 적으로 등장한다. 이는 자아의 관점에서 그렇다는 말이다. 하지만 평생 전쟁을 일삼던 자리에서 마침내 상호 교류를 시작하려 한다면, 잘 듣는 것이 중요하다.

오랜 세월 자신의 이런 부분들을 무시하면서 인격에서 열등한 특질로 간주해왔기에, 마침내 들을 준비가 되었지만 이들이 하는 말이 아주 편치는 않을 것이다. 내면에서 어떤 존재가 본인이 지난 세월

동안 얼마나 폭군이었는지, 어떻게 자아의 태도를 무의식에게 강요했는지 말해주더라도 그리 놀랄 일은 아니다.

또 기꺼이 말을 이어가야 한다. "넌 누구야? 하고 싶은 말이 뭐지? 내가 주의 깊게 들을게. 원하면 내내 혼자서 말해도 돼. 원하는 언어는 뭐든 사용해도 좋아. 나는 들으려고 여기에 있는 거니까."

이렇게 하자면 기존 가치관을 크게 바꿀 필요가 있다. 자기 안에서 생산적인 삶을 사는 데 끔찍한 장애물로 여겨지거나 약점이나 결점으로 보이는 무언가가 있다면, 이제는 그 부분들을 '나쁜 놈'으로 보는 것부터 멈추어야 한다. 적극적 명상을 하는 동안만이라도 그 '열등한' 존재의 말이 지혜의 목소리인 듯 귀 기울여 들으려고 애써야 한다. 자신의 우울이나 약점이 의인화된 모습으로 다가올 때는 이 부분이 온전한 자신의 일부이기에 존중할 필요가 있다.

자신 안에 있는 열등감이나 죄책감, 후회를 환대하면서 맞아 증인석에 앉히고 "전권이 너한테 있어. 너는 내가 알지도 이해하지도 못하는 나를 목격했으니까. 하고 싶은 말이 뭐든, 시간이 얼마가 걸리든, 마음대로 해봐. 전적으로 존중하고 존경할게. 그리고 네가 하는 말은 기록할 거야"라고 말하기는 두렵다. 굉장한 용기도 필요하다. 하지만 바로 여기에 적극적 명상의 진정한 힘이 있다. 여태 침묵하게 했던 이의 말에 귀 기울이는 것을 배우고, 불명예스럽게 생각했던 것에게서 듣고 배운다.

대답하는 법 배우기

듣는 법을 배운 다음에는 답하는 법을 익혀야 한다. 자신이 지니고 있던 정보와 견해와 가치로 전환하는 것이다. 무의식의 음성을 존중해서 진지하게 받아들이는 법을 처음 배울 때는 너무 극단으로 치우치기도 한다. 마치 '자아가 아는 것은 아무것도 없다'는 식이다. 따라서 내면의 인물이 말하는 내용 전부에 최종 권위를 부여한다. 하지만 이런 태도는 기존에 지니고 있던 자아중심적인 접근법과 마찬가지로 어리석고 편향된 것이다. 자아적인 시각에서 벗어나 균형을 얻기 위해서 무의식을 접하는 것과 마찬가지로, 무의식도 의식의 태도와 균형이 맞을 필요가 있다.

여기서 거대한 무의식과 자아의 관계가 대양에 떠 있는 자그마한 코르크 마개와 같다고 한 융의 말을 기억할 필요가 있다. 살다가 종종 이런 기분이 든다. 삶이라는 대양에서 밀고 당기는 파도와 폭풍에 휩싸여 내몰리는 코르크 마개 같은 느낌이 들고는 한다. 마치 우리가 통제하거나 지배할 수 있는 것은 아무것도 없어 보인다.

하지만 융은 놀라운 비유를 계속한다. 도덕적인 면에서는 코르크 마개가 대양과 동등하다는 것이다. 바로 의식의 힘이 있기 때문인데, 비록 자아가 미세하기는 하지만 깨달을 수 있는 아주 특별한 힘이 있기 때문이다. 이를 의식이라 부르는데 의식의 특별하고 집중된 힘은 마치 가없는 풍요로움처럼 보이는 무의식에 필적할 만큼 강하고 가치 있으며 필요한 자리를 점유한다는 것이다. 작은 코르크 마개는 대양이 하는 말에 응대하고 기여할 수 있는 나름의 관점이 있는데, 이것 없이 의식은 진화할 수 없다. 자아가 무의식에 대응할 수 있기에 동등한 입장에서의 대화가 가능해진다.

의식할 수 있는 역량으로 인해서 자아는 위대한 무의식과 동등한 입장에서 씨름하고 다른 가치들을 통합해낼 수 있는 힘과 권리와 의무까지 갖게 되는 것이다.

조작하지 않기

적극적 명상의 이 두 번째 단계에서 참으로 중요한 점은 준비된 각본을 가지고 작업하지 않는다는 것이다. 무슨 일이 일어날지 실제 사건이 일어나기 전까지는 모른다.

무언가에 대해 느낌으로는 알 수 있다. 내면의 사람에게 어떤 말을 하고 싶은지, 상상으로 들어가 누구를 만나고 싶은지는 미리 생각해 볼 수 있다. 하지만 상대가 할 말은 실제 입에서 나오기 전에는 알 길이 없다. 내면의 사람이 무슨 행동을 취할지도 실제 행동으로 옮기기 전까지는 모른다. 아니마나 아니무스, 아니면 그림자 인물을 불러낼 권리는 있다. 하지만 이들이 어떤 말을 할지, 미리 계획할 권한은 없다. 그리고 등장한 이들을 위압할 자격도 없다.

적극적 명상에서 제일 흥미로운 점은 삶을 놀라움이나 예상치 못한 것들로 채워가는 것이다. 아무 계획도 각본도 없이, 어떤 조작이나 안내나 통제 없이 무의식에서 저절로 흘러나오는 것이 적극적 명상의 결실이다.

적극적 명상과 비슷해서 혼동하기도 하는데 완전히 다른 방식들이 많이 있다. 하지만 가장 큰 차이를 말하자면 이미 준비된 각본을 가지고 미리 정해진 상태에서 작업을 한다는 점이다.

이들 체제를 유도 심상 guided imagery 혹은 창조 심상 creative imagery 등으로 부른다. 이런 방식들의 공통점은 모든 것이 미리 정해져 있다는 점이다. 상상하기 전에 거기서 뭐가 등장할지 미리 결정이 되어 있다. 무의식에서 얻으려는 것이 무엇인지를 자아가 결정하고 각본을 마련한다. 이 기법에서 중요한 점은 무의식을 '프로그램'해서 자아가 원하는 것을 하게 만드는 것이다.

어떤 기법들은 그 목적이 심상을 이용해서 원하는 것을 성취하는 것이다. 눈을 감고 원하는 새 차나 새 직장, 교외에 있는 집을 시각화해서 이렇게 원하는 것을 획득하기 위해 시각화의 힘을 빌리는 것이다. 다른 기법을 보면 자기 심상 self-imagery 을 이용해서 자기 자신에 대해 더 나은 태도를 지니려 한다. 더 날씬하고 매력적이고 효율적이고 유능하고 등등 뭐든 자신이 되고 싶은 모습을 시각화한다. 자기의 이미지를 이용해서 자아가 이상화하는 사람이 되려는 것이다.

이들 기법의 문제점은 자아가 모든 것을 결정한다는 데 있다. 마치 무의식은 기여할 수 있는 견해나 지혜도 없는 것처럼, 무의식을 멍청한 동물 정도로 취급한다. 이런 기법의 요체는 자아가 원하는 대로 무의식을 길들이는 것이다. 자아가 내린 결정이 좋아 보일 수는 있다. 그렇지만 그 과정에 무의식의 의견을 무시한다는 점이 문제이다.

적극적 명상에서는 무의식을 대하는 태도가 완전히 다르다. 무의식이 나름의 고유한 지혜나 견해를 가지고 있으며, 무의식이 균형 잡히고 실질적이며 자아만큼이나 지혜롭다는 확신에서 출발한다. 적극적 명상의 목적은 무의식을 '프로그램'하는 것이 아니라 무의식이 하려는 말을 경청하는 데 있다. 의식적으로 잘 들으면 무의식의 음성을 들을 수 있다.

어떤 원대한 계획을 성사시키고 싶은데 무의식이 저항한다는 사실을 알아차린다고 치자. 이럴 때 본인의 의향이나 계획대로 무의식이 동조하게끔 '프로그램'하려 들어서는 안 된다. 대신에 무의식에게로 가서 이런 저항이나 우울 혹은 마비를 일으키는 존재가 누구인지 찾아내고, 왜 그러는지 이유를 찾는다. 이렇게 한다면 계획한 프로젝트나 목표에 무의식이 동의하지 않을 놀랄 만한 이유가 있다는 걸 이해하게 될 것이다.

자아 팽창이나 집착에 빠져서 실제 불가능한 무언가를 성취하려 들 때 무의식이 저항을 하는 이유는, 이성을 되찾아서 자신의 자질이나 역량 안에서 이룰 수 있는 범위로 규모를 축소하라는 권유일 수 있다. 아니면 그 계획이 가족 생활이나 관계나 우정에 큰 피해를 입힐 것이라, 삶에서 진정으로 중요한 것들을 파괴하지 않도록 하기 위해 신체 증상이나 우울, 마비 같은 것이 나타나게 한 것일 수 있다.

적극적 명상은 무의식을 존중할 뿐 아니라 무의식이 뭔가 가치 있는 일에 기여할 수 있다는 사실을 깨닫는 데서 비롯한다. 따라서 자아와 무의식의 대화는 지적으로 동등한 양측이 서로를 존중하는 가운데 진행되어야 한다. 한쪽이 다른 쪽을 '프로그램'하려 들어서는 가능할 수 없다.

그래서 적극적 명상에는 각본이 없다. 계획된 경로를 따라가는 것이 아니다. 등장한 상대에게 자기가 듣고 싶은 말만 하도록 강요하지도 않는다. 목표가 무엇인지 미리 정하지도 않고 목적에 따라 무의식을 조작하지도 않는다.

역사적으로도 유도 심상을 적법하고 뛰어나게 활용한 경우들이 있다. 로욜라의 이그나티우스 성인이 했던 영신수련Greater Exercises이 그중 하나이다. 날마다 정해진 심상을 유도해 이를 시각화하여서 그리스도의 일생을 관상하는 것이다. 융이 스위스에서 했던 어느 강연에서 적극적 명상과 최상의 유도 심상이 어떻게 다른지 보여주기 위해서 이그나티우스 영신수련을 적용한 적이 있다.

예를 들어 이 유도 심상으로 고난의 길Via Dolorosa*을 간다고 하자. 바야흐로 때는 예수가 십자가에 못 박히는 날이다. 먼저 상상으로 그 장소로 간다. 먼지가 가득하고 땀이 흐르고 피 냄새가 난다. 군중들이 조롱하는 소리가 들린다. 가시면류관과 십자가가 보이고 피가 흐르는 것이 보인다. 발아래 날카로운 돌들이 밟히고, 태양은 머리 위에서 내리쬔다. 군중 속에 섞여 골고다를 향해 움직인다.

이런 수련을 통해 생생하게 되살아난 그리스도의 삶을 체험한다. 냄새와 느낌과 감각과 상처까지 전부 바로 눈앞에서 실제 일어나는 체험을 한다. 이런 유도 심상은 각자가 선택한 종교적인 목적에 제대로 기여한다면 유용하다. 이 방식은 중세적 사고방식에 적합하다. 우리 안에는 여전히 살아 있는 중세가 있어서 이런 면을 존중할 수는 있다.

하지만 융은 우리 각자가 적극적 명상을 통해서 각자에게 주어진 고난의 길을 걸으면서 고유한 개인으로 자기 안에 무엇이 있는지를 찾아내는 게 더 나을 것이라고 한 바 있다. 이 방식을 따른다면, 우리 안에 있는 실체를 제외하고는 그 누구도 그 무엇도 미리 어떤 결정을 하지 않는다. 내면에서 이끄는 길이라면 로욜라처럼 고대의 돌길을 걸을 수도 있고 요트의 갑판 위를 걸을 수도 있다. 한 가지 확신할 수 있는 점은 궁극적으로 모든 길은 고난의 길이라는 것이다. 왜냐하면 그 길은 의식의 영역으로 입문하기 위해서 우리 각자가 통과해야 하는 문세나 살능을 다루는 것이기 때문이다. 또한 때로 고통을 겪는 영웅의 길로, 때로는 희생을 요하는 길로 인도하기 때문이다.

＊ 빌라도의 법정에서 골고다 언덕에 이르는 예수가 걸었던 십자가 수난의 길. – 옮긴이

현대인의 사고체계를 지닌 사람이라면 자기 나름의 길을 찾아야 한다. 너만의 길을 가라! 이는 끔찍하지만 신바람 나는 일이다. 어느 것이 자신의 길인지 이야기해줄 수 있는 사람은 아무도 없다. 정해져 있는 하나의 길은 더 이상 존재하지 않는다. 단지 각자의 고유한 길이 있을 따름이다. 정직하게 자기 길을 걷는다면 다른 길들만큼 유효하다.

길은 단지 하나이며, 여러 길 중 하나일뿐이지만 다른 길들과는 다른 고유한 길이라는 사실을 깨닫는 순간 삶에 산재한 인위적인 외로움은 사라질 것이다. 길은 각자 본연의 본성 안에서 드러난다. 건설하는 것이 아니라 태어날 때부터 발견되기를 기다리고 있다.

혼자 가야 하는 길이기 때문에 고독한 길이다. 누구도 그 길이 어디로 향하는지 말해줄 수 없고, 누구도 그 길을 대신 걸어줄 수 없다.

묵묵히 자신의 길을 걸으려 한다면 적극적 명상이 적절한 길이 된다.

세 번째 단계: 가치

지금까지 무의식에 있는 인물들을 초대하는 방법과 대화를 이어가는 법을 익혔다. 그런데 이것이 다가 아니라, 윤리적인 태도도 요청된다. 이는 우리 인간이 의식을 지닌 존재이기 때문에 필요한 것이다.

적극적 명상을 시작하면 원시적이고 본능적인 무의식의 힘이 의식 표면으로 올라오는데 이를 경청하자면 어떤 경계설정이 필요하다. 상상이 파괴적이거나 비인간적인 극단으로 치닫지 않도록 자아가 윤리적인 선을 정해야 한다.

융은 우주 창조의 과정에 인간에게는 어떤 역할이 주어졌다는 대담한 생각을 했다. 최상의 감각으로 의식적인 행동과 윤리적인 견해로 기여를 해야 한다는 것이다. 인간은 참으로 아름답고 경이로운 우주에 둘러싸여 있다. 하지만 우주에 작동하는 힘들은 어느 면에서는 도덕을 넘어서는 것들이다. 이 힘들은 인간이 살아가는 실질적인 삶에는 별 신경을 쓰지 않는 듯하다. 정의의 가치나 공평함에 대해 관심을 가지거나 힘없는 사람들을 보호하고 자비심을 행하며 일상의 그물망을 손상시키지 않으려는 노력은 인간의 관심사이고, 이런 가치를 세상에 펼치는 일은 인간의 몫이다. 그런데 적극적 명상에서 떠오르는 존재들은 흔히 비인간적인 자연의 힘들이다. 이 힘을 실용적인 이유로 의인화한 것이기에 적극적 명상을 할 때 윤리적이고 인간적이며 실질적인 요소를 강조하는 것은 인간이 해야 할 일이다.

또한 또 융 박사는 인간의 관점으로 볼 때, 윤리적인 갈등 없이는 의식의 발전이 없다고 했다. 의식은 늘 윤리적인 대립을 내포하는데 갈등을 일으키는 가치들과 태도 사이에서 우리가 어떤 행동을 할 수 있는지 깨닫고 도덕적인 선택을 해야 하는 것이다.

이런 원칙이 적극적 명상에도 적용된다. 내면의 인물들이 등장하고 전혀 다른 태도나 가능성이 표면으로 올라올 때, 우리는 갈등을 일으키는 가치들 사이에서 균형을 잡기 위해서라도 윤리적인 입장을 취할 수밖에 없다.

또 이미지를 어느 정도만 이해하면 충분하다고 생각하고 거기서 멈추는 것은 심각한 오류를 범하는 것이다. 이미지에 대한 통찰은 윤리적 의무가 수반되어야 한다. 윤리적인 의무를 다하지 않는 사람은 힘의 원리에 희생자가 된다. 이는 위험한 결과를 초래하게 되는데 타인에게 파괴적일 뿐만 아니라 본인에게도 파괴적이기 때문이다. 무의식의 이미지는 인간에게 엄청난 책무를 지운다. 이를 이해하지 못하거나 그것에 대한 윤리적 책임이 결여된다면 그 사람의 온전성이 박탈되어 파편화되고 이로 인한 고통을 겪게 된다.(융, *MRD*, 192쪽)

융은 여자 친구가 차가운 얼음물에 빠져 죽는 꿈을 꾼 청년을 예로 들면서, 자기 내면의 여성성이 냉혹한 운명의 힘에 죽도록 내버려둬서는 안 된다고 했다. 그리고 청년에게 적극적 명상을 해서 그녀를 살려내라고 조언했다. 여자 친구를 물 밖으로 끌어내고 불을 지피고 마른 옷을 준비하라 했는데, 이는 인간이 윤리적·도덕적·인간적으로 해야 하는 일이다. 내면세계의 인물들에 대한 이러한 책임은 자아의 몫이다. 이는 바깥세상에서 우리가 동료들의 안녕을 돌보는 것과 마찬가지인데, 내면세계의 동료를 돌보는 일은 내면의 건강이 달린 문제이다.

내면에 있는 원형적 인물이 내담자 본래의 여성적인 **본성을 볼모**로 삼고 삶을 완전하게 통제하려 한 사례가 떠오른다. 전에 나와 함께 분석을 했던 여성인데, 이 여성은 적극적 명상을 하는 동안 대부분의 경우 아주 강하고 명석한 남성이 등장하고는 했다. 이 똑똑한 남자는 우수한 정보와 뛰어난 통찰을 제시했다. 하지만 여성으로서 그녀가 지닌 기본적인 본능을 따르지 말라고 설득을 했다. 시간이 갈수록 이 남자는 여인의 삶을 지배하려 들었고 이는 그녀의 본래 성격을 희생해야 하는 것이었다.

어느 날 적극적 명상을 하는데 이 남자가 말했다. "당신 지갑과 열쇠를 나한테 줘요. 이제부터는 내가 맡을 거요." 상상 속에서 여인은 남자가 시키는 대로 지갑과 열쇠를 넘겨주었다.

그녀가 이 내용을 읽을 때 나는 화가 나서 의자에서 벌떡 일어나 "지갑하고 열쇠는 절대 내주면 안 돼요! 그걸 내주는 것은 당신이 가진 자원이나 삶에 대해서 완전히 통제하라고 맡긴다는 뜻이란 말이오. 그렇게 넘겨주면 당신이 해야 할 정당한 역할은 포기하고 당신의 일부 즉 지엽적인 부분한테 의식 전체를 맡기는 셈이란 말이오. 그렇게 할 수는 없어요. 그 사람이 아무리 현명하고 '옳아' 보여도 말이오. 당신 삶의 운전대는 당신만 잡을 수 있어요. 적극적 명상을 다시 하세요. 당장 돌아가서 그 사람한테 지갑하고 열쇠를 돌려달라고 해요. 그 사람한테 가서 그 사람이 하는 말을 존중하고 고려는 해보겠지만 삶 전체를 넘겨줄 수는 없다고 말하세요. 혼자 힘으로 생각하고 결정도 혼자 내릴 거라고 말해요."

내가 이렇게 화를 내자 여인은 내 충고를 따랐다. 적극적 명상으로 다시 그 자리로 들어가 이 강한 남자에게 설명을 했다. 그러자 이 남자는 원리를 이해했고 동의를 했다. 지갑과 열쇠도 당장 돌려주었다.

그러나 일 년쯤 지나서 나와 분석을 그만둔 다음에 이 여인은 불행하게도 자기 안의 권력 충동에 완전히 굴복해버렸다. 이 남성이 대변하는 힘의 원리가 자기 내면세계를 전적으로 지배하도록 내버려둔 것이다. 그러자 팽창이 일어나 모든 일에 아는 척 관여를 하고 누구에게나 설교를 해대면서 언제 어디서나 상황을 통제하려 들었다.

이 여인의 경우를 통해 자아 팽창이 일어나서 원형에 사로잡히면 어떻게 되는지 잘 알 수 있다. 그러면 자아는 독립적인 입장을 상실한다. 그런데 이런 선택과 윤리적인 측면이 어떻게 연관될까? 자신의 일부분이 자신을 완전히 접수하게 내버려둬서 그 일부에게 다른 본능이나 가치 전부가 복종하도록 허용해버리면 파괴적이 될 수밖에 없다. 이 상황에 행동이나 대인관계에서 균형을 잃는 것은 불가피하다.

윤리라는 단어와 윤리적 행동이라는 개념은 '적절한 행동'을 뜻하는 그리스어에서 유래했다. 이 단어가 한 사람이나 민족의 '본질적인 성격이나 정신'을 의미하는 그리스어 에토스 *ethos*에서 유래되었다는 것은 시사하는 바가 크다. 가장 심오한 의미에서 윤리 *ethos*는 각자가 지니는 진정한 내면의 특질에 일치하는 행동규범이다.

윤리는 원칙적으로 통일성과 일관성의 문제이다. 윤리적으로 행동하는 사람은 자기가 가지고 있는 가치에 맞게 행동하려고 성실하게 노력하는 이들이다. 만약 한 사람의 행동이 자신의 본질적인 특질이나 개성에서 크게 벗어나 있다면, 그것은 인격이 파편화되어 있다는 걸 의미한다. 융이 말했듯이 "윤리적 책임 회피는 자신의 온전함을 상실하게 만들고 결과적으로 파편화된 삶으로 인해 고통을 겪게 된다."

지금까지 소개한 내용 중에서 적극적 명상에서 윤리적인 면을 지키기 위해 필요한 요소를 다음 세 가지로 요약할 수 있겠다.

첫째, 자신의 성격이나 심오한 가치와 일관되게 행동하고 이런 태도를 지속하는 것으로 윤리적인 측면을 간과하지 않을 수 있다.

둘째, 윤리적인 균형을 위해서 하나의 원형이나 자신의 일부분이 다른 부분을 무시하도록 놔둬서는 안 된다. 협소한 욕구나 목표를 추구하느라 본질적인 가치를 희생해서는 안 되는 것이다.

셋째, 특히 삶에 이바지하는 인간의 가치를 보호하고 양육해야 한다. 이것이 실질적인 일상을 이어가게 하고 인간관계를 유지하게 만든다.

집단 무의식의 엄청난 힘은 압도적으로 강력해서 의식을 완전히 사로잡을 수 있다. 이럴 때는 갑자기 원시적인 에너지의 홍수에 휩싸이게 된다. 이 에너지는 평범한 인간의 삶이든 주변 사람들이든 어떤 영향을 미칠지에 대해서는 염두에 두지도 않는다. 그저 본능적인 목표만을 향해 매진할 따름이다.

적극적 명상을 하면 이런 강력한 인물이 불가피하게 나타나는데 이 인물은 날것 그대로의 힘의 욕구를 집적한다. 이 인물은 원하는 것을 갖는 데 방해되는 망설임은 내려놓으라고, 자유롭지 못하게 하는 약속이나 책임 따위는 모두 떨쳐버리라고 더할 나위 없이 강하게 조언할지 모른다. 이런 생각은 대체로 그 사람을 사로잡는 극적인 환상을 만들어낸다. 그러면 직장에서는 상황을 통제하려 들고, 가족이나 친구들 사이에서는 제멋대로 하고, 어떤 식으로든 주변 사람들이 자기 장단에 맞춰 춤추게 만든다.

이런 종류의 환상이 작동하면, 자신이 가진 모든 갈등을 해결하고 해결되지 않는 일도 전부 처리하고 앞길을 가로막거나 반대하는 사람들을 비난하면서 정확히 자신이 원하는 대로 할 수 있다는 확신을 품게 된다.

이렇게 극단적일 때도 여기 어떤 매력이 있다. 아주 부분적이기는 하지만 어떤 진실이 담겨 있기 때문인데, 누구나 예외 없이 취약한 부분이 있어서 스스로에게든 주변 사람들에게든 주장을 제대로 펼치지 못한 부분이 있다. 의지가 약해서 이리저리 충동에 끌려 다니면서 삶의 모순에 빠져 옴짝달싹 못했다면, 그 반대 극단에 있는 무의식의 호소를 받게 되는 현상이 놀라운 일은 아니다. 순수하고 분명한 힘과 의지로 모든 걸 해결할 수 있다는 환상에 사로잡히게 된다. 하지만 이런 메시지를 말 그대로 받아늘여 정제되지 않고 미숙하게 행동으로 옮긴다면, 훈족의 아틸라 왕처럼 될 것이다. 이 왕은 지나간 자리마다 폐허로 만들었다.

정확하게 바로 이 시점이 균형을 찾을 수 있도록 윤리적 가치에 대한 감각이 필요한 때이다. 그렇지 않으면 파괴의 극단, 궁극적으로는 자기파괴적인 극단으로 치닫게 될 것이다. 결국 삶이 인간의 가치나 관계를 잃어버린 사막으로 변하게 될 것이다.

이럴 때 용기를 내어서 자아가 질문을 던져야 한다. 공정함이나 헌신 같은 인간적인 가치가 결정적으로 중요하다. "극단적이고 다른 세계에서 온 것 같은 이런 원칙이 내 일상에 어떤 영향을 미칠까?" 이렇게 자문해야 한다. 이런 비개인적이고 압도적이며 때로 비인간적인 본성을 지닌 무의식의 힘들을 온화하고 인간적으로 만들 길을 찾아야만 한다.

어떤 태도가 무의식에서 요란하게 올라와 현실 생활을 망쳐놓거나, 가족과의 관계를 해치거나, 하고 있는 일에 문제를 일으키거나, 세상 모든 사람들하고 힘겨루기를 하게 만든다면, 이럴 때는 이런 무의식에 토를 달고 윤리적인 대안을 제시할 의무와 권리가 있다.

이렇게 할 수 있다. "이봐, 여기 나한테 중요한 인간적인 가치들이 있어. 난 그걸 포기할 생각이 없어. 가족이나 친구와의 사랑이나 관계를 포기하지는 않을 거야. 어떤 이상화된 목표들을 좇느라 다른 전부를 버리고 싶지는 않아."

대화가 동등한 입장에서 이루어져야 한다는 것은 이미 배웠다. 이 말은 적극적 명상을 할 때 우리에게 말을 거는 원형들을 존중해야 할 뿐 아니라, 우리 자신도 윤리적으로 그들과 필적하는 상대라고 간주해야 한다는 뜻이다. 또 윤리적인 입장을 견지해야만 한다는 뜻이기도 하다. 말 걸기에 화답하면서 우리 자신도 어떤 견해를 취해서 진정한 대화가 오고 가도록 해야 한다. 이때 지배하려 들어서도 안 되고 지배를 당하게 놔둬서도 안 된다.

자아의 차원에서 윤리적 인식이 결정적으로 필요한 이유는 무의식의 본질 때문이다. 어떤 의미에서 무의식은 심적 우주의 강력하고 비개인적인 면을 살아내고 표현하려 한다는 점에서 도덕 그 너머에 있다. 집단 무의식에 있는 원형들과 힘들은 모두 자연처럼 도덕적으로 중립이다. 이런 힘들이 표출되거나 요구를 해올 때, 그 자체로 도덕적이거나 윤리적인 한계를 말할 수는 없다. 단지 인간의 의식만이 보호해야 할 다른 가치들을 고려할 수 있고 내적 요구나 내면의 목소리에 한계가 있다는 점을 인식할 수 있다. 그래서 균형을 찾고 삶의 가치를 축소시키는 게 아니라 오히려 커지도록 기여할 수 있다.

원시 정글에서 잔뜩 억압된 본능의 상태로 있던 원형들이 의식으로 불쑥 난입한다. 이럴 때 원형들은 야생의 짐승처럼 인간의 공평함이나 정의나 도덕성에 대해서는 하등 관심이 없다. 그저 본능에 가까운 부분을 충족시키기 때문이다. 이들은 자연계가 돌아가는지, 진화가 이루어지는지, 원형의 모든 주제들이 인간의 삶 안에서 구체화되는지에만 관심이 있을 따름이다. 하지만 그것이 어떻게 일어날지, 얼마나 많은 피해를 입히게 될지, 그 과정에 어떤 다른 가치들이 짓밟히게 될지 하는 점에 대해서는 어떻게 신경을 써야 하는지조차 모른다.

원시적인 원형들을 정글에 있는 사자에 비유할 수 있다. 야생에서 당당한 사자를 보면 고귀함이 살아 움직이는 것 같다. 하지만 사자는 비인간적인 자연의 힘이다. 나름의 독자적인 법칙이 있기는 하지만 이는 자연의 법칙이다. 사자는 인간을 넘어서고 도덕을 넘어선 법칙을 따른다. 연민이나 친절함, 희생물에 대한 동일시, 사랑으로 맺어진 관계, 공정함이 무엇인지에 대해 인간적으로 고려하지는 않는 것이다.

인간의 온전성에 포함되는 수많은 원형들은 사냥과 생존, 공격성, 영역 지배와 같은 순수하고 정제되지 않은 본능을 드러낸다. 이들이 사랑이나 도덕적인 책임감 같은 인간적인 가치를 갖추게 된다면 참으로 엄청난 강점이 있을 것이다. 그런데 원형들이 이런 인간적인 감정 없이 우리를 지배하게 된다면 우리는 짐승 같은 수준으로 몰락하게 될 것이다.

적극적 명상을 통해 우리에게 다가오는 인물들은 각기 저마다의 진리와 지혜를 갖고 있다. 대개는 자아가 지닌 편향성과 습관적인 삶의 태도를 보상하는 데 도움이 되는 지혜들이다. 그렇지만 내면의 인물들이 순수 원형들과 거의 동일시될 때는, 보통의 인간성과 상식의 한계를 벗어난 극단적으로 편향된 관점을 지닐 가능성이 훨씬 더 많다.

따라서 우리 각자가 무의식을 향한 빗장을 열 때는 독립적이고 명료하게 사고해야 할 참으로 중대한 임무가 주어진다. 과장되고 유혹적이며 극적으로 몰아대는 내면의 목소리, 그 이면에 숨어 있는 진실을 듣기 위해서 신중하게 귀를 기울여야 한다. 그 진실이 보통 사람의 삶을 화염에 휩싸이게 하지 않도록, 좀 더 문명화되고 인간적이며 감당할 만한 무언가로 순화시켜서 의식으로 통합할 수 있도록 해야 한다. 그리고 또 진리에 대해 자신이 취할 나름의 윤리적 입장도 찾아야 한다.

네 번째 단계: 의례

적극적 명상의 결실을 의례로 구체화한다는 말은 명상으로 얻은 통찰이나 해결책에 물리적인 특질을 부여해서 추상성, 즉 난해함을 배제하고 이 부분을 일상의 구체적인 삶과 연결한다는 뜻이다.

적극적 명상의 네 번째 단계는 꿈작업의 네 번째 단계와 거의 같다. 이는 우연한 일이 아니다. 일반적으로 어떤 형태든 내면작업을 해서 통찰이나 해결책을 얻었을 때는, 이를 구체화할 수 있는 무언가를 해야 한다. 물리적인 의례를 행하든지 그렇지 않고 적절하다면 실질적인 일상의 삶과 통합할 수 있는 어떤 것을 해야 한다.

꿈작업에서 이미 이 네 번째 단계를 다뤘기 때문에 여기서는 길게 설명하지 않겠다. 의례에 관한 장을 다시 읽어보거나, 거기서 소개한 예들을 살펴보면 같은 원리를 적극적 명상에도 적용할 수 있을 것이다.

이 네 번째 단계와 관련해서 대단히 중요한 점 하나를 지적하겠다. 절대 문자 그대로 실연을 해서는 안 된다! 심리학 용어 중 '내면의 것을 바깥으로 행동화한다act out'는 표현이 있는데 이는 내면의 주관적인 갈등이나 욕구를 겉으로 물리적으로 드러낸다는 뜻이다.

극단적인 임상 상황에서 외부 세계로 '행동화'를 하는 경우 자신이나 다른 사람에게 폭력을 쓰기까지 한다. 그렇지만 우리 대다수는 의식하지 못한 채 어느 정도는 가볍게 내면의 감정이나 정서를 행동으로 옮긴다. 예를 들어, 대단히 결정하기 싫은 문제가 있어서 자기 안에서 엄청난 갈등을 겪고 있던 남자가 있다고 하자. 이 남자가 갑자기 아내에게 화를 내면서 싸우는 것으로 자기 안의 갈등을 해결하려 드는 행동 같은 것이다.

적극적 명상은 환상적인 요소를 너무 많이 끌어올리기 때문에 이렇게 행동할 가능성이 높다. 좀 전에 말한 신중하지 않는 남자가 적극적 명상을 하는 동안에 자신의 아니마와 언쟁을 벌인다 하자. 이 남자는 명상이 끝나자마자 아내에게 달려가서 같은 언쟁을 벌이기 십상이다. 상상한 것을 바깥 세계에서 그리고 또 문자 그대로 사실적으로 살아내려 드는 것이다.

이 네 번째 단계에서 상상의 결실을 구체화하라는 의미는 말 그대로 환상을 행동으로 옮기라는 뜻이 아니다. 그보다는 명상을 통해 얻은 의미나 통찰, 기본 원리 같은 정수를 물리적 의례를 하거나 아니면 실질적 삶으로 통합을 해서 더욱 구체적으로 만들라는 말이다. 이를 구분하지 못한다면 말썽을 일으키거나 해를 입히게 될 것이다. 적극적 명상의 이 네 번째 단계를 환상을 날것 그대로 자구적인 행동으로 옮길 자유라고 이해해서는 안 된다.

명상의 내용이 극단적인 형태를 띨 때는 이런 구분이 어렵지 않을 것이다. 예를 들어 적극적 명상 도중 옛날로 돌아가서 적과 칼싸움을 했다고 치자. 이런 행동이 내면세계에서는 타당하다. 그런데 직접 칼을 하나 사서 화가 난 상대에게 칼을 휘두르는 걸로 이 상상을 구체적으로 실현하려 드는 사람은 없을 것이다. 그런데 적극적 명상의 주제가 일상의 상황과 가까울수록, 이 구분이 모호해진다. 따라서 환상을 행동으로 옮기려는 충동도 그만큼 강해지는 것이다.

그래서 나는 적극적 명상을 할 때 바깥 세계에 사는 실제 인물의 이미지를 사용해서는 안 된다고 강조한다. 상상 속에서 대화를 시작할 때 배우자나 친구 혹은 직장 동료를 마음속에 불러내서는 안 된다. 만일 그렇게 한다면 그 지인들 근처에만 가면 물리적으로 적극적 명상을 이어가라는 강력한 무의식의 압박을 받게 될 것이다. 이러면 원치 않더라도 상상의 차원과 외부 세계에서 맺는 물리적인 관계의 차원을 혼동하게 된다. 자신이 했던 적극적 명상의 내용을 전혀 모르고 있는 상대에게 어처구니없는 행동을 하거나 맥락이 없는 말을 하기 십상이다.

그런데도 상상 속에서 아는 사람이 떠오른다면, 거기서 멈추고 그 이미지의 모습을 바꾼다. 대화를 할 때도 이렇게 할 수 있다. "이봐, 왠지 모르겠지만 당신은 사무실에 있는 내가 아는 친구랑 똑같이 생겼어. 내가 지금 그 친구한테 화가 좀 나 있기는 한데, 나는 당신이 내 안에 있는 에너지 시스템인 걸 알거든. 그러니 모습을 좀 바꿔줄래. 내 안에 있는 에너지를 바깥에 있는 사람하고 헷갈리고 싶지 않아." 이렇게 한다면 내면의 인물은 대부분의 경우 협조를 해서 다른 모습으로 바꾸어준다. 그러고 나면 상대가 바깥에 사는 사람이 아니라 내면에 있는 일부라는 걸 분명하게 깨닫고 대화를 나눌 수 있게 된다.

적극적 명상을 할 때 아는 사람이 등장하는 경우 그 이미지를 이용하는 게 좋지 않은 이유가 또 있다. 소위 '주술'이라 말하는 것 때문이다. 경험상, 무의식 차원에서 하는 뭔가가 주변에 있는 다른 사람들의 무의식에 전해져서 영향을 미친다는 사실은 명백하다. 물리적으로 어떤 사람 근처에 있지는 않더라도 환상이나 상상 속에서 하는 일이 집단 무의식을 통해 진동을 보내서 상대가 무의식적으로 느낄 수 있다.

따라서 적극적 명상처럼 강력한 도구로 무의식에 있는 모든 에너지를 특정한 인물의 이미지에 집중하면 그 사람에게 영향을 미치기 시작할 수 있다. 의도가 선하다 할지라도 결과적으로 조작을 할 수 있고 결국 걷잡을 수 없게 될 수 있다. 정확하게 어떤 영향을 끼치게 될지는 전혀 예측을 불허한다. 상대가 뭔지 모호한 무의식의 압력을 느끼며 자신도 모르는 사이에 당신을 다르게 대할지도 모른다.

마찬가지 이유로 한 사람에 대한 환상이 너무 많이 일어나는 걸 내버려두는 것도 위험하다. 수동적인 환상이 늘 그렇듯 무가치하기도 하지만 상대와 자신은 물론이고 두 사람의 관계에도 좋은 영향을 미치지 않는다. 본의 아니게 누군가가 끊임없이 떠오르는 강력한 환상이 되풀이된다면, 화가 나서 더 이상은 참을 수 없다는 생각을 할 수 있다. 또 그 사람을 창피하게 만들 온갖 냉소적인 말들을 떠올리며 만족할 수도 있다. 아니면 사랑에 빠져서 온종일 마음 한편에 상대방 생각이 떠나지 않을 수도 있다. 구애는 어떻게 할 건지, 두 사람 사이가 어떻게 진행될지, 얼마나 신나고 열정적인 꿈을 영구적으로 꾸게 될지.

따라서 긍정적이든 부정적이든 누군가에게 강한 감정이 일어나면 먼저 자기 안, 즉 주관적으로 어떤 일이 진행되는지 내면작업을 통해 이를 찾아내는 것이 최선이다. 그런 다음에 그 사람에게 뭔가 해야 할 필요를 느낀다면 상식과 예의를 지키는 선에서 직접 이야기하는 것이 낫다. 상대 이미지를 이용해서 적극적 명상을 하거나 환상의 흐름에 빠져 있지는 마라. 그리고 무엇보다 상상한 내용을 실제 행동으로 옮겨서는 절대 안 된다.

적극적 명상의 네 번째 단계는 양날의 칼이다. 필요한 것이기는 해도 잘못 이용되어서는 안 되고, 선善보다 해를 더 끼쳐서도 안 된다. 이 단계에서는 우리가 가진 모든 지능과 상식을 동원해야 하는데, 뭔가 물리적인 것을 하기는 해야 하지만 내면의 갈등을 그대로 행동으로 옮기거나 외부의 인물에 투사를 해서는 안 된다. 다른 사람에게 무례하거나 지나친 요구를 해서도 안 된다.

　네 번째 단계를 세 번째 단계와 분리해서 생각할 수는 없는데, 자신이 지닌 윤리적인 감각으로 모든 것에 경계를 설정하고 안내자 역할을 해야 한다.

적극적 명상의 범주

일단 적극적 명상을 알고 나면 이 방식이 삶에서 얼마나 광범위하게 필요한지 인식하고 놀라게 될 것이다. 어떤 때는 일상적이고 대단히 실용적인 갈등, 즉 아이를 어느 학교에 보낼지 아니면 돈을 어떻게 쓸지 같은 사소한 문제를 해결하는 데 도움을 받을 수 있다. 또 내면에 축적만 해둔 신화적 여정을 하는 데 도움을 받을 수도 있다. 적극적 명상이 주는 광대한 스펙트럼의 한쪽 끝은 신화적이고 종교적인 체험을 할 수 있게 되는 것이다.

나는 적극적 명상이 어떻게 활용되느냐에 따라 기본적으로 세 범주로 나눌 수 있다는 것을 알게 되었다.

범주 1 거래하기

범주 2 무의식 포용하기
범주 3 영성적인 차원 체험하기

내가 거래하기라고 부르는 것은 아주 실용적이고 가장 개인적인 차원을 말한다. 내면의 인격과 협상을 할 필요가 있을 때나 실질적인 삶이 제대로 돌아가지 않을 때, 상상력을 이용해서 타협을 하고 거래를 하는 것이다. 적극적 명상을 언급하면서 '거래하기'란 좀 품위 없는 표현 같기는 한데, 사실 별로 격이 있는 일은 아니다. 어느 정도 합의를 끌어내서 삶이 원활하게 돌아가도록 자기 내면의 어떤 측면과 거래를 하는데, 속이 좀 들여다보이는 게 사실이다.

무의식 포용하기는 무의식의 내용을 의식으로 통합하기 위해서 아직은 발견되지 않은 자신의 일부를 능동적으로 무의식에서 불러오는 차원이다. 모르고 있던 자기 내면의 여러 측면들과 친해지려 애쓰는 것이다. 적극적 명상의 주 기능이 바로 이 점인데, 명상을 시작하는 사람들 대다수가 염두에 두는 목표가 이것이다.

마지막으로 영성적인 체험의 단계란 위대한 원형들을 심오하게 체험하는 것이다. 여기서는 적극적 명상의 내용을 비전으로 간주하고 종교적인 통찰의 근원으로 삼는다. 이 단계가 적극적 명상의 특별한 형태이기는 하지만 꽤 여러 사람들이 경험하는 것이라서 알아두면 좋다.

거래하기

적극적 명상을 가장 실용적이고 현실적으로 이용하는 것이 거래하기이다. 한 사람 내면에는 여러 다양한 측면이 공존하는데 이들 각각이 다 나름대로 필요로 하는 것이 있다. 또 각기 다른 측면 전부가 의식 생활에 참여하고 싶어한다. 이 사실을 제대로 이해하고 나면, 일상에서 '해결이 불가능해'보이는 갈등 대다수가 실은 사물을 다르게 보는 각기 다른 측면들 간에 서로 논쟁을 하는 상황이라는 것을 알아차릴 수 있다.

때로 내면에서 언쟁을 하는 양 측면이 화합이 안 되거나 갈등을 뛰어넘을 수 없을 때가 있는데 이런 경우에는 내면세계에서 협상이 필요하다. 어떤 종류의 타협안을 찾아야 하는 것이다.

그런데 또 이 때문에 적극적 명상을 하는 걸 꺼려 할 수도 있다. 만일 자기 내면에 주어진 일을 마무리 짓고 싶은 측면이 있고, 동시에 매일 밤 파티에 가서 술 마시고 놀고 싶은 측면이 있다고 하자. 이 둘 사이에 타협안을 찾으려고 이 고상한 기법을 적용하려는 것이 치사하고 세속적으로 느껴질 수 있다. 하지만 실제로는 정직하게 거래하는 것이 삶을 영위할 수 있는 유일한 방법일 때가 분명히 있다. 적극적 명상을 통해 적어도 서로 반목하던 각기 다른 측면들 사이에 소통을 하기 시작하고, 소통을 통해서 궁극적으로 통합을 이룰 수 있게 된다.

내가 처음 융 분석가가 되었을 때 저녁 시간에 일을 해야 하는 경우가 많았다. 내담자들 대부분이 낮에 일을 해서 저녁이나 주말밖에 시간을 낼 수 없었다. 낮에 내 시간을 가질 수 있어서 그리 나쁜 일정은 아니었는데 무슨 이유에서인지 나는 그 상황에 대단히 불만이었다. 한 측면의 나는 친구를 만나고 사람들과 어울리고 음악을 즐기는 등 나 자신을 위해 저녁 시간을 비워두는 데 너무 익숙해져 있었던 것이다.

이 어른스럽지 못한 면모에 대해 나 스스로도 화가 많이 났다. 그런데 무의식 안에 이 비이성적인 불만이 내 일상생활에까지 영향을 미치기 시작했다. 내담자들에게 짜증이 나기 시작하고 약속을 거의 잊어버릴 뻔하기도 했다. 이는 무의식의 누군가가 자아가 하려는 일에 반대할 때 일어나는 현상이다.

나는 이 문제로 적극적 명상을 했다. 상상으로 저녁 시간에 일하는 데 분개하는 나 자신을 찾아보았다. 응석받이 청소년 이미지가 떠올랐다. 그가 말했다. "싫어! 저녁 늦게는 일을 안 할 거야. 밤은 감정을 돌보는 시간이야. 재미있게 놀고 제대로 인간이 되는 시간이지. 일하는 시간이 아니란 말이야. 이건 너무 당연해서 말할 필요도 없는 거잖아."

나는 이 청소년하고 긴 대화를 시작했다. 설명을 하고 또 했다. "이봐, 먹고살려면 돈을 벌어야 해. 아니면 우리 둘 다 길거리로 나앉게 돼. 나만 아니라 너도 같이라는 걸 명심해. 이제 막 일을 시작해서 우리를 보러 오는 내담자는 저녁이나 주말에 오는 사람들밖에 없어. 일 때문에 그렇게 할 수밖에 없다고."

처음에는 꿈쩍도 하지 않았다. 나는 계속 말했다. "이봐, 월세는 내야 된다고."

그가 대답했다. "난 월세 따위 신경 안 써. 그냥 좀 놀고 싶은 것뿐이라고. 난 그렇게 할 거야."

내가 그 말을 받았다. "하지만 나는 월세 걱정이 많이 돼."

그가 빈정거렸다. "그거 안됐네. 넌 계속 걱정이나 하셔."

내가 말했다. "네가 그렇게 계속 사사건건 방해를 하고 내 기분을 가라앉게 하거나 불만이 쌓이게 만들면 내가 돈을 벌 수 없어. 내담자들한테도 영향이 미친다고. 약속을 엉뚱한 데 적어놓고 거의 잊어버릴 뻔했잖아." 이 대목은 전부 사실이다. 내 안에 엄청 큰 부분이 반기를 들고 나와서 일이 엉망이었다.

마침내 나는 녀석의 목에 칼을 들이대고 (상상 속에서) 몰아붙였다. "내 말 좀 들어. 아니면 우리 둘 다 정말 곤란해진다고. 자 여기서 거래를 하면 어떨까?"

이렇게 해서 거래가 성사되었다. 내담자가 돌아가고 나면 매일 밤 10시에 식당에 가서 근사한 저녁을 먹고 일주일에 한두 번 영화를 보여주면 나머지 시간은 귀찮게 안 하고 내가 내담자들과 평화롭게 일하도록 내버려두겠다고 동의를 했다. 몇 달 동안은 이런 식으로 잘 지냈다. 내가 외식을 시켜주고 가끔 영화를 한편씩 보여주기만 하면

만족해서 일하는 데 방해하지는 않았다. 하지만 어쩌다 하룻밤 외식을 빠뜨리면 이 유치한 놈은 다음날 골을 냈다. 불만에 차서 일을 하거나 뭔가 잘 잊어버리도록 만들었다. 이 인물이 내 기분이나 기능에 이토록 영향을 크게 미친다는 게 나로서는 믿을 수가 없었다. 그럼에도 부인할 수 없는 사실은 이 청소년이 나에게 이토록 지대한 영향력을 행세한다는 것이었다.

나는 아주 오랫동안 이 방탕한 내면의 아이와 이렇게 치사하고 상업적인 뒷방 거래를 맺을 수밖에 없었던 사실을 인정하지 않았다. 마치 악마하고 계약을 한 파우스트처럼 느껴졌다. 하지만 돌이켜 생각하면 내 안에 서로 싸우는 부분들 사이에서 이런 종류의 대화와 협상, 타협을 존중하게 된 계기가 되었다. 어떤 면에서는 이런 게 신이나 대천사와 나누는 고양된 대화보다 더 인간적이다. 때로는 아주 심오한 의식으로 인도하기도 하는데, 그 이유는 이런 것이 인간적이고 이 세상에 속하며 즉각적이기 때문이다.

무의식 포용하기

적극적 명상의 열쇠는 무의식의 이미지를 표면으로 끌어내어 자치적인 힘을 지니는 무의식의 부정적인 힘을 완화시키고 그 힘과 평화를 유지하거나 이들을 의식으로 통합하는 것이다.

간단하지만 이미 접근법 몇 가지를 언급했다. 주안점은 자아를 비우고 무의식에서 저절로 떠오르는 이미지와 대화를 하거나, 꿈을 적극적 명상으로 연장시켜서 꿈에 등장했던 인물들과 상상 속에서 대화를 하는 것이다. 또 공상을 상상으로 바꾸고 무드와 기분과 신념체계를 의인화해서 대화를 하거나, 명상을 통해 신화적인 여정을 하는 것이었다.

여기서는 적극적 명상의 이 두 번째 단계의 목적에 잘 부합하는 대단히 뛰어난 방법 두 가지에 초점을 맞추려 한다. 첫 번째를 '여리고 성벽 돌기'라 부르고, 두 번째를 '매장되어 있는 생명 살아내기'라 하자.

여리고의 성벽

'여리고 성벽'이라 부르는 이 접근법의 바탕이 되는 원리는 옛 이야기에 상징적으로 나와 있다.

여호와께서 여호수아에게 이르시되, "보라, 내가 여리고를 네 손에 붙였으니……

너희 모든 군사는 성을 둘러 성 주위를 매일 한 번씩 돌되, 엿새 동안을 그리하라. 그리고 일곱 제사장은 일곱 양각나팔을 잡고 언약궤 앞에서 행할 것이요. 제 칠일에는 성을 일곱 번 돌며 제사장들은 나팔을 불 것이다.

제사장들이 양각나팔을 길게 울려 불어서 그 나팔 소리가 너희에게 들릴 때에는 백성은 다 큰 소리로 외쳐 부를 것이라. 그리하면 그 성벽이 무너져 내리고 백성은 각기 앞으로 올라갈지니라."

이는 기원전 1500-2000년 사이에 일어났던 어떤 역사적 사건에 대한 이야기인데 처음에는 구전으로 전해져 내려왔다. 이 이야기에 상징적인 차원으로 접근해보면, 우리 각자의 내면에 해결이 불가능하게 보이는 갈등이 있을 때 이에 접근하는 방법이라는 아주 뛰어난 원형적 원리를 내포하고 있다는 걸 알 수 있다.

이 엄청난 전설을 보면 백성들이 난공불락인 성벽에 맞닥뜨렸다. 이들의 기술 수준으로는 이 성벽을 부술 수도 없고 심지어 구멍조차 낼 수 없었다. 이 상황에 이들이 유일하게 할 수 있는 것은 매일 여리고의 성벽 주위를 도는 단순한 의례를 치르는 것이었다. 직접 성을 공략하는 것은 해봐야 성공할 수 없다는 걸 알기에 아예 시도조차 안 했다. 그런데 결국 이런 의례의 행진과 나팔 소리와 외침이 축적되어 성벽이 무너져 내렸다.

종종 삶이 하나의 여리고에서 다른 여리고로 이어지는 여정 같이 느껴질 때가 있다. 끊임없이 내면의 장애물과 맞부딪히게 되는데 이 각각의 장애물은 난공불락의 담으로 둘러싸여 있는 요새 같다. 때로 이런 장애물들은 의식의 영향이나 이해의 범위 그 너머에 존재하는데 이들을 **자율적 콤플렉스**라고 부른다. 콤플렉스는 스스로 자율권이 있는데, 이런 콤플렉스가 자기 내면에 존재한다는 사실을 인식할 수 있는 유일한 길은 이들이 삶이나 정서를 엉망으로 만들어놓을 때이다. 우리 대다수는 살면서 갈등으로 인해 삶이 갈기갈기 찢기는 경험을 한다. 앞으로 나갈 수도 뒤로 물러설 수도 없고 더욱이 해결할 길은 전혀 없어 보인다.

힘겹기만 하고 도대체 어디서 시작을 해야 할지 모르는 이런 문제가 바로 내면의 여리고 성벽이다. 무의식 안에 높은 담으로 둘러싸인 도시 같아서 의식이 침투할 수가 없다. 마치 사각지대처럼 이해할 수도 없고 어떻게 다뤄야 할지는 더더욱 모른다. 이런 예를 들어보자면 이루어질 수 없는 사랑에 광적으로 빠져 있는 경우도 되겠고, 아니면 건강이나 일 그리고 관계를 망치는 데도 불구하고 결코 끊을 수 없는 버릇이나 패턴일 수도 있다. 문제는 우리 안에 있지만, 우리는 이해하지도 못하고 다루지도 못하며 직접 접근할 수 있는 방법도 찾지 못한다는 것이다.

이 상황에 처해 있을 때 여리고 성벽 이야기가 상징적인 처방이 되어준다. 갈등이 무엇인지, 질문하고자 하는 것이 무엇인지 전심전력으로 확인하라. 그리고 나서 그 콤플렉스 주위를 돈다. 가능한 한 모든 각도에서 콤플렉스를 바라보고, 의례적인 내면작업을 통해 심리적인 에너지를 쏟아 붓는다. 이야기에 제시되는 이미지처럼 성벽 주위를 돌면서 잘 살펴보는데 이 과정을 성벽이 무너져 내릴 때까지 지속한다.

성벽으로 둘러쳐진 이 도시에 에너지를 집중하면서 의례를 치르려 한다면, 여리고 주위를 도는 방식은 다양한 형태를 띨 수 있다. 우선 마음속에 이미지들을 떠올리면서 갈등을 의인화해서 등장하는 이미지들과 대화를 시도해볼 수 있다. 사람들을 성 밖으로 초대해서 그들이 누구인지, 왜 삶의 흐름을 가로막는지 알아볼 수도 있다.

여리고의 성벽 주위를 돌 때 특히 적극적 명상이 유용하다. 그렇지만 사실은 모든 방식을 종합적으로 시도해야 한다. 알고 있는 모든 형태의 내면작업 즉 알고 있는 레퍼토리를 전부 동원하는 것이다. 뭔가 영향을 줄 만하고 자율적 콤플렉스에 에너지를 집중시킬 기법이라면 뭐든 사용해야 한다. 콤플렉스와 의식 사이에 가로막힌 높은 장벽이 허물어질 때까지 이 과정을 되풀이해야 한다. 문제를 다루고 내면 깊은 곳에서 일어나는 일을 드러내는 상징을 분석하기 위해서 상상으로 작업을 할 때 꿈이 적합하다면 꿈작업을 하라. 그리고 적극적 명상으로 꿈을 연장해서 어떻게 전개되는지 지켜보라.

예를 들어 여러 날 우울에 빠져 괴롭다고 가정해보자. 도대체 괴롭게 하는 우울이 이해도 안 되고 어디서 오는지도 모른다. 이럴 때 흔히 주변에 있는 무고한 사람들에게 분풀이를 해댄다. 이런 우울이 바로 내면의 여리고이다.

그렇다면 어떻게 접근할 것인가? 먼저 우울을 의인화해보라. 상상으로 들어가 지금 겪고 있는 우울을 묘사하는 인물이나 이미지를 찾아보아라. 그러고는 여리고 성벽 돌기를 해보라. 우울에게 말을 걸고, 우울 주변을 걸어 다니면서 가능한 한 다양한 각도로 바라보라. 적극적 명상으로 떠오르는 인물들에게 말을 걸어보고 그들이 우울에 대해 하는 말에 귀를 기울여라. 그게 뭔지? 어디서 오는지? 대체로 우울은 자아 팽창에 대한 균형을 맞추려는 것이다. 하지만 우울로 균형을 맞추려 드는 내 안에 팽창된 부분은 무엇인지? 우울에 빠져 있다는 걸 인정하고 나면, 아마도 내면의 인물들 중 하나가 무엇에 대해 우울한지를 어느 정도는 자세하게 말해줄 것이다.

적극적 명상 말고도 공상으로 떠오른 것이나 꿈에 주의를 기울인다. 이 내면의 여리고와 연관된 듯한 꿈이나 공상에서 떠오른 이미지나 머리를 사로잡는 망상을 전부 적어본다. 이럴 때 대단히 중요한 점이 있는데 하루도 빠지지 말고 매일 이 내면의 인물들에게 다가가서 이야기를 나누는 것이다. 감정을 토로하고 정보도 구하고 안내를 요청하라. 우울로 보상하고 있는 팽창이나 허세를 희생하겠다고 제안하라. 아니면 세속적으로 이상적이라 생각하는 뭔가를 희생하겠다고 해보라.

전설에 나오는 여호수아처럼 매일 내면의 성벽 주위를 돌아라. 그러다 어느 날 적극적 명상을 해보라. 바로 그날 어떤 극적인 일이 일어나지 않는다 하더라도 의례적인 성벽 돌기는 한 셈이다. 의식의 콤플렉스에 에너지를 투자하기는 했다. 다음날 그 주제에 대한 강한 환상이 떠오를지 모른다. 이를 기록하고 꿈으로 작업을 하듯 분석을 해보라. 무의식에 무슨 일이 일어나고 있는지 상징을 통해서 이해를 꾀해보라. 그날 밤 꿈으로 꾸게 될지도 모른다. 내면의 여리고에 이토록 많은 에너지를 쏟고 있으니 꿈이 그 주제를 다룰 것이라 쉽게 짐작할 수 있다. 그러면 그날 하려는 성벽 돌기는 꿈작업으로 하면 된다. 그 여리고가 무엇인지 꿈을 통해 놀라운 통찰을 얻게 될지도 모른다.

어떤 형태로든 매일 꾸준히 이 자율적 콤플렉스라는 성벽 주위를 돌아라. 어느 순간 성벽은 무너질 것이다. 그러면 거기에 무엇이 있고 그것에 대해 무엇을 해야 할지 알게 될 것이다.

여기 작동하는 원리는 '에너지 축적하기'이다. 내면의 콤플렉스에 의식의 에너지를 조금씩 부어넣으면서 계속해서 투자를 해서 깨뜨리는 것이다. 풀리지 않던 고르디우스의 매듭은 끊어지고 난공불락처럼 보이던 성벽은 무너진다. 드디어 의식이 콤플렉스에 침투하게 되는 것이다. 벽으로 둘러싸인 도시 안으로 들어가 우리 삶의 어떤 부분이 그곳에 있는지 그리고 왜 그 부분이 전쟁을 선언했는지 이해하게 된다.

이 기적 같은 과정을 행할 때 꼭 염두에 둘 점이 하나 있는데, 즉각적인 결과를 기대하지 않는 것이다. 때로는 놀라우리만치 금방 결과가 나타나기도 한다. 그렇지만 완전히 단절되었던 자신의 일부를 다루고 있다는 사실을 기억하라. 여러 해 동안 의식이라고는 전혀 침투하지 못했던 부분을 다루고 있어서 충분한 시간을 허용하고 인내심을 가지고 기다려야 한다.

성서에서 하느님은 여호수아에게 온전한 7일 내내 성벽 주위를 돌라고 명하신다. 7일은 내면의 시간이고 숫자 7은 완전한 한 주기를 뜻한다. 의식이 완전하게 진화하는 데 필요한 내면의 시간을 상징하므로 7일이 될 수도 있고 7주나 7개월이 될 수도 있고 7년이 될 수도 있다.

여기서 한 가지는 분명하다. 일단 시작해서 매일 성벽 돌기를 하면 끝에 가서 해결책을 찾게 된다는 점이다. 수동적으로 고통을 감내할 필요는 없는 것이다. 언제나 어떤 상황에나 할 수 있는 게 뭔가는 있다. 내면의 힘에 도움을 청할 수도 있고 성벽 돌기를 할 수도 있다. 에너지를 투자하고 의례를 치러라. 자신이 멍청하게 느껴지든, 내면의 콤플렉스 앞에서 약하고 무능하게 느껴지든, 결실은 있을 것이다. 걷고 걷고 또 걷다 보면 성벽은 무너질 것이다.

대체로 예상하는 것보다는 이 상황이 더 빨리 일어난다. 해결이 전혀 불가능해 보이는 문제를 극복하려고 용기를 내어서 마치 불굴의 영웅처럼, 필요하다면 한 20년 정도 고투할 결심을 하고 고도로 집중해서 작업을 시작했는데 사나흘 정도 치열한 노력 끝에 문제를 해결하는 것을 나는 여러 번 보아왔다.

하지만 이런 경우보다 훨씬 어려운 여리고도 있다. 무의식 아주 깊은 곳에 묻혀 있는 것들이다. 어떤 의미에서 이들은 우리 각자와 오랫동안 함께한 우리의 성장에 실제로 필요한 '일생의 과제들'이다. 이 과제들로 인해 고통을 겪기는 하지만 그 대신에 우리가 성숙하고 성장하도록 해준다.

이렇게 '일생의 문제들'을 다루는 데 여리고의 성벽 돌기는 정확한 처방이다. 삶에서 가장 깊이 영향을 받는 것을 의인화해 '여리고'로 만들고 적극적 명상을 통해 그 주위를 돌아보라. 이 어려운 문제가 성장의 토대가 될 것이다. 우리 각자가 지니는 어떤 문제나 장애가 진정한 친구라는 사실을 배우게 될 것이다. 상처가 치유의 바탕인 것이다.

무의식에 잠재된 삶 살기

적극적 명상을 하는 최고 이점 중 하나는 우리가 모르고 있었던 우리 안에 잠재된 차원을 발견하는 것이다.

인간은 에너지와 잠재력과 원형들이 풍부하게 혼재되어 있는 존재이다. 우리 각자의 내면에 있는 어떤 가능성들은 있는 줄도 모르고 그저 동면을 하는데 그 이유는 이 잠재력이 나쁘게 여겨지거나 열등하게 보이기 때문이다. 자아는 이해하지 못하는 것은 뭐든 '나쁘다'고 간주해버리는 경향이 있다. 따라서 자연히 불편한 것들은 쳐다보려고도 않는다. 하지만 자아의 이런 편견을 넘어 다르게 바라보면 이들 억압된 특질이나 동면하는 내용이 사실은 각자가 지니는 가장 뛰어난 장점이라는 걸 알고 놀라게 된다.

우리 각자에게 '동면하는 생명'이 엄청 거대한 이유는 아마도 우리 안에 잠재된 성격이나 재능, 일, 관계를 전부 다 살아내기에는 인간의 삶이 그다지 길지 않기 때문일 것이다.

우리는 살면서 선택을 여러 번 한다. 전문 피아노 연주자가 될 소질이 있는 남자가 비즈니스에도 재능이 있다고 치자. 기업에 들어가서 승승장구하면서 일을 열심히 하고 가족을 부양하면서 살아간다. 하지만 이 사람 안에 있는 예술가는 바깥 세계에 드러날 시간이 없다. 그래서 여전히 잠재력으로만 남아 내면에서 잠을 자고 있다.

또 여러 해 사업가로 살아온 여성이 있다. 어느 날 갑자기 자신에게 언제나 집에서 아이들을 돌보면서 가정주부로 살고 싶은 갈망이 있었다는 걸 깨달을 수 있다. 또 수녀가 되거나 아니면 은둔해서 관상기도를 하는 종교인이 되려는 마음이 있다는 걸 알아차릴 수도 있다.

누구나 내면에는 이렇게 살지 못해 잠재적 가능성으로만 남아 있는 면들이 있다. 적극적 명상을 하면 이런 면에 접근할 수 있을 뿐 아니라 의미 있는 방식으로 살아볼 수 있다. 상징적으로 살아본다는 뜻인데 이런 내재된 삶 즉 가지 않는 길들을 적극적 명상을 통해 자주 체험하면 실제 바깥세상에서 사는 것보다 훨씬 더 충만하다는 걸 알게 된다. 잠재되어 있던 것을 끌어내어 물리적인 세상에서 실질적으로 살아보고 의식화한다면 좋은 일이다. 그런데 이를 내면세계에서 상징적으로 사는 것이 더 강렬하고 더 심오하다. 그리고 의식으로 통합하는 것이 더 크게 이루어질 수 있다.

만일 살면서 사랑하는 사람을 만날 때마다 혼인을 하거나 좋아하는 일이나 관심사가 생길 때마다 쫓아다니면서 내면에 잠재된 모든 인격들을 다 살아내려면 열 번을 더 태어나도 충분하지 않을지 모른다. 그렇지만 우리 안에 잠재되어 있는 가능성들을 무시해버린다면 이런 부분이 심술을 부리거나 서투르게 자기 존재를 주장하려 들 수도 있다. 아무것도 하지 않고 앉아서 '다른 선택을 했더라면 내 삶은 어땠을까'라는 식의 향수에 사로잡혀 있다거나 아니면 삶을 씁쓸하게 느끼면서 영웅이 되거나 부자가 되거나 유명인 될 기회들을 다 놓쳤다면서 그 탓을 다른 사람에게 돌리거나 타인의 행운을 질시할 수도 있다.

그런데 그게 뭐든 간에 이렇게 가능성으로만 존재하는 삶을 내면세계에서 살겠다고 결심을 한다면, 동면에서 일깨워 생명을 부여할 수 있다. 자신이 선택한 길 대신에 가지 않는 길을 갔더라면 어땠을지, 꿈과 상상을 통해 경험해볼 수 있는 것이다. 적극적 명상을 하면 삶에 내재된 부정적인 면과 긍정적인 면을 전부 체험할 수 있다. 막상 체험을 해보면 가지 않는 길이 자신이 살아온 길보다 그리 근사하지 않다는 걸 알게 될 수도 있다. 그렇더라도 그 체험을 해보는 것은 대단히 중요하다. 자신에게 부여된 모든 에너지를 어떤 식으로든 온전히 살아내는 것이 의미가 있기 때문이다.

내가 아는 사람 중에 종교적인 소명이 대단히 강한 남성이 있는데, 성직자가 되지는 않았지만 모든 면에서 수도승처럼 살았다. 라틴계인 이 남성은 독신을 유지하며 은둔자처럼 주로 기도와 명상을 하면서 살았다. 그러면서도 대가족들에게 충실했다. 가족구성원의 종교

생활에 구심점 역할을 했고 삶의 지혜가 필요할 때면 기꺼이 상담자가 되어주었다.

몇 년 전 그 사람에게 놀라운 일이 생겼다. 어느 날 밤 꿈에 자기가 이탈리아에 살고 있는 것이었다. 풍만한 이탈리아인 아내와 아이를 여럿 낳고 시골에서 살고 있었다. 물론 그런 꿈을 꿀 수는 있다. 그런데 놀랍게도 다음날도 그 다음날도 매일매일 같은 꿈을 꾼 것이다.

꿈만 꾸면 늘 같은 마을로 돌아가서 남편으로 또 아이들 아버지로 충실한 삶을 살았다. 아내와 사랑하고 때로 싸우기도 하고 아이들도 돌보면서 가족을 부양하기 위해 열심히 일했다. 일을 마치면 배고픈 자식들을 먹일 음식을 잔뜩 사서 짊어지고 집으로 왔다.

한 여자와 살면서 함께 자식을 기르는 아버지가 경험하는 기쁨과 슬픔을 모두 겪었다. 이런 꿈은 거의 일 년간 지속되었는데, 이 일 년 동안 20년의 가족사를 압축해서 경험했다.

낮 동안 이 남자는 캘리포니아에 살았다. 말수가 별로 없는 은퇴한 독신자였다. 밤에는 이탈리아 마을에서 이탈리아어로 말하며, 아이들을 돌보고, 세금 내느라 허덕이고, 정원에 나무를 심고, 아내와 사랑을 하고, 이웃과 싸움도 하고, 주일이면 가족들과 미사를 가고, 소풍을 다녔다. 아침이면 가족을 부양하는 가장이라는 힘겨운 삶으로 인해 기진맥진해서 잠을 깨곤 했다!

이 남자는 아버지로 사는 이 생활에 익숙해져서 밤마다 아이들과 겪게 될 새로운 모험을 고대하게 되었다. 그러다 갑자기 아래 소개하는 꿈을 꾸면서 이탈리아 마을에서의 삶이 막을 내렸다.

나는 다시 가족을 보살피기 위해 정말 열심히 일하고 있다. 집인지 오래된 담인지 모르지만 수 세기 동안 서 있다 무너진 낡은 구조물에서 돌 부스러기를 치우고 있다. 흙과 돌로 지은 이 구조물은 오래전 붕괴된 시대로 거슬러 올라가는 것이다.

일을 하던 중 돌무더기 아래에 납작하게 깔린 아주 오래된 장미덤불을 발견한다. 오랫동안 무너진 돌 더미 아래 깔려 있어서 죽었든지 아니면 석화된 것 같다. 어떻게 알게 됐는지는 모르겠지만 이 장미는 마을이 생기기 전부터 이 땅에서 자랐던 고대의 장미란 걸 알고 있다. 내 가족과 이 마을의 생명력과 세대가 지속될 것이라는 약속이 장미에 담겨 있다.

아무튼 장미가 죽지 않고 살아 있다는 걸 느낄 수 있다. 나는 경건한 마음으로 장미를 우리 집 정원으로 옮긴다. 무어 시대 스타일의 담으로 둘러싸인 정원은 정사각형 모양이다. 정원 한가운데 장미나무를 심을 자리를 마련한다. 아내와 자식들을 비롯해 모두들 내가 또 꿈꾸는 돈키호테처럼 군다고 비웃는다. 하지만 나는 장미나무가 살아 있다는 걸 확신하고 결연히 나무를 심으려 한다.

흙을 준비해서 조심스럽게 나무를 구덩이에 넣고 흙을 다지고 물을 준다. 시간이 좀 지난 것 같다. 눈앞에서 장미나무가 되살아난다. 푸른 잎이 나더니 완벽한 붉은 장미 한 송이가 피어났다.

더할 나위 없이 멋진 결론이다. 여기서 이 남자는 이탈리아의 시골 마을에서 물리적 세계에서는 살아보지 못한 삶을 사는데, 그러는 동안 이 남자의 삶에서 위험에 처해 있었던 것이 무엇인지 드러난다. 그것은 자기the self였고 이 남자의 전일성wholeness이었다. 장미는 자기를 나타내는 원형적인 상징이다. 라틴 교회에서는 성모와 그리스도 둘 다 장미와 연관이 된다. 고대의 장미는 자기를 뜻하는데, 이 장미는 각자 삶의 중심에서 만개한다. 이 남자가 꽃 피운 것은 바로 근원적인 내면의 통합인 것이다. 이 남자 영혼이 고대 마을에서 고대의 가장 역할을 하면서 자기 안의 서로 다른 부분들을 모두 하나로 통합시킨 것이다.

보다시피 이 남자 안에는 대단히 강력한 에너지의 흐름이 둘 있었다. 하느님에 대해 묵상하며 은둔자로 살고자 하는 충동과, 아내와 자식들과 함께 원기 왕성하게 뜨거운 피가 흐르는 남자로 삶의 현장에서 분투하며 살고픈 충동이다. 이 남자는 자신이 가진 이런 본성 중에서 한 면을 깨어 있는 낮 동안에 살았고, 다른 면을 밤에 꿈 세계에서 살았다. 밤의 삶에도 낮 동안의 삶만큼 전심전력을 다했다. 마지막 꿈에 등장한 장미는 이 남자가 가장으로 산 밤의 삶도 하느님을 관상하는 다른 방법이고 최고의 의식에 도달하는 경로가 된다는 걸 이 남자에게 가르쳐준다.

적극적 명상을 하면 잠재된 채 가능성으로만 남아 있던 삶을 완전하고 완벽하게 살아낼 수 있다.

한때 나는 바다가 내려다보이는 절벽 위의 집에서 산 적이 있는데 그 집에는 해변으로 내려가는 계단이 있었다. 아침마다 양복을 입고 넥타이를 매고 샌디에이고에 있는 사무실로 차를 몰았다. 내담자들이 기다리고 있었고, 좋은 집, 괜찮은 친구들, 나름 책임이 따르는 자리도 있었다. 적어도 나는 그렇게 생각했다.

하지만 어디서 오는지 망상이 일어나기 시작했다. 집에서 파도타기 하는 남자들이 오고 가는 걸 쳐다보곤 했는데 이들은 하루 온종일 보드를 끼고 파도타기를 하다가 밤새 섹시한 여자들과 모닥불 곁에 앉아 노닥거렸다. 맥주를 마시고 대마초를 피우고 내가 아는 한 양복을 입고 넥타이를 매는 일은 하지 않을 것 같았다. 방세나 전기요금 걱정 같은 것을 할 필요도 없어 보였다.

갑자기 머릿속에 초대하지 않은 공상 하나가 떠올랐다. "내가 뭔가 무분별한 짓을 저지르면 교회에서 쫓겨나고 분석가 일도 못 하게 될 거야. 그렇다면 하루 종일 해변에서 노는 저 친구들처럼 책임 없고 행복한 건달이 될 수 있을 거야."

나는 공상을 마음에서 몰아냈다. 진지하게 고려하기에는 너무 멍청하고 어처구니없고 약간의 죄책감도 들었다. 하지만 조금씩 다르기는 했지만 같은 망상이 계속 되돌아왔다. 결국 나는 내 무의식의 어떤 부분이 인정을 받고 싶어한다는 사실을 수긍하고 적극적 명상을 시작했다. 적극적 명상을 두 가지로 했다. 내 안에 있는 '해변의 건달'과 대화를 했고, 바닷가로 가서 모닥불 주위에 옹기종기 모여 있는 젊은 남녀 무리와 어울려서 파티를 하고 해가 쨍쨍한 낮에는 아무 일도 하지 않고 파도타기를 하거나 헤엄을 치고 놀기만 했다.

내 안에 있는 '해변의 건달'과 했던 대화이다.

해변의 건달 이봐, 당신은 양복에 넥타이 매는 생활을 하잖아. 성공한 거지. 강의도 하고, 존경도 받고, 돈도 있고. 바닷가 절벽 위에 멋진 집도 있지. 하지만 나만큼 행복하지는 않을 걸!

로버트 글쎄, 아마 그럴지도.

해변의 건달 이봐, 저 아래 해변에서 하루 종일 노는 애들을 좀 봐. 속으로는 쟤들이 부럽잖아. 햇볕에 잘 그을린 몸에 완전히 감각적이고 몸적인 삶을 살고 있는데다, 월말 정산 따위는 할 필요가 없지. 쟤들은 행복해. 진짜 행복한 사람들이라고!

이 시점에서 존경받는 직업에다 양복을 입고 넥타이를 매는 내 삶이 별 가치 없어 보이기 시작한다. 대화가 계속 될수록 상황은 점점 더 나빠져간다.

해변의 건달 이봐, 대마초 피우다 걸리든지 대출금을 안 갚아 걸리든지 해봐, 그럼 그 멋진 집에서 쫓겨나겠지만 해변으로 내려와서 우리랑 행복하게 지내면 되잖아. 해변에서 밤새 놀 수도 있고 사람들한테 좀 빌붙어 살면 되지. 마약으로 돈 버는 법도 가르쳐줄

게. 너도 우리처럼 행복해질 수 있어!

왜 우리 안에 있는 이런 잠재된 부분을 보지 않으려 드는지 이해가 되지 않는가? 이 지점에서 내가 반박을 하기 시작했다.

로버트 하지만 나는 절벽 위에 있는 내 집이 좋아. 아침에 찾아오는 새들도 좋고 절벽 아래 부서지는 파도도 아름다워. 그걸 포기하고 싶지는 않아. 그리고 난 내 일도 좋아. 분석을 진지하게 받아들이고 의식이 진화되는 사람들을 지켜보는 게 정말 좋아. 그렇게 진화해가고 내면세계에 눈을 뜨고 전율하는 사람들을 보는 것도 매우 좋고. 내 일이 때로 답답하게 보일지 모르지만 아주 숭고하고 아름다운 그 무언가를 체험하는 길이기도 해.

해변의 건달 하지만 내담자들이 진절머리 나지 않아? 책임져야 하는 일들은 또 어떻고? 다른 사람들 불평을 듣는 게 싫증나지 않아?

로버트 때로는. 하지만 거기엔 참으로 진실하고 값진 것이 있어. 그걸 망쳐서는 안 되지. 그리고 난 정직하게 일해서 사는 게 좋아. 은행에 돈도 좀 있는 게 좋고. 어려운 친구들을 도와줄 수도 있고, 그냥 다음 끼니가 어디서 생길지 걱정하지 않아도 되는 게 좋아. 남한테 기대지 않고 혼자 해결할 수 있는 게 좋고, 다른 사람한테 빌붙어 살거나 음식이나 잠잘 곳을 찾아 여기저기 돌아다니고 싶지는 않아.

역사학자 토인비라면 유럽 사회에 대단히 중요한 두 원형이 나라는 개인의 영혼 안에서 다시 한번 원시적인 차원에서 싸우고 있다고 말할지도 모르겠다. 정착해서 토지를 소유한 도시인들은 뿌리를 내리고 안정을 추구하면서 안전한 공동체 안에서 삶을 꾸리려 하는 반면, 장소나 일 또는 책임에 얽매이기를 거부하는 방랑자들은 몽고의 대초원 대신에 캘리포니아 해변을 떠돌아다니면서 모닥불을 피우고 산다.

내 내면의 아주 깊은 곳에서 뭔가가 건드려졌다. 양복 입고 넥타이 매는 세상 그 이상의 뭔가를 원하는 부분이 내 안에 있다. 내면에 있는 이 해변의 건달은 나를 진땀나게 만든다. 어쩔 줄 몰라 쩔쩔 매게 되고 겁도 난다. 아무도 모르게 마음으로 원하던 '건달'이 정말로 될 수도 있을 것 같다. 적극적 명상이 제대로 될 때는 이런 느낌이다. 내면에 실재하는 부분과 제대로 연결된다면 이는 위협이 될 것이고 위험하게도 느껴진다. 다리가 후들거리고 식은땀이 난다. 하지만 이 모두 적극적 명상이라는 구획된 실험실 안에서 일어나기에 안전하다. 따라서 감히 엄두도 못 낼 모험을 하고 치명적일 수 있는 것들도 직면할 수 있다.

이 명상의 결과로 나는 내 안에 있는 '해변의 건달'과 화해하게 되었다. 범죄를 저지르거나 존경받는 사회에서 쫓겨날 필요는 없었다. '기성의 체제'를 모욕하고 집을 차압당하거나 친구들을 소외시킬 필요도 없었다. 하지만 내 안에 살아내지 못한 '삶'이 잠재되어 있다는 것을 알게 되었고 이런 부분이 어떤 적절한 차원에서 살아내기를 기다리고 있다는 것을 알 수 있었다. 그 '적절한 차원'의 첫 단계는 아마 적극적 명상 같은 것이다. 그 다음 나는 외부의 물리적인 세계에서 할 수 있는 것을 발견했다. 며칠 일손을 놓고 보레고 사막에 있는 친구 오두막에 가면 내 안에 있는 이 건달은 아주 행복해했다. 내리쬐는 태양 아래서 선인장 사이를 걸으며 코요테를 만나면 해변의 떠돌이들 사이에서 느끼는 것보다 더 행복하게 진정한 디오니소스적인 영역에 있다는 걸 느낄 수 있었다.

내 안에 있는 이 디오니소스적인 면, 즉 감각적인 떠돌이 기질은 인도에 가면 참 기쁘게 충족된다. 인도에서 나는 태양과 경치와 소리를 즐기고 내가 사랑하는 사람들과 마을 단위의 친밀한 결속감도 느낀다. 이 생활은 인도에 가기 훨씬 전에 적극적 명상을 통해 내 안에 있는 '해변의 건달'을 만나서 경험하게 된 잠재된 가능성이 좀 더 진화하고 완전하게 표현된 것이다. 각자 내면에 살고 있는 '건달'이나 '떠돌이'에게 살아갈 수 있는 기회를 마련해준다면, 이 건달이 사실은 탁발하며 돌아다니는 순야신sunyasin이 가장을 한 모습이란 걸 알게 될 것이다. 그리고 그 방랑벽이 사실은 순례라는 것도 알게 될 것이다.

청소부와 과달루페

무의식에는 잠재되어 있는데 한 번도 삶으로 드러나지 않는 부분에 대해 이야기하기 위해 멕시코에 전해 내려오는 전설을 하나 소개할까 한다. 멕시코인들이 가장 사랑하는 멕시코의 성모님이라고 부르는 과달루페가 등장하는 전설이다. 현실성은 떨어질 수 있는데 상징적으로 이해하면 아주 소중한 메시지를 얻을 수 있다.

오래전 한 처녀가 수녀가 되어 수녀원에 살게 되었다. 아주 작고 가난한 수녀원이었는데 규율이 그다지 엄하지는 않았다. 그 마을에 잘생긴 청년 하나가 우연히 수녀원 대문 앞에 어슬렁거리다 창틀 너머로 이 수녀의 모습을 보고 그 자리서 반했다. 다음날 저녁 미사 중에 기도문을 암송하던 수녀가 창살 너머로 눈길을 돌리다 그 자리에 서 있는 청년을 보았다. 청년은 욕망과 흠모가 뒤섞인 눈빛으로 수녀만 뚫어지게 보고 있었다. 수녀는 기도를 멈췄다. 기도를 계속하려 했지만 할 수가 없었다.

머리 가득 청년 생각뿐이었다. 청년 얼굴만 떠오르고 청년의 머리카락과 눈빛이 떠나지 않았다. 다음날 우연히, 우연은 아니지만, 이 수녀가 문간을 지날 때 청년이 재빨리 짧은 편지를 살짝 손에 쥐어준다. "자정에 방 창가에 계세요. 제가 올게요."

저항할 수 없었다. 죄를 짓는다는 느낌으로 자신이 하고 있는 행동에 경악하고 하느님의 분노가 두려웠지만 그녀는 완전히 사랑에 빠졌다. 밤이 되자 창가에 서성이며 청년을 기다렸고 결국 사다리를 타고 내려와 금지된 세상으로 갔다.

얼마 동안 그녀는 로맨스와 사랑과 관능의 천국에서 살았다. 하지만 꿈은 악몽으로 바뀌었다. 잘생기고 매력 있고 정열적인 청년은 책임감이라고는 없었다. 임신을 시키고는 그녀를 버린 것이다. 세월이 갈수록 그녀의 삶은 더 비참해졌다. 아이는 죽고 결국 창녀가 되었다. 외롭고 비참했다. 영원히 돌아갈 수 없는 수녀원에서 살던 순진하던 시절이 그리웠다.

몇 년을 그렇게 보내다가 나이가 들고 몸도 성치 않은 그녀는 죽을 날이 머지않았다는 걸 알았다. 죄 많고 보잘것없는 자기 인생이지만 죽기 전에 삶의 마지막 날만은 절절이 그리운 수녀원에서 보내고 싶었다. 하지만 어떻게? 자신이 누구인지조차 말할 수 없는 처지인데! 그러다 하루는 수녀원장을 찾아가서 청소부로 일하게 해달라고 간청했다.

그간의 세월과 병고로 인해 몸도 얼굴도 많이 상해서 그녀를 알아보는 사람은 하나도 없었다. 그날부터 매일 성당 바닥과 독방들을 청소했다. 그런데 놀라운 사실을 알게 되었다. 자신이 예전에 쓰던 방에 그 이후 새로 들어온 수녀가 없었던 것이다. 방은 옛날 자신이 떠날 때 그 모습 그대로였다. 왜 그럴까 궁금했지만 겁이 나서 감히 물어볼 수가 없었다.

속죄하는 마음으로 열심히 일하던 어느 날 성당 바닥을 닦고 있을 때였다. 타일을 문지르며 만신창이가 돼버린 자신의 삶을 생각하며 과달루페상을 올려다보았다. 성모님이 입고 있는 짙고 푸른 밤하늘 빛 망토에서 별들이 빛나고 있었다. 성모상이 살아났다. 놀랍고 두려웠다. 성모님이 제단에서 내려오시더니 무릎을 꿇은 청소부 곁으로 다가오셨다. 그녀는 '이제 벌을 받고 영원한 저주를 받겠구나' 짐작하고 가만히 기다렸다.

성모님이 입을 여셨다. "이 오랜 세월 내가 네 자리를 맡아 네가 돌아오기만을 기다리고 있었던 걸 몰랐더냐? 매일 내가 성가대에서 네 자리에 서고, 식사 때마다 네 자리에 앉고, 네가 할 일을 해왔단다. 그래서 나 말고는 아무도 네가 바깥세상으로 나간 걸 몰라. 네가 수녀가 아니었던 적이 없으니 이제 네가 떠났던 그 자리에서 다시 시작하면 돼. 여태 내가 지켜왔던 네 자리로 돌아와."

그녀는 그렇게 하였다.

이 비현실적으로 들리는 전설을 상징적으로 이해하려 시도해보면 놀라운 사실을 발견하게 된다. 우리가 실제 어떤 삶을 살든, 그게 성직자든 사업가든 혹은 직업 여성든 그렇지 않으면 남편이든 아내든, 양복 입고 넥타이 매는 전문직이든 작업복을 입는 현장 노동자이든 상관없이, 우리 각자의 내면에는 어떤 식으로든 살고 싶어하는 삶이 있다. 의식이 존중해주기를 바라는 다양한 삶이 거기 기다리고 있는 것이다.

만약 자신이 수녀라 치자. 적극적 명상을 통해 내면세계로 가서 아직 한 번도 살아보지 않은 잠재되어 있는 삶들을 살 수 있다. 사다리를 타고 내려가서 세속에서의 삶이 어떤 것인지 보고 그 삶을 그대로 존중할 수 있다. 왜냐하면 그곳에서 아주 긴 시간을 보내더라도 성모님이 우리 자리를 지키고 있을 것이기 때문이다. 각자 자기 방으로 돌아오면 그 자리를 떠났다는 사실을 성모님을 제외하고는 아무도 눈치 채지 못할 것이다. 만일 신부라고 치자. 내면에서 은밀하게 아내와 아이가 있는 이탈리아의 시골에서 살고 싶다면, 적극적 명상을 통해 그 삶에서 겪는 기쁨과 슬픔을 전부 느껴보고 책임감도 경험해 볼 수 있다.

역으로 전적으로 속세의 삶, 즉 혼인하고 자녀를 양육하면서 일에 파묻혀서 산다면 내면세계에서는 은밀하게 성직자의 삶을 살아볼 수 있다. 이렇게 잠재되어 있는 삶이란 자기 안 깊은 곳에 숨은 것을 버려두거나 한편으로 제쳐두었던 것이다. 그런데 이런 삶도 대단히 중요한 에너지를 갖고 있다. 적극적 명상을 한다면 내면의 수도원으로 들어가서 이런 삶을 체험할 수 있다. 만일 르네상스 시대에 왕국과 여왕을 위해 싸워야 하는 위대한 영웅이 살고 있다면 적극적 명상을 통해 내면에서 그런 측면을 찾아 한동안 거기서 요구하는 영웅의 여정을 할 수 있다.

자아의 영역에서만 사는 삶은 대단히 부분적이다. 자아에 한정된 삶을 산다면 그 사람 내면에는 아직 살아내지 않은 채 묻혀 있는 거대한 삶이 마치 밀린 과제처럼 숨어 있다. 무엇을 성취했든 어떤 다양한 경험을 했든 상관없이 언제나 뭔가가 더 있다.

영성적인 차원 체험하기

적극적 명상의 세 번째 층위는 사람들이 흔히 비전이나 환시라고 부르는 것과 아주 비슷하다. 이 층위에 대해 언급하는 것은 쉽지 않다. 너무 심리학적이고 분석적으로 접근을 하면 이런 체험이 지니는 진정한 힘이나 의미를 놓치기 쉽다. 그렇다고 이런 체험에 비교적 근접하는 시적이고 종교적인 언어를 쓰면 우리가 통속적으로 생각하는 환각이나 심령 체험과 혼동하기 십상이다.

비전 체험은 소위 중세 환시 신비주의자들이 '합일에 이르는 비전 the unitive vision'이라고 부르는 것이 개인의 의식으로 나타나는 것이다. 단일 이미지나 일련의 경험이 그 사람을 완전히 사로잡는데 당사자는 이 힘이 신과 the self의 일치하는 비전이라는 걸 알고 또 체험하게 된다. 진정한 하나됨, 아름다움, 삶의 의미를 찰나적으로 맛보게 되는 것이다.

이런 체험은 언제나 강렬하다. 그러나 세월이 흐르면서 힘이 약해질 것이다. 아마 삶의 사소한 일에 마음을 빼앗기고 사람들과 언쟁을 하는 일상으로 돌아갈 것이다. 하지만 비전 체험은 심오한 차원에서 무의식의 태도에 영향을 미친다. 조만간 이 체험으로 인해 전에는 없었던 일련의 신념을 갖게 될 것이고 전과 다르게 의미로 넘치는 삶에 대해서 지식을 얻게 될 것이다.

적극적으로 이런 체험만을 구해서는 안 된다. 만일 이런 체험을 성취해야만 하는 뭔가로 간주하고 추구한다면 영적 체험을 자아를 강화하는 방편 정도로 취급하게 될 것이다. 그렇지 않으면 신비학에 이끌려서 의식에서는 멀어지고 감각적인 짜릿함이나 새로운 뭔가를 위해서 이런 종류의 체험들만 쫓아다니게 될 것이다.

그저 겸허하게 내면작업을 하는 것이 훨씬 낫다. 무의식에 마음껏 에너지를 투자하면서 내면작업을 충실히 한다면, 적절하다면 초대하지 않더라도 환시 체험 같은 걸 하게 될 것이다. 그런데도 이런 체험이 일어나지 않으면 자신에게는 이런 체험이 필요하지 않다는 뜻이다. 최상의 경험을 위해서 경쟁을 하는 게 아니다. 그렇기는 해도 규칙적으로 내면작업을 하는 사람들에게는 이런 체험이 일어나기 때문에 이런 사실을 알고는 있으면 좋다. 그리고 일어나면 다룰 수 있을 것이다.

이 차원의 적극적 명상은 가장 예상치 않을 때 찾아온다. 평범한 거리를 걷고 있는데 갑자기 주변의 길과 건물과 사람들이 갑자기 자발적인 비전으로 바뀌어 있을 수 있다. 비전 안에 영원한 생명의 흐름으로 계시되는 '인생 길'이나 인류 전체, 아니면 신의 창조가 드러날 수도 있다. 걷고 있던 인도와 건물들이 물리적으로 바뀌지는 않지만, 의식의 어떤 차원에서 적극적 명상이 돌발적으로 일어나면서 비전을 만들어낸다. 이 비전이 주변의 물리적인 환경과 협력해서 어떤 연출을 하는 것이다.

다음은 내 내담자 중 한 명이 체험한 것이다. 그는 이른 시간 출근

길에 고속도로를 달리고 있었다. 동녘 하늘에 아침 해가 떠오르고 있었다. 갑자기 이 사람에게 체험에 일어났다. 해가 선 휠sun wheel로 바뀌고 빛살이 커지면서 무궁무진한 형태의 생명이 탄생하고 인간의 관심사나 활동이 태어나고 있었다. 눈앞의 선 휠이 너무 눈부셔서 길가에 차를 세우고 적극적 명상이 끝나고 다시 물리적인 세계로 돌아올 수 있을 때까지 그 자리에 서 있었다. 선 휠을 바라보는 동안 그는 자신의 삶에서 모든 분리된 요소들과 자기 주변에 뒤범벅이 된 인생이 전부 하나의 근원에서 나오고 또 거기로 되돌아가는 것을 보았다. 이 순간 그는 우주와 하나라는 걸 알았고 우주 만물이 인드라망의 일부라는 걸 알 수 있었다.

만일 이야기를 통해 이런 걸 들으면 의미 없는 헛소리나 지나친 감상주의 아니면 판에 박힌 문구처럼 들릴 수도 있다. 그렇지만 무의식 깊은 곳에서 저절로 이런 진실을 자신에게 드러내 보여준다면, 내면에서 만들어서 저절로 펼쳐주는 이미지를 체험할 때는, 진실이라는 걸 확신할 수 있다. 더 이상 타인에게 이런 걸 들을 필요도 없고 다른 사람에게 이 체험을 증명할 이유도 없다. 자신이 체험을 통해 아는 것이다.

아마도 이러한 비전 체험이 의미하는 본질이 이것이고 또 적극적 명상의 진정한 핵심이 이것이다. 이는 말로는 전할 수 없는 삶의 심오한 진리를 체험을 통해서 배우는 방식이며, 집단 무의식과 직접 연결이 될 때 진실하게 배울 수 있다. 이런 면에서 볼 때 우리는 무의식의 차원에서 알고 있는 것만 배울 수 있는 것이다.

키에르케고르가 타인에게 신앙을 줄 수 있는 사람은 없다고 했는데 바로 이런 원리를 의미하는 것이었다. 얼마를 가르치든, 어떤 단어를 사용하든, 아무리 달콤한 비유를 하든, 아무리 이성적으로 논쟁을 하든지 상관없이, 신앙을 가지게 되는 체험을 말로 할 수는 없다는 뜻이다. 어떤 지식이나 어떤 신념은 체험을 통해서만 수용 가능하다. 이 체험을 찾을 수 있도록 자신의 내면을 깊이 들여다봐야 하는데, 왜냐하면 이는 타인을 통해 간접적으로 경험할 수 있는 문제가 아니기 때문이다. 각자가 직접 그 원천을 찾아가야만 한다.

그런데 비전을 내면의 상상으로 일어난 사건이 아니라 마치 바깥 세계에서 일어나는 물리적 사건으로 이해할 때는 오해가 발생한다. 이는 원시인들 사이에서는 보편적 체험이었다. 수 세기 전의 비전에 대한 전통적인 이해도 이런 것이었다. 인류의 조상들은 영이나 어떤 피조물들이 외부 세계에서 자기들에게 왔다고 믿었다. 마치 이미지를 자기들 바깥에서 온 준-물리적인 존재로 이해했다.

현시 체험은 실제 무의식에서 이미지로 올라오는 상상적 경험의 한 형태이다. 이미지들이 내면의 마음에 투사될 것뿐 아니라 너무나 강렬해서 바깥으로도 투사가 일어난 것이다. 그래서 물리적으로 '바깥'에서 일어나는 것처럼 보인다.

어느 정도 적극적 명상을 한 다음에 이런 종류의 현시 체험을 하고 나면 적극적 명상과 꿈 사이의 유사점을 알게 될 것이다. 그리고 적극적 명상을 할 때 이미지가 분명 객관적인 방식으로 자신에게 나타 난다는 결론에 이르게 될 것이다.

현시 체험의 다른 형태는 내적으로 지각하는 비전inwardly perceived vision이라 할 수 있다. 마찬가지로 생생하고 강력한 이미지를 체험하지만 그것이 내면에서, 상상의 수준에서 일어나는 일임을 알고 있다. 이때는 '마음의 눈'으로 자기 내면에서 알아차리게 된다. 외부의 물리적 사건으로 환각 상태이거나 귀신을 보는 게 아니라는 걸 잘 알기 때문에 혼동이 일어나지는 않을 것이다.

내면의 사자 꿈을 꾸고 나서 내가 했던 적극적 명상이 이런 예가 될 것이다. 마지막에 가서 이런 상상 속의 행위들이 비전 같은 힘을 지니게 되었다. 그렇지만 나는 이 모든 것이 내 안에서 일어난다는 걸 인식하고 있었다. 하지만 사자의 존재감이나 이미지의 힘이 너무나 강렬해서 마치 살아 있는 사자 앞에 서 있는 것 같았다.

성 헬렌스 산의 산신

내가 젊은 시절 몇 년간 했던 비전 체험을 나누고 싶다. 그때는 그 체험이 뭔지 전혀 이해하지 못했다. 내가 태어나 자랐던 미국 북서부를 떠난 지 한참이 지나 평범한 일들을 하고 있었던 때인데, 불쑥 나타나 내 주의를 끈 비전이다.

어느 날 저녁 나는 성 헬렌스 산 기슭에 모닥불을 피웠다. 화산 폭발이 일어나기 전이었는데, 어린 시절 여러 해 동안 즐거운 여름을 보냈던 곳이다. 황혼녘에 쪼그리고 앉아 모닥불을 바라보고 있다. 지금도 그날 저녁의 선명한 색채들이 생생하고 그날 내가 얼마나 전율했던지 기억이 뚜렷하다. 모닥불의 오렌지색과 늦저녁 하늘의 어스름한 푸른빛, 자줏빛 도는 회색이었던 산 그림자. 너무 아름다워서 나는 정말 행복했고 평화로웠다. 그런데 어떤 기대감도 섞여 있었다.

그때 내 또래의 젊은 남자가 올라와서 모닥불 반대편에 섰다. 나는 불가에 쪼그리고 앉아 있었고 그는 조용히 서 있었다. 우리는 오랫동안 서로를 쳐다보기만 했다. 나는 여전히 불꽃의 색에 취해 일종의 엑스타시를 맛보고 있었다.

놀랍게도 그때 불이 움직였다. 불이 산 아래 있는 스피릿 호수 Spirit Lake로 옮겨가 붙었다. 호수의 쪽빛 물 한가운데 자그마한 오렌지 불빛으로 타다가 다시 돌아와서 내 앞에서 계속 타올랐다. 그 남자는 한 걸음 내딛더니 불 속으로 들어갔다. 불이 그의 핏줄로 들어가서 정맥에 피 대신 불이 돌고 있었다. 우리는 한동안 그 자리에 서 있었다. 경외감에 차서 바라보고 있는 나에게 그가 말했다. "이리 와봐. 세상이 어떻게 만들어졌는지 보여줄게."

우리는 아주 멀리 우주로 갔다. 지구가 심지어는 태양계조차 저 멀리 조그만 점처럼 보일 때까지 나갔다. 그는 나선 모양의 성운이 돌고 있는 것을 보여주었다. 이 거대한 덩어리인 형체도 없는 물질, 물질보다 에너지가 더 많은 덩이가 천천히…… 너무나 천천히 돌고 있어서 진화를 하는 데 영원한 시간이 걸릴 것 같았다. 그것은 내 눈앞에서 천천히 일관되게 맴돌더니 한 곳으로 모여들어 서로서로 끌어당기는 것 같다가 부피가 줄어들었다. 그 거대한 성운이 안으로 끌어당겨 마침내 거대한 다이아몬드가 되었다. 다이아몬드는 다면으로 깎여 있고 그 속에서 빛이 나오고 있었다. 다이아몬드가 내던 빛과 색깔이 지금도 생생하다.

그 젊은 남자가 눈길로 말해 우리는 함께 다이아몬드를 들여다보았다. 다이아몬드가 북극에서 폭발하기 시작하더니 그 에너지가 흘러서 남극에서 다시 흡수되었다. 위에서 거품처럼 끓어올라서 바닥을 통해 다시 흡수되는 빛의 순환이 만들어졌다. 그 때문에 다이아몬드에서 퍼져 나오는 빛의 색과 각이 더 강렬해졌다. 그 순간 물리적으로 불가능한 일이 벌어졌다. 에너지의 흐름이 가운데서 갈라지더니, 그 전체 시스템이 행성처럼 계속 회전하는 동안에 갈라진 두 쪽이 아직 서로 이어진 상태에서 빛과 색의 불꽃이 터져 나오며 서로 반대 방향으로 회전하기 시작했다.

그때 우주의 저 멀리에 신령한 존재가 서 있었는데 나는 떠올리기조차 민망한 짓을 했다. 나는 돌아서서 그의 소매를 잡아당기며 불경하게 물었다. "이거, 정말 좋아. 그런데 이게 어디에 쓸모가 있지?"

세상에서 더할 나위 없이 중요한 사건을 목도하면서도 미국인답게 실용적으로 그것을 사용할 방법을 찾거나 그게 지닌 어떤 실용성을 찾아 정당화해야만 했던 것이다. 다시 한번 나는 그의 소매를 당기면서 물었다. "이게 어디에 좋은 건데?"

신령한 존재가 넌더리를 내며 나를 바라봤다. "어디에 쓸모가 있는 게 아니야. 그냥 지켜봐!" 이 한마디에 나는 입을 다물 수밖에 없었다. 우리는 계속 지켜보았고 다이아몬드 같은 밀도와 밝기를 지닌 그 크기와 무한한 에너지에 집중하였다. 그 느낌은 내 기억 속에 영원히 아로새겨져 내 몸의 세포 하나하나로 들어오는 것 같았다.

그때 그가 나를 모닥불 앞으로 데려갔다. 나는 모닥불 앞에 쪼그리고 앉았고 그는 다시 한번 불 속에 서 있었다. 그가 한 걸음 뒤로 물러서자, 불이 그의 혈관에서 빠져나와 땅에서 타고 있는 작은 모닥불로 되돌아갔다. 그 불은 다시 스피릿 호수 바닥으로 가서 계속 타올랐다. 그런 다음 되돌아왔다. 그 젊은 남자는 한 마디 말도 없이 돌아서서 자기가 왔던 황혼 속으로 걸어 들어갔다. 비전은 거기서 끝났고 나는 다시 '정상적인' 평범한 세상으로 돌아와 있었다.

이런 비전으로 뭘 할지는 참 알기 어렵다. 나는 체험 안에 답이 들어 있다고 생각한다. 아무것도 하려 들지 마라. '실용적'인 무엇이나 자아에게 의미가 되는 뭔가를 하려 들지 마라. 그저 바라보고, 체험하고, 거기 머물러라.

그런데도 한편으로 이렇게 묻고 싶다. "하지만 뭔가 바꿔야 하지 않나요? 뭔가 이루어야 되는 게 아닌지? 실용적으로 활용할 뭔가가 있기는 해야 하지 않아요?" 비전 체험을 어떤 실용적 차원으로 정당화시킬 필요는 없다. 하지만 삶의 모든 측면이 하나의 실체로 다시 돌아가기에 궁극적으로는 거기에 나름의 실용적이고 인간적인 힘이 있다는 걸 배우게 된다.

이런 체험은 우리를 변화시킨다. 아주 심오한 곳에서 우리 인격을 형성한다. 그런 체험을 하고 난 뒤, 5년이나 10년 아니면 20년 후, 이 비전이 지니는 힘이 의식으로 또 우리 삶으로 통합이 되었을 때는, 우리가 어떤 사람이 될지를 결정한다. 그리고 이 엄청난 힘은 우리가 평범한 일상에서 내리는 선택이나 태도, 행동 같은 사소해 보이는 것도 바꾼다.

융은 하느님이 자신이 창조한 것들을 구체화하는 데 조력하도록 인간이라는 대리인이 필요하셨다는 걸 믿었다. 《요셉과 그 형제들 Joseph and His Brothers》에서 토마스 만이 말했듯, 야곱의 꿈에서 천상과 지상을 오가기 위해 하느님은 사다리가 필요하셨다. 인간의 비전이 이런 사다리가 되어 인류의 집단 무의식에 정보를 전한다. 이 정도면 충분히 넘치게 '실용적'이다.

■ 참고 문헌

Campbell, Joseph. *Myths to Live By*. New York: Viking Press, 1972.
_____. *The Portable Jung*. New York: Viking Press, 1972.
Johnson, Robert A. *He: Understanding Masculine Psychology*. New York: Harper & Row, 1977.
_____. *She: Understanding Feminine Psychology*. New York: Harper & Row, 1977.
_____. *We: Understanding the Psychology of Romantic Love*. San Francisco: Harper & Row, 1983.
Jung, Carl Gustav. *Aion*. Translated by R. F. C. Hull. 9 C. W., Part II. Bollingen Series XX. Princeton: Princeton University Press, 1959.
_____. *Archetypes of the Collective Unconscious*. 9 C. W., Part I. New York: Pantheon Books, 1959.
_____. *Man and His Symbols*. Garden City, N.Y.: Doubleday, 1964.
_____. *Memories, Dreams and Reflections*. New York: Pantheon Books, 1963.
Hall, James A. *Jungian Dream Interpretation: A Handbook of Theory and Practice*. Toronto: Inner City Books, 1983.
Hannah, Barbara. *Encounters With the Soul: Active Imagination as Developed by C. G. Jung*. Boston: Sigo Press, 1981.
Mattoon, Mary Ann. *Applied Dream Analysis: A Jungian Approach*. Washington, D.C.: V. H. Winston & Sons, 1978.

Neumann, Erich. *The Great Mother*. Translated by Ralph Manheim. Bollingen Series No. 47. Princeton: Princeton University Press, 1974.
Sanford, John A. *The Invisible Partner*. New York: Paulist Press, 1980.
———. *The Kingdom Within*. San Francisco: Harper & Row, Revised Edition, 1986.
Whitmont, Edward C. *The Symbolic Quest*. New York: G. P. Putnam's Sons, 1969: New York: Harper & Row, 1973.

도서출판 동연이 펴낸 책들

살아 있는 미로 – 신화 · 꿈 · 상징의 원형을 통한 삶의 탐색
제레미 테일러 지음 | 이정규 옮김 | 고혜경 감수 | 428쪽 | 값 15,000원

신화와 꿈 해석을 통한 미지의 내면세계로 떠나는 여행안내서

이 책은 "신화는 대중의 꿈이고 꿈은 대중의 신화"라는 말을 바탕으로 전 세계에 널려 있는 신화와 민담에 담긴 상징과 개인의 꿈에 드러나는 상징의 유사성을 해석해주며 꿈작업을 안내한다. 저자는 이 책에서 신화와 꿈을 마주보기 구조로 풀어내며 어두운 내면의 무의식 세계로 우리를 안내해 그곳에 살아서 반짝이는 에너지를 이끌어낸다. 독자들은 전 세계의 흥미로운 신화와 민담을 읽으며 즐거운 자극을 받아, 신화에 담겨 있는 심리학적 원형을 이해하고 자신의 꿈에 나타나는 원형과의 유사성을 깨달으며, 삶을 풍부하게 이끌어주는 내면으로 떠나는 여행을 할 수 있을 것이다.

사람이 날아다니고 물이 거꾸로 흐르는 곳 (증보판) – 꿈 작업을 통한 무의식의 지혜 탐색
제레미 테일러 지음 | 이정규 옮김 | 고혜경 감수 | 364쪽 | 값 14,000원

꿈은 진화의 연습장

이 책은 꿈꾸기의 본질에 대한 심오한 통찰과 우리의 건강과 온전함을 촉진하는 꿈의 성질, 꿈에 담긴 (아주 조그만 꿈 조각에서도!) 다양한 의미와 중요성을 탐색하고 "풀어내는 데" 필요한 구체적인 기법들을 보여준다. 꿈에 막 관심을 갖기 시작한 사람이나 꿈작업에 경험이 많은 이들 모두에게 도움이 될 것이다. 풍부한 일화와 실례와 더불어 꿈작업의 기본 원칙들을 잘 설명하고 있어서 꿈을 들여다보는 사람들에게 큰 힘을 주는 책이다. 특히 지속적인 꿈모임을 만들고자 하는 사람들에게는 많은 도움이 될 것이다.

삶의 얽힘을 푸는 가족세우기 – 버트 헬링거의 가족 심리 치료법
스비기토 R. 리버마이스터 지음 | 박선영 · 김서미진 옮김 | 328쪽 | 값 14,000원

얽힘이 풀리면 자유로 향하는 비밀의 문이 열린다

버트 헬링거 박사가 처음 제시한 가족세우기 작업의 기본적인 이론과 더불어 그의 최신 이론들을 알기 쉽게 정리한 책이다. 일상생활에서부터 개인 세션에 이르기까지 다양한 사례들을 함께 제시한다.

이 책은 헬링거 박사의 통찰을 더욱 빛나게 하고, 가족세우기를 명상과 영적 성장의 영역으로까지 확장시키고 있다. 그래서 단순히 가족세우기라는 테라피를 소개하는 데 그치지 않고, 참자아를 찾고 본성을 회복하는 디딤돌이 된다. 가족세우기를 이해하고 싶어하는 초보자들은 물론 적극적으로 가족세우기를 활용하고자 하는 심리 분야의 전문가들에게도 도움이 될 것이다.

신화로 읽는 여성성, She
로버트 A. 존슨 지음 | 고혜경 옮김 | 144쪽 | 값 9,000원

스스로를 더 잘 이해하고 싶어하는 여자들을 위한 책!
프시케와 에로르 신화를 중심으로 여성성을 분석했다. 융 심리학자 로버트 존슨이 쓴 신화로 읽는 심리이야기 3부작의 첫 번째 책으로, 저자는 인류의 원초적이고 보편적인 심리체계를 알아보기 위해 고대 신화를 그 방법론으로 도입한다. 우리에게 잘 알려진 많은 신화들의 대부분이 남성성을 대변하는 데 비해, 프시케와 에로스 신화에서 진정한 여성성을 찾기 위한 방법들을 제시한다. 험난하지만 아름다운 자기 탐구로 획득한 개성화(individuation), 전일성(wholeness) 그리고 완전함(completion)이 진정한 여성성이다. 그리고 그 결과로 주어지는 환희와 엑스타시, 이것이야말로 진정한 여성성의 힘이자 아름다움이라는 걸 보여준다.

신화로 읽는 남성성, He
로버트 A. 존슨 지음 | 고혜경 옮김 | 128쪽 | 값 9,000원

성배는 누구를 위해 존재하는가?
미국의 저명한 융 심리학자인 로버트 존슨이 쓴 신화로 읽는 심리이야기 3부작의 두 번째 책이다. 성배신화를 통하여 아더왕의 기사인 파르시팔이 치기 가득한 소년으로 출발하여 진정한 기사가 되기까지의 모험을 다루는 가운데 남성 심리의 다양한 측면들을 탐색한다. 남성 내면의 여성적 요소(아니마)와 그와 관련된 행동의 근원, 그리고 나아가 양성의 조화로운 공존까지. 존슨은 성배신화를 통하여 현대인이 받고 있는 고통의 특질을 진단하고 현대인의 딜레마를 치유할 심오한 통찰을 제시해준다.

로맨틱 러브에 대한 융 심리학적 이해, We
로버트 A. 존슨 지음 | 고혜경 옮김 | 334쪽 | 값 13,000원

She, He에 이은 로버트 A. 존슨의 신화로 읽는 심리시리즈 완결편
우리는 왜, 어떻게 사랑에 빠지는가? 로맨틱한 사랑의 실체는 무엇이며, 왜 사람들은 그 환영을 좇아가는가? 진정한 사랑은 어떻게 이룰 수 있는가? 이 책은 《신화로 읽는 여성성, She》와 《신화로 읽는 남성성, He》를 이은 3부작 완결판으로 가장 오래되고 비극적인 아름다움을 지닌 사랑 '트리스탄과 이졸데' 신화를 매개로 사랑의 본질을 해부한다. 저자는 희미한 사랑의 아우라(Aura)를 걷어내고 신화 속에 녹아 있는 사랑의 진정한 의미, 여성성과 남성성이 조화되는 '우리(We)'를 제시한다. 로맨스에 대한 우리의 편견과 오해에 빛을 비추고, 열정을 꿰뚫어 진화사적인 의미를 찾아낸다. 융 심리학을 바탕으로 굳게 닫혀 있던 자아의 빗장을 열고 무의식의 터널을 관통하여 고양된 의식으로 나아갈 길을 제시한다.

내면작업
— 꿈과 적극적 명상을 통한 자기 탐색

2011년 1월 13일 초판 1쇄 인쇄
2023년 11월 9일 초판 5쇄 발행

지은이 | 로버트 A. 존슨
옮긴이 | 고혜경 · 이정규
펴낸이 | 김영호
펴낸곳 | 도서출판 동연
등 록 | 제1-1383호(1992. 6. 12)
주 소 | 서울시 마포구 월드컵로 163-3
전 화 | (02)335-2630
전 송 | (02)335-2640
이메일 | yh4321@gmail.com
블로그 | https://blog.naver.com/dong-yeon-press

Copyright ⓒ 도서출판 동연, 2011

이 책은 저작권법에 따라 보호받는 저작물이므로 무단 전재와 복제를 금합니다.
잘못된 책은 바꾸어드립니다. 책값은 뒤표지에 있습니다.

ISBN 978-89-6447-153-1 03180